西方马克思主义与传播批判译丛

马克思主义与媒体研究

关键概念及当代趋势

Marxism and Media Studies

Key Concepts and Contemporary Trends

[英] 迈克·韦恩（Mike Wayne）著　　吴俊 译

中国传媒大学出版社
·北京·

编 委 会

支持资产阶级国家的教育制度，可以用批判资本主义社会的教育制度来取代。青年人可以被鼓励进行独立思考，并且在集团团结中进行活动，而不是被训练成为驯服的臣民，成为受个人成就意识形态所支配的、受过训练的、靠工资维持生活的人。这样一种实践必然会导致与统治阶级的尖锐冲突，最终与晚期资本主义社会的正常运作方式也不可能调和，这是不证而明的。

曼德尔，《晚期资本主义》[1]

1 此处翻译参考［比利时］厄尔奈斯特·曼德尔著，马清文译，晚期资本主义，黑龙江人民出版社，1983年，第306页。——译者注

此书献给我的儿子Jacob，因为改变是从家庭开始的。

总 序

中国传媒大学一直以培养信息传播领域高层次人才为己任，为党和国家的传媒事业以及经济社会发展做出了重要贡献，被誉为“中国广播电视及传媒人才的摇篮”“信息传播领域知名学府”。近年来，学校确立了面向未来，走有特色、高水平的大学发展之路。中国传媒大学马克思主义学院以此为指引，服从和服务学校发展大局，围绕重点马克思主义学院建设工程，进一步彰显自己的特色和优势，致力于打造国内一流的马克思主义教学基地、马克思主义传播与大众化研究高地，在马克思主义大众化传播、传媒政治、传媒伦理与道德研究等方面，取得了一系列具有填补空白意义的成果。

2018年恰逢纪念马克思200周年诞辰，中国传媒大学马克思主义学院在专题策划、精心筹备的基础上推出了以“西方马克思主义与传播批判”为主题的译丛。该译丛的出版正当其时，同时也是对世界政治与经济新形势的积极回应。受全球金融危机蔓延的影响，马克思主义在西方社会得到重新认识和重视，许多长期坚守马克思主义研究阵地的学者陆续出版了不少富有新时代气息的新著作，在学术界掀起了一股马克思主义研究的新热潮。其中在与媒体传播相关的领域中，用马克思主义的立场、方法对大众媒体、新闻传播、信息社会和新媒体的新现象进行批判研究的著作不断涌现。面对马克思主义研究高涨的国际学术背景，中国传媒大学马克思主义学院的同仁们深感责无旁贷，决定充分发挥青年教师立足于本土情怀的国际视野优势，对西方马克思主义传媒学者的学术动态展开了长期关注和跟踪对比，经过审慎考察和仔细甄选，精选了一批学理扎实、立场鲜明、学术规范、具有前瞻性、业界反响良好的外文著作，组织了翻译队伍对其开展攻关研究，积极推进了相关领域的教研工作和学科建设。该译丛的出版对于中国传媒大学马克思主义学院的长远发展来说意义重大：一是将填补国内相关学术译界的前沿空白；二是将丰富新闻传播相关专业的学科建设；三是将为建构中国范式的马克思主义传播研究提供借鉴。

感谢马克思主义学院学术委员会主任张付教授，她的事业使命感让她敏锐地意识到发起和促成该套译丛的重大责任，并全力寻求多方支持、亲自督阵、周到安排；感谢杨倩副教授，她积极参加策划、甄选、翻译、联络等工作；感谢已经承担翻译任务的王锦刚副教授、吴俊博士等青年教师，他们的辛勤付出使得该套译丛得以稳健推进；感谢中国传媒大学出版社的同仁，是他们孜孜不倦的工作，使得该译丛能够有条不紊地如期出版。

他山之石，可以攻玉。习近平总书记在中国共产党与世界政党高层对话会上的主旨讲话中指出，中国共产党历来强调应有世界眼光，积极学习借鉴世界各国人民创造的文明成果，并结合中国实际加以运用。马克思主义就是中国共产党人从国外学来的科学真理。我们结合中国实际，不断推进马克思主义中国化、时代化、大众化，使之成为中国共产党领导中国人民不断前进的科学理论。相信该译丛的出版，能够通过比较甄别、去伪存真，为马克思主义学科建设、新闻传播学科建设做出积极贡献。

《西方马克思主义与传播批判译丛》编委会

致 谢

我要向以下单位和个人表达感谢：感谢冥王星出版社对本书和“马克思主义与文化”丛书的支持；感谢格雷厄姆·默多克早期在结构和内容方面提出的建议；感谢布鲁内尔大学提供的假期，保证我完成了本书；感谢彼得·威斯克和罗伯特·格莱恩对第二章的评论；感谢彼得·凯格伦的意见和评论；感谢迪尔德丽·奥尼尔一以贯之的支持与建议；感谢道格拉斯·凯尔纳在我自我怀疑时对我的安慰；感谢劳拉·哈里森对本书的精心编辑；感谢《国际文化研究期刊》和《激进哲学》的读者分别对第三章和第五章的部分内容所做的反馈：第三章曾以《后福特主义、垄断资本主义和好莱坞的媒体工业——综合体》为题发表在《国际文化研究期刊》（第6卷，第1期，2003）上，而第五章的部分内容则以标题《〈老大哥〉节目中的监视和阶级》发表在《激进哲学》（第117期，1/2月，2003）上。

目 录

导论：从小屏幕到大画面 …… 001

1 阶级和创造性劳动 …… 005

图绘阶级 …… 006

中产阶级/知识分子 …… 013

知识劳工 …… 013

分布与功能 …… 015

经济、技术和文化 …… 016

资本与知识分子：一个对立的案例研究 …… 018

文化实践的特殊性：电影和音乐 …… 020

劳动的抽象 …… 025

2 生产方式：技术和新媒体 …… 029

技术决定论与新媒体崩溃 …… 031

生产方式和发展方式 …… 033

生产力和生产关系之间的关系 …… 038

Napster的文件 …… 041

3 资本的力量：好莱坞的媒体—工业综合体 …… 046

垄断与竞争 …… 048

垄断资本主义的两个阶段 …… 050

福特主义和后福特主义 …… 051
迪士尼：整合案例研究 …… 055
公共领域（public sphere）…… 059
利润导向 …… 061
官方来源和联系 …… 062
广告 …… 063
利益冲突 …… 064

4 国家：调节不可能 …… 066

“现实”：当代媒体政策趋势 …… 067
构建国家理论 …… 071
政治和经济 …… 073
国家的限制 …… 078
市场中的政治解体 …… 079
民族—国家中有问题的连字符 …… 083
关于文化政策的最后总结 …… 086

5 基础—上层建筑：重建政治无意识 …… 088

唯物主义与唯心主义 …… 090
调和政治经济学和哲学 …… 092
回到生产方式 …… 096
上层建筑 …… 099
路易斯·阿尔都塞：多元决定还是中介？ …… 103
詹姆逊对盖格计数器的解码：从文本到生产方式 …… 105
基础—上层建筑模型与《老大哥》的相遇 …… 108

6 符号、意识形态和霸权 …… 115

符号的世界 …… 116
历史唯物主义的挑战 …… 123
意识形态和霸权 …… 128

7 商品拜物教与物化：世界制造的幽灵 …… 135

商品拜物教与主体 …… 136
拜物教的社会模型 …… 139
《死亡密码 π》(*PI*) 和无主体主体 …… 141
内 在 …… 142
分 裂 …… 144
倒 置 …… 146
压 抑 …… 147
商品拜物教的经济学 …… 149
商品拜物教、占有与幽灵 …… 152
《移魂都市》：物化寓言 …… 157

8 知识、规范和社会利益：纪录片困境 …… 162

作为可转换模型的阶级辩证法 …… 163
客观客体和客观主体 …… 165
同一性和否定 …… 169
齐泽克与实在界 …… 171
哈贝马斯、知识与社会冲突 …… 173
劳动者立场 …… 178

9 结论：对关键概念及当代趋势的思考 …… 188

参考文献 …… 196

索 引 …… 210

译后记 …… 226

导论：从小屏幕到大画面 1

在英国，电视节目的演职员表出现了一些非常奇怪的现象。“以前的字幕都是慢节奏地全屏播放，而现在越来越多的片尾字幕（end credits）要么被缩小、分割、边缘化甚至被局限在盒子大小的方框里，要么它的滚动速度快到几乎难以辨认的程度。”[1]这句话摘自《卫报》新媒体版块的一篇文章。“新闻”的划分和细分，是传播时事和趋势信息的主要机构的典型特征。在媒体实践中，很难想象这样一个看似专业的话题或相对琐碎的事件（如片尾字幕）和一些更大、更有实质性的世界事件之间会有什么值得探讨的关系。然而，《卫报》的新闻报道和一些晚间电视新闻所披露的事件确有什么关系吗？在阿根廷的布宜诺斯艾利斯这样一个现代化大都市中，片尾字幕被缩小、分割和局限在盒子大小的方框里与反对国际货币基金组织（International Monetary Fund）的大规模抗议（国家政客们谄媚地追随）之间会存在什么样的关系？对片尾字幕的这种处理怎么可能会与西方给某个发展中国家或地区投放炸弹有关呢？在英国，片尾字幕的特殊处理与政府批准的公共服务（如交通、医疗和教育）减缓私有化之间肯定没有关系了吗？在我们对媒体的经验中，这样一个边缘的事件与媒体本身的结构之间会有联系吗？有没有什么东西能把这一切与媒体的形式和内容以及它们所产生的意义联系起来呢？也许，就像《黑客帝国》（*Matrix*）（Andy and Larry Wachowski，1999，US）里的尼奥一样，你意识到这个世界并非完全正确，但又无法找出它的明显错误。然而，我们究竟应该从哪里开始才能够筛选、分类和分析这些令人眼花缭乱的复杂事件、过程以及争论呢？

作为媒体专业的学生，我们可以从开头那条新闻开始。你所看到的问题是，电视 2
播放时间的性质在最近几年已经发生了变化。在这之前，记录节目制作人和角色的片尾字幕以缓慢的速度在屏幕上滚动是没有问题的。如今，广播公司之间的激烈竞

1 Dominic Thomas，‘TV’s bad credit rating’，Guardian（New Media），5 August 2002，pp. 30-31.

争（不论它们的资金来源如何）意味着，片尾字幕必须与吸引观众观看其频道的宣传和公告进行竞争。这种竞争并不是来自电视行业内部，而是由国家企业代理机构精心推动并制度化的。现在的广播时间具有了前所未有的经济价值。如果要让某些东西对某些人变得有价值，就必须让这些东西成为稀缺品。曾几何时，稀缺折磨着人类，大自然给我们某些限制，也给我们带来了痛苦，而我们又缺乏克服这些限制和痛苦的基本手段。随后，一个新的社会和经济体系出现了，它逐渐发展并成熟，承诺消灭稀缺，提供前所未有的健康食物、物质财富和文化财富。其中一些承诺确实兑现了，尽管已兑现的承诺不完整、不平等，甚至往往是以不充分的和有限的方式实现的。但对另一些人来说，承诺都从未兑现过。这种后来被称为资本主义的社会和经济制度，事实上并没有消灭稀缺。相反，它引入了新形式的稀缺性，即人为或社会设计的稀缺性。在它看来，时间就是金钱。这是时间成为稀缺资源或价值的另一种说法。现在电视上的时间如此宝贵，以至于广播公司都在考虑把片尾字幕全部替换掉，然后把它们转移到互联网上。这些忽视电视节目制作者的做法，让行业工会很不满意。在美国，这个主意是由探索频道提出的，后来遭到代表各种电影制作人机构的纪录片字幕联盟的否决。我们的报纸报道称："在美国媒体中，这一做法被贴上'贪婪'和'非美国'的标签。因为它的反弹表现得太强烈了，这种反应似乎冻结了大西洋两岸的管理层。"[1]竞争逻辑和受众导向以及商业考量（或在公共资金支持下维持受众份额）受到抵制，这表明了社会和经济制度的一个重要方面：它不是没有挑战性的。这种抵制
3 还得到美国媒体的支持，由广告商资助的一家资本主义媒体称电视产业的"贪婪"表现在另一个方面：社会和经济领域处处都有矛盾（contradiction），个人和集体代理人也不例外。它们在一个层面上拥护的价值观与它们在另一个层面上的行为可能是矛盾的。我们还应该注意到：商业的国际化通常采用这里所暗示的路线，即从美国出口到英国，然后再到世界其他地方。我们自己的报纸文章好像更热衷于关注如何重新定位片尾字幕，这可以从支持该文章的业内人士的评论中看出来。一位业内人士认为，目前没有证据表明消费者对广告感兴趣；相反，有大量证据表明，受众对广告感到反感和失望。当然，消费者的这种反应并不是这个行业想要的结果，因为这会威胁到它的生存。

现在，你可以对这一切都无动于衷，并且认为无论哪种方式，都没有生死攸关的事情。然而，试想一下，如果一个世界完全围绕人为稀缺、利润竞争、劳动力边缘化、利用新技术等以有利于资本的方式"解决"问题的原则来运行，那么它将会是什么样子呢？当然，你不必拥有本科学位才能想到这一点，因为实际上这就是我们生活

1 Dominic Thomas，'TV' s bad credit rating'.

的世界。资本的力量已经渗透到我们生活的每一个领域、我们之间的每一次互动，甚至从片尾字幕到石油供应战争都是如此（在资本主义的社会和经济关系中，当一种资源变得稀缺时，垄断供应商因既得利益的考量就会阻碍再生能源的研究）。同样，资本的力量贯穿于媒体不断变化的企业结构、国家角色、新技术的使用以及媒体产生的文化形式和意义之中。这些力量是相互矛盾的，并在不同程度、强度和力度的正反两方面作用下，充满令人惊讶的曲折和交锋。

这是一种新的不受约束的资本主义叙事，一方面，重组自己和它所嵌入的世界（包括我们的自我意识和认同）；另一方面，重构对实践和理论的抵抗力量。尽管它已经被媒体所过滤，但是本书力求在当代趋势中对它作出全面的描绘。

当然我们研究所使用的关键概念都源自马克思主义。马克思主义不仅仅是研究 4
媒体的方法论，还囊括了对资本主义政治、社会、经济和哲学的全部批判。19世纪，一位大胡子德国人在综合了法国激进政治、德国唯心主义哲学和英国古典经济学后形成这个理论体系，不过之后就一直饱受世人的争议和谴责。不出所料，它作为一种批判，受到了一些人负面、嫉妒或讽刺地抨击，因为他们认为没有什么东西能超越当前的社会和经济制度。马克思主义也因一些获得权力而宣称自己是某种信仰的马克思主义者的负面历史记录而遭到严重破坏。尽管这一历史记录中有马克思主义批评家，但亲资本主义的资产阶级批评家仍然占绝大多数。

早在20世纪六七十年代，马克思主义在西方就已经达到顶峰，当时正值整个发展中国家和西方世界政治激进主义浪潮的高潮。但在今天的文化和媒体研究中，它充其量只是方法史的一部分，其主题、关注点和方法已经被无限复杂的分析工具所超越。不过有迹象表明，这种情况正在开始变化，也许是因为有人认识到，正如弗雷德里克·詹姆逊（Fredric Jameson）曾经指出的那样，"'超越'马克思主义的尝试通常以重新创造较早的前马克思主义立场而告终"（Jameson，1988，p.196）。本书的目的是希望越来越多的媒体研究者能够采用更激进的方法来研究他们的主题，理解媒体和文化，从而挖掘事物本来面目的根源。

我认为马克思主义是启动这件事的最好方法。当然它绝不能给出所有的答案，因为它在马克思主义者之间也存在争论。然而，作为一套工具，它表现出巨大的持久性，比如今天的世界看起来更像卡尔·马克思（Karl Marx）在《共产党宣言》（*Communist Manifesto*）中描述的世界，而不是1848年《共产党宣言》首次发表时的世界。这本书不是作为马克思主义思想史来建构的，而是对当代趋势的介入，通过借鉴和阐释马克思主义的概念帮助我们理解先进资本主义背景下的媒体文化。我尽可能清晰地解释并运用这些概念，但不回避其复杂性。后者尤其重要，因为马克思主义的 5
反对者很快就会觉得它"太简单"而不予理会。在某些方面，资本主义表现出令人难以置信的残酷、简单；而在另一些方面，它又表现得极其复杂。马克思一生都致力于发展相应的方法来分析和理解人类历史的意义。

本书将对马克思主义重要概念的阐述与媒体分析结合起来，从对媒体实践和结构的语境决定因素的讨论，到对媒体意义的更多文本关注，最后转向讨论与资本主义条件下意识和知识的性质、命运有关的哲学问题。在一些章节中，我将以各种不同的媒体为例来说明相关的概念，但在多数章节中，我将明确强调把对特定媒体的讨论作为案例来研究。第1章和第2章讨论互联网（internet）和数字技术及文化。第3章的主题是好莱坞的媒体——工业综合体。第4章将英国电视作为一个常见的参照点。第5章再次讨论电视，不过是以《老大哥》（*Big Brother*）国际现象为例。第6章是平面纸媒。第7章是好莱坞电影。第8章是纪录片。在这些章节中，我并不打算梳理这些不同媒介的历史。相反，在一个相互作用的动态中，一方面，我希望通过分析当代媒体实践来证明马克思主义的解释力，另一方面，媒体（以及它们提出的问题）也会澄清、挑战并质疑马克思主义的概念。各章节也必然会涉及批判领域内的非马克思主义和准马克思主义立场。同时，在适当的情况下，我会用这些立场来阐明马克思主义的盲点。由于选择理解世界的方法对世界如何变化会产生影响，因此使用哪些工具以及如何使用工具的问题就不可避免地会带有政治性。总之，这本书将有助于把马克思主义重新纳入媒体和文化研究的范围。

1

阶级和创造性劳动

什么是资本？
资本是积蓄的劳动。

——马克思，《1844年经济学哲学手稿》[1]

高等教育越变成为特殊劳动过程的一种资格，那么，智力劳动也就越变得无产阶级化。换句话说也就是转化成了一种商品。

——曼德尔，《晚期资本主义》[2]

如果说马克思主义方法论和社会形态批判存在一个绝对核心概念的话，毫无疑问，这个概念就是阶级。阶级指的是一种社会和经济地位，通常还包括阶级间的对立关系。尽管它不是造成社会分裂和冲突的唯一原因，但实际上，它与地理、种族或性别等其他表示社会特征的因素复杂地交织在一起。阶级和其他社会关系的性质一直是人们争论不休的话题，也是不同政治策略之间的冲突。但是对马克思主义者而言，阶级是根本的，因为它同构成社会存在和发展基础的劳动和生产密不可分。在今天所谓的“消费社会”中，这也许是一个过时的命题，因为“消费社会”这一术语很容易掩盖人类劳动，而它恰恰是使消费成为可能的前提。如果你怀疑劳动的基本性质，那就请想想，早上醒来的第一个小时你对劳动有多么依赖吧！假设你不是茫然地盯着天花板看了一个小时，那么你在早上打开煤气和电力开关的时候，就开始对劳动产生

1　此处翻译参考《马克思恩格斯文集》第1卷，人民出版社，2009年，第130页。——译者注

2　此处翻译参考［比利时］厄尔奈斯特·曼德尔著，马清文译，晚期资本主义，黑龙江人民出版社，1983年，第302页。——译者注

依赖；当你打开水龙头喝水的时候，当你从橱柜里拿出玉米片、从冰箱里拿牛奶的时候，当你读这本书之前穿衣服（假设你有穿）的时候，都会对劳动产生依赖。即使你真的盯着天花板看了一个小时，那么也需要有人来做天花板吧！所有这些依赖他人的劳动都需要在特定社会和经济关系下组织起来才可以实现。尽管我们可能认为这些都
7 是理所当然的，但是如果没有它们，生活将会很快变得野蛮而短暂。这种（日益增长的）社会相互依存和互惠的政治和方法论（interdependence，social and economic）的意义是革命性的。

文化分析中的创造性劳动通常是在作者个人范畴内讨论的，而文化艺术品的风格特征则与参与创作的关键人员有关。马克思主义的框架里关于创作分析的方法有很多（McArthur，2000），但我在这里关注的是更广泛的社会条件，即创造性和智力劳动作为一种集体关系，在资本和“传统”工人阶级（working class）之间处于一种矛盾的地位。我们需要综合马克思主义和社会学的阶级概念，同时把智力劳动置于媒体生产的某些特定条件中，例如用它的分工（division of labour）和技术影响来探讨这种矛盾的地位。

图绘阶级

让我们从一个象征性的形象开始——作为缩影，它提供了一个阶级关系的图景，并展示了近年来阶级关系内部的转变。从这里，我们可以清楚地认识到创造性劳动或文化工作者在阶级地位上的模糊性。这一形象来自雷德利·斯科特的经典科幻/恐怖混合电影《异形》（*Alien*）（Ridley Scott，1979，GB/US），该片开创了这个系列电影的先河，体现了围绕身体、性别和生殖问题的时代精神（Penley，1989；Creed，1993；Kuhn，1990）。阶级问题虽然很少被提及，但事实上对电影很重要，尤其在《异形》这样的电影中。

阶级概念作为一种常识、一种立即、自发、几乎无意识地被理解的代码以及作为我们普遍流传的大众智慧和知识宝库的一部分，被隐含地编码到大众文化中。媒体文本在其特定叙述中借鉴和重组的知识，被罗兰·巴特（Roland Barthes）称为文化代码（Barthes，1990，p. 20）。在《异形》中，一艘深空采矿船“诺斯特罗莫”的船员从休眠状态中被唤醒，以响应来自未知星球的信号。在一个阶级能指（signifiers of）的场景中，帕克［饰演者：亚非特·科托（Yaphet Kotto），一年前曾主演保罗·施拉得的经典工人阶级戏剧《蓝领》（*Blue Collar*）（1978，US）］和布雷特［饰演者：哈利·迪恩·斯坦顿（Harry Dean Stanton）］表达了他们不愿意去调查神秘信号的想法，

并让雷普利［饰演者：西格妮·韦弗（Sigourney Weaver）］保证他们如果做了这些额外的工作将得到补偿。这一幕发生在船的深处——帕克和布雷特的领地。尽管影片的背景设定是未来，但这里的场景却还是机械和工程零件、管道工程和蒸汽喷射阀门：这些都是手工工人阶级时代的工业领域的经典标志。帕克和布雷特的言语也表明了他们的阶级地位：他们明确表示这些额外的工作得有相应的报酬——显然，对他们而言，做一些“善意”的事情是没有意义的。他们的态度可以说代表了工人阶级的观点，这一观点如实地评估了他们的就业机会，以及他们和雇主之间的利益冲突，这使得“善意”或“共同利益”的观念毫无意义。与此同时，雷普利的阶级地位明显不同于帕克和布雷特。她有一支笔和一个剪贴板（意味着某种监督地位）；她的工作是回答问题而不是提问；她引用了帕克和布雷特的“法律”（这显然保证了他们在所发现的一切中占据的份额）：相信法律并对法律有足够的了解，因此引用法律，这也表明了不同阶级地位在教育和观点上的差异（众所周知，这两个指标都是确定阶级地位的重要指标和决定因素）。最后，雷普利讽刺地对帕克和布雷特说，如果他们想要任何东西，则需要像她一样“在桥上”，明确地显示了船上的分工（以及随之而来的声望、地位和权力），这里雷普利引用了船的空间关系所隐含的阶级维度。雷普利身上具有成为中产阶级的所有标志。重要的是，这些因素与雷普利作为女性对两个男人的掌握结合在了一起。该影片与其他许多影片一样，预言了包括中产阶级和工人阶级中的女性劳动力的涌入——这在20世纪80年代后变得非常明显。

现在，我们所拥有的只是一张阶级关系的局部图，但正是这幅局部图主导了关于阶级的社会学讨论。一般来说，主流社会学将阶级划分为一系列层次，以职业、收入、教育和消费模式作为划分阶级类别的关键标准。主流社会学为图绘一切阶级提供了重要的标准，但它的问题是排除了马克思主义所关心的阶级的真正核心：社会（和经济）的生产关系。 9

因此，主流社会学无法解决大量的社会经验问题，因为其阶级图景的主导极——引起变革最主要的社会和经济力量——被低估和（或）忽视了。例如，主流社会学对阶级的定义不能解释为什么巴莱克银行在举办“大银行换大世界”广告宣传活动的同一年，反而关闭了较小的分支机构；为什么发展中国家向西方国家银行支付的钱比他们在医疗和教育上的支出还要多；如果说对金融投机征收0.25%的税就可以筹集2,500亿英镑来解决全球贫困问题，那么该税为什么永远不可能被实施；或者尽管消费者普遍担心转基因技术的安全性和对环境的影响，但为什么转基因食品还是被推向了市场。在人们关于职业或教育背景的讨论中，阶级一开始并没有受到重视，尤其是关于它如何塑造这些社会现象的问题。我们可以从一本流行的A级社会学教科书中看到阶级全景：

最近对社会阶层的研究集中在白领非体力劳动中产阶级和蓝领体力劳动工人阶级。这些类别通常根据职业类别细分为不同的级别。典型的分类如下：

中产阶级	高级专业、管理和行政
	较低专业、管理和行政
	普通白领和次要管理者
工人阶级	熟练手工
	半熟练手工
	非熟练手工

（Haralambos，1985，p. 48）

现在应该清楚的是，社会学家所图绘的阶级和在《异形》等流行文本中发现的一样，都是阶级的代表。在这个意义上，阶级就是詹姆逊所说的意识形态（ideologeme），也就是说，作为一种信仰体系，它主要表现为概念或教义（例如在社会学著作中），或者小说文本中的一种叙述。尽管它很有可能更倾向于阶级两极中的某
10 一极，但两极中总有一个因素在起作用，因为如果没有基本的归纳总结，叙事将无从谈起，当然即使最概念化或最抽象的作品通常也会讲述一些故事的（Jameson，1989，p. 87）。

然而，社会学图景中最引人注目的一点，恰恰是它在描述中所缺少的东西。社会学对工人阶级和中产阶级（middle class）内部以及它们之间差异的细微关注是通过对阶级力量的压抑来进行的，而这些阶级力量与阶层是相关的。《异形》（以及该系列的后续电影）的有趣之处在于，名叫艾希的船员其实是受雇于公司的一个机器人，它的任务是奉公司之命将异形带回地球，为此甚至不惜牺牲全体船员的性命。整个过程中，公司都在秘密地推进着事件的发展，这引起了我们对另一个阶级——资产阶级（capitalist class）的关注，而它却在主流社会学关于阶级的讨论中经常被忽视。说到资产阶级，我们就会强调它的阶级能动性，它们总是根据自己的利益有意识地构造世界。其实，资本家在某种意义上来说就是“资本的人格化”（Mészáros，1995，p. 66），因为即使是资本家，他们也必须按照资本“逻辑”所设定的标准来行事，这已经是一种结构化的生存法则。如果某些资本家不遵守这个法则，他们很快就会破产。这个逻辑有两个重要特征：积累利润的内驱力和竞争。在《异形》中，我们看到了这样一幅阶级图景：雷普利作为中产阶级的代表，被戏剧性地要求在工人阶级和资产阶级之间重新定位。主流社会学中的概念的问题在于，中产阶级就像一个三明治，它们被定位在倾向于资本的中间层，但这样的定位又无法清楚地解释其自身。在《异形》中，以雷普利为例，尽管她与下面的人（帕克和布雷特）的劳动有所不同，但她被其之上的力量（资本）

视为同样可以被牺牲的人，这确实是更广泛的社会结构变化的象征。资本权力的扩张和渗透，特别是对生产过程的重组，已经开始使用零工和去技能化等方式对包括中产阶级在内的广泛阶层产生影响。这些进程与资本主义主导的差异和特权发生了冲突。 11

《异形》不仅为我们描绘了一张更加完整的阶级结构图景，更为重要的是还提供了一个非常特殊的视角：中产阶级视角。雷普利作为影片的主角，被寄托了战胜异形威胁和公司特权的希望。这一阶级观点的标志是，影片通过杀死帕克，瓦解了雷普利和帕克（谁会把她从艾希的凶残设计中解放出来）之间阶级联盟的可能性。因此，这部电影可以被理解为中产阶级政治无意识的一种叙事表现，此处指的中产阶级是在电影制作过程中占据关键创作地位的文化工作者（Heffernan，2000，p. 9）。

如图1.1，我们开始更为详细地探索马克思主义的阶级概念。从左到右，我们看到的是劳动力如何出卖给资本。马克思曾写道，劳动力（labour power）是“活的人体存在的、每当他生产某种使用价值时就运用的体力和智力的总和”[1]（Marx, 1983, p. 164）。自由是带双引号的自由，即使官方没有强制个人出卖劳动力，不论怎么做，劳动者的生活注定是非常贫困和边缘化的。因此，马克思所说的“经济关系的无声的强制”迫使丧失了其他生存手段的劳动者从属于资本。因此，正如马克思所讽刺的那样，劳动者不受“任何生产资料的限制”（Marx，1983，p. 668）。相反，恰恰是生产资料（土地、设备、原材料）的所有制定义了资本，并允许资本在工作日最终“拥有”或占有与劳动力密不可分的身体。如图1.1所示，在工作日的一部分时间里，劳

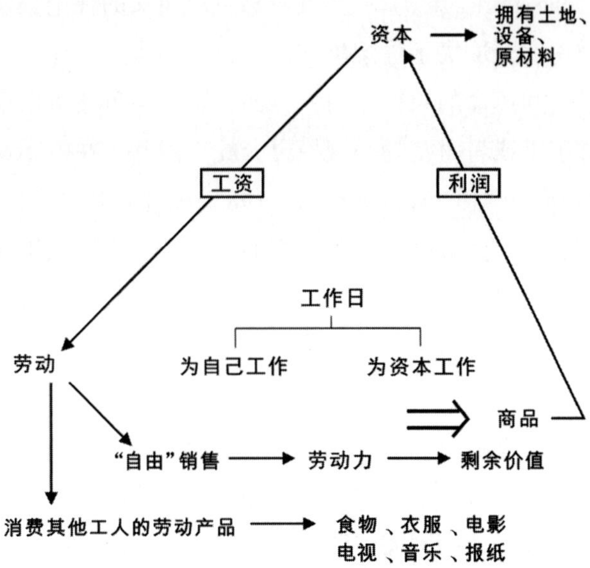

图 1.1　阶级关系的二分法模型

1　此处翻译参考《马克思恩格斯文集》(第5卷)，人民出版社，2009年，第195页。——译者注

动者为自己工作，因为他通过劳动创造的价值以工资的形式补偿自己。然后，在工作日的另一部分时间里，劳动者为资本自由地工作，因为劳动者具有一种特殊能力，那就是他可以创造出比生存和繁衍（衣服、食物、住房等）所需价值更多的价值。这部分更多的价值被称为剩余价值（surplus value），它体现在劳动生产的商品中。就像一个邪恶的幽灵（ghosts），资本从它所激活的劳动中转移到劳动所生产的商品中，只
12 有当商品被交换从而使得使用价值被消费后，资本才会离开物质实体变成货币（money）形式，将剩余价值（体现在商品中）转化为利润。（在第七章中将类比资本精神与幽灵）

随着利润不断地补充给资本，资本的人格化首先把资本的一部分用于个人的消费。其次，如果它们希望继续保持资本的人格化，那么它们就必须将这些资本用于再生产，购买更多的生产资料和劳动力，从而重新开始这个肮脏的循环。与此同时，劳动者会用工资来购买其他劳动者生产的非生产资料（消费品），其中包括媒
13 体商品。

阶级图景告诉我们，劳资关系无论在本质还是结构上都是对立的。获取剩余价值要求资本成为商品生产的主要控制者，即生产什么、在哪生产、为何生产、何时生产以及如何生产。因此，从本质上讲，生产在结构上是一个斗争的场所。在这里，劳动者从小规模到大规模，从个人到集体都部署战略来抵制和颠覆资本的优先权，而资本则运用各种策略来遏制和扼杀对其优先权和逻辑的任何挑战（Barker，1997）。这种斗争被称为阶级斗争（class struggle）。一些反对马克思主义的评论家认为现在阶级斗争很少，不过这样的结论完全取决于你想象的“斗争”的含义。在社会的一方面，街道上的罢工和路障是暴动和革命的象征；另一方面，阶级斗争还可以采取相当消极和个性主义的形式，比如旷工或者财富的小规模再分配。因此，在电影《写给勃列日涅夫的信》（*Letter To Brezhnev*）（Chris Bernard，1985，GB）中，因为今天是圣诞节，一位快乐的女孩特蕾莎想带给她的朋友一个最好的火鸡标本，所以她在结束工作后双手捧着一只火鸡从工厂里走出来，这时远处的背景音乐里响起了警笛声。法律的能指要求我们思考特雷莎的偷窃行为与构成她工作生活的更大的生命、财富和机会的盗窃行为相比，意味着什么。

现在，经常有人反对马克思主义的阶级二分法，理由是两个阶级内部的同质性太高，并忽视了中产阶级的重要作用，这些异议需要被讨论和解决。从图1.2中我们可以看出，对于社会学家而言，详细阐述中产阶级和工人阶级内部以及它们之间的差别是司空见惯的。工人阶级的熟练工和半熟练工、中产阶级中的白领和较低专业人员之间确实存在差异，但社会学家通常只看到了这些差异。然而，马克思主义学者强调的是，这种差异不是绝对的，它是那些为了生存必须出卖劳动力的阶级在社会和经济统

一方面的不同表现，这还包括中产阶级进行的各种“智力”劳动。这一雇佣劳动关系的经典表述（将中产阶级纳入劳动者范畴）是由马克思提出的，他认为随着劳动从属 14
于资本和新技术，资本主义发展过程的一个方面是脑力劳动和体力劳动的分工，而社会学正是以这些区分为特征的。 15

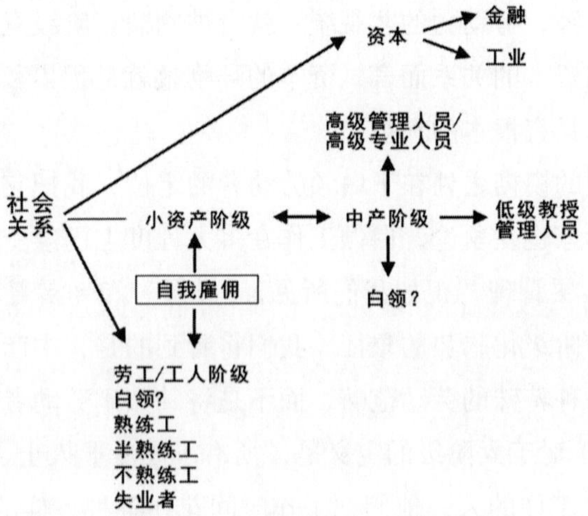

图 1.2 阶级关系：马克思与综合社会学观点

“变成总劳动过程的实际执行者的并不是单个的劳动者，而是日益以社会的规模结合起来的劳动能力；各种劳动能力……以极其不同的方式参加直接的商品形成过程……：有的人用手工作、有的人多用脑工作，有的人做管理者、工程师、工艺师等工作，有的人做监督者的工作，有的人直接做手工劳动者的工作……劳动能力的……职能……直接被资本剥削和一般从属于资本增值过程和生产过程……如果考察组成为工厂的总劳动者……不管单个劳动者作为这个总劳动者的单纯成员的职能距直接手工劳动是远还是近，都完全无关。”（Mandel，1978，p. 195）[1]

相比之下，马克思则强调同一过程的另一面，即资本发展社会统一的劳动能力，其中单个劳动者只代表了“总劳动者的一部分”，而所有劳动者都要受到资本的普遍剥削。马克思的另一个论点，也是马克思资本主义批判的核心，即这些等级制度以及它们所促进的对私人利益的剥削，与渐进的生产社会化相矛盾。生产社会化指的是劳动日益相互依赖的方式，因此，生产过程中的某个部分或某个生产部分的工作依赖于其他地方、其他工人的劳动。对马克思而言，生产的社会化为超越资本主义生产的等

1 此处翻译参考［比利时］厄尔奈斯特·曼德尔著，马清文译，晚期资本主义，黑龙江人民出版社，1983年，第223页。——译者注

级和利益驱动结构提供了客观可能性和道德必要性。但是，当社会学过度关注劳动力内部的差异，从而在理论上摧毁了建立统一的阶级利益的可能性时，马克思无疑走得更远，因为他认为这种差异是一个“完全无关紧要”的问题。相反，我们也必须认识到，传统的工人阶级和知识分子在对待同一种社会经济力量——资本时的差异。只要存在这些有差异的关系，劳动力的客观统一就会被割裂，阶级意识的增长就会受到抑制和阻碍；就各种与资本的关系而言，资本的拜物教就是积累和竞争，从这个意义上可以说不同的劳动都具有根本的利益。

这两种阶级模型的模糊之处在于白领劳动者的定位，我把它放在劳动者和中产阶级之下。就连社会学家也在争论，白领工作在多大程度上已经变得和“工人阶级”职业一样程序化并由上层管理。正如我们所见，《异形》和《雷普利的命运》可以被看作白领工作逐渐无产阶级化趋势的象征。我们将看到的是，中产阶级的兴起意味着工人阶级应该被视为一种特殊的劳动范畴，而不是将其归于劳动者。巴巴拉·艾伦莱克（Barbara Ehrenreich）对工人阶级的定义是，“所有不是专业人士、经理或企业家的人；为工资而不是为薪水工作的人；他们把工作时间花在各种各样的事情上，比如举重、弯腰、驾驶、监控、打字、键盘输入、清洁、为他人提供身体护理、装货、卸货、烹饪、上菜等”（Ehrenreich，1995，pp. 40-41）。她还进一步指出，工人阶级约占美国
16 人口的60%—70%，而且她注意到媒体从来没有报道过这个比例。工资和薪水之间的社会学差异，再次表明工人阶级和中产阶级之间的一些重要差异（工作保障、职业发展），但这种差异也掩盖了一些重要的连续性。

小资产阶级（petit bourgeoisie）被定义为个体经营者或小企业主。他们在社会生产关系中的地位的特点是，因为他们是雇主，所以他们不会出卖自身的劳动力，甚至有时还需要雇用少量的人。就家庭背景、教育和文化资本而言，小资产阶级可能来自中产阶级，也可能来自工人阶级。后者往往经营着自己的小商店或市场摊位，或从事技术行业（水管工、电工等）和服务业（清洁等）。因此，他们的阶级地位是矛盾的（当然所有的阶级地位都是矛盾的）。因为他们在文化上是工人阶级，但在经济上却属于小资产阶级。中产阶级和小资产阶级都倾向于经营与其教育资本相匹配的企业，也就是说，与他们获得正规教育资格的投入（时间）相匹配（Bourdieu，1996，p. 287）。譬如，他们会经营信息技术公司，从事室内设计行业，研究替代疗法和药物，当然也包括经营“独立”的传媒公司。这个阶级是在垄断（monopoly）资本主义的压力和竞争的夹缝中生存的，因为垄断资本主义给市场施加了巨大的力量（见第三章）。事实上，好莱坞电影中最常见的一种阶级戏剧反映的就是小资产阶级在垄断资本主义主导的世界中为生存而进行斗争的主题［参见《电子情书》（*You Have Mail*）（Nora Ephon，1998，US）和《夺命连线》（*Antitrust*）（Peter Howitt，2001，US）］。

中产阶级/知识分子

现在我想谈谈中产阶级，因为在这个阶级中我们可以发现文化和媒体工作者。下面我打算做三方面的工作：一是根据社会生产关系定义中产阶级为知识劳工；二是考察资本主义社会生活生产和再生产中知识劳工的分布和作用；三是探索文化工作者或知识劳工的阶级地位的政治含义，以及在技术革新日益强调知识、文化和信息的背景 17
下，知识劳工与资本二者对立的可能性。

知识劳工

在马克思的概念中，阶级是根据社会生产关系来定义的。我们界定一种或某种社会的依据是从社会众多因素中抽象出一个决定性因素，即经济因素。对于马克思主义来说，资本主义实际上只有三个阶级：其中两个主要阶级是由劳动力的买卖来定义的，分别是劳动者和资本；第三个阶级，即小资产阶级，他们不出卖自己的劳动力，只拥有小规模的生产设施，与主要的劳资对立关系保持一个斜碰的角度。到目前为止，这三个阶级是根据生产的经济关系来定义的。但需要注意的是，经济因素的决定性作用是指在劳动过程中，它提供了某些主要手段，社会通过这些手段控制劳动的做法可能会实现，也可能无法实现（Wright，1979，p. 194）。那么，当劳动者必须出卖自己的劳动力，从而将对整个生产设备的控制权拱手让给资本家时，又会发生什么呢？与此同时，劳动者又保留了自身劳动的一些实际的、有限的而又灵活的控制权。这就是大多数中产阶级的处境。

至关重要的是，中产阶级必须像其他人一样出卖劳动力以挣取工资。这种工资通常来说，比大多数“工人阶级”的报酬要高（特别是在私营部门），这是一个重要的差别。然而，这并不是最具定义性的差别，而且并不是在任何情况下都如此。在高端的汽车生产市场中，一个熟练的汽车工人的工资堪比大学讲师的工资，甚至更多。在社会生产关系中，中产阶级与工人阶级的区别在于他们是知识劳工。正如埃里克·奥林·莱特（Eric Olin Wright）所指出的那样，知识劳工的核心活动是“阐述和传播思想（而不仅仅是使用思想）”（Wright，1979，p. 192）。葛兰西因此称这个阶级为知识分子。“所有的人都是知识分子（intelligentsia）”，葛兰西认为，“但并非所有的人在社会上都具有知识分子的功能”（Gramsci，1971，p. 9）。在资本主义制度下，思想的阐述和传播由特定的人群承担而变得专业化，这些人垄断了优质的知识模式

18 （在教育机构中得到正式认可），并通过社会资本（个人网络、“认识合适的人”）和皮埃尔·布尔迪厄（Pierre Bourdieu）所说的“文化资本”来强化他们的优势。其中，“文化资本”是通过社会决定的文化能力和文化兴趣获得的，文化能力和文化兴趣统称为文化品位。阶级差异就是通过文化品位再现的（Bourdieu，1996）。同样，莱特也将这一群体称为知识分子，因为他更愿意将其看成是一个由劳动者、资本家和小资产阶级三权分立的群体，而非一个独立的阶级（Wright，1979，p. 203）。

这里，我要强调两点：首先，智力劳动与更多的体力劳动或技术劳动之间的分工是文化产业内部分工的核心；其次，专注于思想和意义的阐述和传播，与在生产过程中至少在日常层面上获得某种相对的自主性和独立性之间有着密切的关系。因为思想作为一个过程，会随着时间的推移而发展，而持续的监控或中断有可能破坏这种发展形势。专注于创意的生产有一种杠杆作用，因为创意存在于人们的头脑中，或者（在屏幕上的明星）表演中，所以创意本身是劳动力（或劳动绩效）不可分割的一部分。在这两种情况下，他们生产的价值（对资本而言）和使用价值（对消费者而言）与他们的脑力和体力之间不可分割的联系（这种联系可以被资本与更为普遍的物质的劳动力所割断）说明了一个问题，即创造性劳动其实是构成资本的指挥和控制结构的一部分。这就是为什么在许多文化和智力生产中仍然存在着一种在现代资本主义之前就已经存在的手工生产方式。在这种生产方式中，熟练工人可以严密控制他的产出（Garnham，1990，pp. 36-37）。因此，智力劳动并不是一个不可克服的问题，可以肯定的是，不同的媒体行业发展出不同的方式来塑造和影响创造性智力劳动，并为其建立一定的参数。在这种情况下，由于知识分子出卖了自身的劳动力，他们真正而可变
19 的自治就会不断地受到威胁。随着中产阶级的扩大和（或）工业化，诸如制图员、技术员、工程师、会计师、教师、护士和媒体工作者的技能和知识就会经历一种膨胀。当他们变得更普遍和可替代时，或者当他们的技能被整合到新技术中时，他们就失去了价值（Braverman，1974，p. 407；Wright，1979，pp. 210-211）。例如，笔记本电脑的出现极大地提高了编剧的工作效率，但这并没有节省编剧的时间，反而促使他们比以往更加努力地创作更多产品。编剧保罗·阿博特［Paul Abbott，2000—2001年BBC工人阶级电视剧《打卡下班》（*Clocking Off*）的创作者］讲述了这样一个例子来说明日益激烈的竞争和技术发展是如何给作家的创作带来部分的“无产阶级化”：

> 20世纪90年代初，电视节目的调度人员开始了类似游击战的工作。当他们第一次对“向Tippex挥手再见”进行文字处理时，我正好是电视剧《加冕街》的一名故事情节作家。在故事情节不变的情况下，我们使用文字处理技术导致产出速度翻倍。我们办公室的人认为使用这种技术纯粹是为我们自

己的利益着想。但这是不可能的。结果是他们打算在周一、周三和周五增加剧集数量。我记得新安装的电脑档案可以清晰地告诉我们，在斯坦死的时候希尔达穿的是什么颜色的羊毛衫。负责“现代化”改装的是朱尔斯·伯恩斯（现为联合医学博士），他曾自豪地打开档案室的电脑，喜气洋洋地说：“你们觉得怎么样？”[1]

在这里，我们看到了知识分子是如何被分化成一种等级分工的。例如，电影和电视制片人要在像阿博特这样的作家和负责利润积累的高管之间进行调解。这种调解既可以在同一组织内部进行，也可以在拥有自己的生产公司的小资产阶级生产者、他们为特定项目雇用的创意人员与这些项目的金融投资者之间进行。在这个特殊案例中，管理人员使用计算机来编译和检索存档数据，从而促进作家不断扩大生产力，也减轻了公司对长期服务的编剧的依赖。

分布与功能

哈里·布雷弗曼（Harry Braverman）认为，“中间阶层”包括“工程科技人员，较低级监督和管理人员，在购销、金融和组织管理机构等方面，以及不属于资 20
本主义工业本身，在医院、学校和政府部门从事工作的大量专门和‘专业’雇员”[2]（Braverman，1974，pp. 403-404）。但是，我们还是有必要对此进行梳理，并探索知识劳工的分布及其社会功能。自马克思时代以来，为什么中产阶级的发展如此迅猛？约翰·克拉克（John Clarke）让我们想起了马克思关于“资本循环”的论述。这涉及产品的生产、流通、交换（或购买）货币、消费或实际使用的过程。如果整个循环是封闭的，剩余价值将无法实现。克拉克指出，资本主义的问题在于，这一过程是复杂的，涉及各种需要管理的“缺口、中断、障碍、紧张和矛盾”（Clarke，1991，pp. 48-49）。中产阶级因此出现并扩张，以解决协调（和加速）所有使资本循环得以完成的因素（人力、后勤、技术和文化）的问题。

这种协调生产循环的想法确实捕捉到了许多中产阶级的所作所为，或许也描述了中产阶级不同阶层的大部分工作，尤其是会计师、律师、行政人员、高级管理人员、游说者等。文化工作者在协调生产和消费之间的循环方面也发挥着关键作用，广告、

1 Paul Abbott，‘Culture clash’，Guardian（Media），28 May 2001，pp. 16-17.

2 此处翻译参考［美］哈里·布雷弗曼，方生等译，劳动与垄断资本，商务印书馆，1979年，第358页。——译者注

营销、公共关系和市场研究就是如此（Murdock，2000，p. 16）。

人们经常认为，中产阶级在参与社会生产关系再生产的过程中，仅仅是起着协调和润滑剂的作用，而不直接参与剩余价值的生产。这是艾伦·赖希对所谓的职业中产阶级所做的经典研究的要点（Ehrenreich，1979，p. 12）。然而，马克思主义经济学家厄斯特·曼德尔（Ernest Mandel）提醒我们，马克思明确地认为，“研究工作者和工程师的劳动，性质上是生产性的”[1]，因为它被用来创造剩余价值和利润（Mandel，1978，p. 255）。我们不应该把直接生产者和生产关系的再生产者区别开来，而应该把他们看成密切相关的。毕竟，协调者对生产周期至关重要（如果没有他们，生产周期就会解体），而生产者（包括工人阶级和中产阶级）是通过生产行为完成再生产生产
21 关系（Noble，1979，p. 131）。那么文化工作者呢？从其象征性产品的影响来看，他们可能从事再生产［思想和价值，或称为意识形态（ideology），使占统治地位的社会秩序合法化］；从生产的角度来看，很明显，他们生产的商品为媒体资本实现了剩余价值，事实上，作为商品的文化产品对资本投资和利润变得越来越重要。然而，经济需求和文化价值之间并没有必然的契合，事实上，已有充分的理由可以说明它们经常会出现分歧。

经济、技术和文化

在对文化产业的社会和经济矛盾的重要分析中，尼古拉斯·加汉姆（Nicholas Garnham）指出文化和信息产品是典型的公共产品，因为它们不会被消费所消耗和破坏（Garnham，1990，p. 38）。在另一个相关的意义上，它们也是公共产品。由于文化商品在消费过程中没有消耗殆尽，因此，文化商品获得其意义、价值和乐趣的客观基础是共享。消费电影或音乐的乐趣和意义显然是集体体验的一部分，而满足生理需求如吃饭和住房，或使用私人设施如冰箱或洗衣机，则不是。当然，即使是这些功能性很强的商品（例如在它们的设计中）也被赋予了集体意义，而对于服装和汽车这样的公共产品，则更具有集体意义。但这只是说，文化（地位和身份的问题）已经依附于它们。文化商品的唯一存在理由是文化表现，因此使用和消费的集体维度就显得更为紧迫。在消费商品的文化化过程中，存在着一种特殊的张力：因为当它们面向集体（如果也是排他性的话）时，它们却以私有、出售和购买的形式存在。在私有产权制度下，文化包装的消费越来越依赖于社会化的意义。作为社会产品的文化

1 此处翻译参考［比利时］厄尔奈斯特·曼德尔著，马清文译，晚期资本主义，黑龙江人民出版社，1983年，第295页。——译者注

（culturalisation）产品与它们作为私人商品的地位是相抵触的，这是我想讨论的一个与软件工程师有关的问题。但是知识分子对这场斗争的贡献也是与生产的文化化联系在一起的。这就是生产变得越来越依赖于思想和信息的生产和传播的过程。 22

厄尔奈斯特·曼德尔对“晚期资本主义”的定义（或许是乐观的）恰恰是对计算机技术在生成、存储和分发信息方面的依赖。1954年，计算机进入美国经济的私人领域（在它们被武器经济发展之后），这对随后改变资本主义的技术革命至关重要（Mandel，1978，p. 194）。研发和技术创新所涉及的高成本以及企业之间残酷的竞争，反过来使得“在晚期资本主义企业中进行更加精确的计划”变得极其重要（Mandel，1978，p. 228）。计算机具有“快速处理大量复杂数据”的能力（Mandel，1978，p. 229），从而使制订企业内部的计划成为可能，然而矛盾的是，企业间的竞争又使计划成为必要（反过来又使整个社会的民主计划成为不可能）。公司内部的计划需要对知识和信息进行自我反思的管理，这是组织创新和生存的重要基础，也是老板和经理们新的意识模式（Prusak，1997）。因此，在企业管理理论中，人们重新意识到了所有员工拥有的文化资产和知识资源的重要性。通信技术产品放大了知识在保持竞争优势中的重要性（Tapscott et al.，1998）。知识分子的相对和可变的自主权并不依赖于知识标准化的困难；知识可以被标准化成机器，而且工人阶级已经意识到这是要付出成本的。然而，至关重要的是，知识的应用（Castells，1996）作为一种灵活且持续发展的资源，事实上是很难被标准化的，因为这样做会立即冻结知识并抑制其对新条件的反应。为了避免这种僵化，“新的信息技术不仅仅是要应用的工具，而是要开发的过程”（Castells，1996，p. 32）。

然而，问题是，与文化产品本身一样，维持和发展劳动力的文化和知识资源需要或更准确地指向与实际存在的资本主义相抵触的社会结构。因此，正像普通商业管理书籍所讲的，知识和技能的发展和传播需要“自由沟通”和共同的目标。随后又没有任何讽刺意味地说，“据观察，这种态度来自管理者和员工之间的信任。只有信任才 23
能使知识在公司内部流通，从而创造一个共享的经验世界”（Roos，1997，p. 127）。在当代资本主义的论述中，生产文化化的概念一直是一个关键主题，这些论述认为我们正在迈入信息社会。通常该论点认为，与“硬商品”的工业生产相关的阶级矛盾已经成为历史。如果是对资本而言，这个观点就不那么令人欣慰了。如果文化的影响（如思想、价值观、乐趣）是关于意义的共享和交换，那么生产的文化化就是一种有问题的发展，是一种在生产方式（mode of production）中有问题的发展方式，因为它对共享、相互依存、生产和消费的社会化施加了严格的限制。

资本与知识分子：一个对立的案例研究

我们已经看到，知识分子与小资产阶级一样，是处于资本和劳动之间的矛盾地位。他们在一定程度上融入资本，并通过其文化特权、相对的独立工作场所和（通常）薪酬水平与工人阶级区分开来。然而，他们不是资本家，当他们遭受到与其下面的工人阶级类似的剥削和无产阶级化过程时，他们作为劳动者的地位就会被重新确立。他们夹在资本和劳动者之间，在经济上是由二者构成（尽管他们会利用自身的文化作为“资本”，但他们仍旧是雇工），并在思想层面受到二者的影响。由于没有完全融入任何一个社会阶层，他们往往倾向于小资产阶级，或者在思想层面（寻求社会问题的个人解决方案），或者在经济上朝着自己成为老板的方向发展。因此，对于知识分子来说，自主、独立和工作的存在意义都是至关重要的（Heffernan，2000，pp. 39-71），这并不奇怪。知识分子试图解释他们的社会角色的一种方式就是去政治化，去政治化意味着谁是思想的阐述者和传播者。这涉及将知识生产与既有社会利益脱钩，将职业精神定义为超越资本与劳动之间的社会矛盾，而是将“客观性”和“合理性”作为知识分子所从事的工作的本质。然而，尽管“客观性”的意识形态在全人类工
24 作的幌子下向资本家证明了其作用的正当性，但当资本的非理性和偏好变得过于尖锐而不容忽视时，它也不可避免地导致知识分子与其雇主发生冲突（Ehrenreich，1979，p. 22）。当知识分子寻求对资本进行务实改革从而试图实现自身利益与更普遍的利益趋同或一致时，资本与知识分子之间的对立模式就会出现。同时，另一种对立模式也将知识分子与资本主义更显著地分开，因为他们提出的要求（无论他们是否知道）从根本上与资本主义的运行方式是矛盾的。在这里，务实改革所转化的一些要求指向了资本和其他人类群体之间的根本分歧。

软件文化产业很好地说明了资本和知识分子之间存在着的不同的对立模式。围绕让用户能够访问编写软件代码的问题，社会上掀起了一场蓬勃发展的运动。随着互联网的扩张，公司软件越来越多地采用专有模式，从而实现对程序代码的保密。因此，即便这个软件是免费的（就价格而言），但它在表达和使用方面也不是免费的。如果不能访问源代码，就不可能修改或定制软件，也不可能修复软件中的漏洞，当然复制和分发代码给其他用户也是非法的。获取编写的代码软件程序之所以成为一个政治问题，关键原因就在于生产的文化化和文化产品的扩大生产的双重动力。生产的文化化极大地提高了软件工程师的知识和技能。这类知识劳工非常清楚，他们是创造公司财富的关键资产。但与此同时，他们又必须在公司战略和议程的范围内工作。这样，工作进度是保密的。由于企业竞争，不同公司的软件工程师如果遇到类似的问题是无法

进行讨论或共享解决方案的。商业管理理论家提倡企业探索思想的“自由”交流，以便他们能更有效地执行计划，在这里寻求超越沟通的限制，因为他们被困在公司的边界内。备受资本不断更新设备的逻辑所谴责的许多软件工程师白天为私人公司工作，而到了晚上会为更多的公共目的工作。比如，软件开发人员为了在经济活动中引入民主原则并对公司治理提出异议，正在建立互联网合作社，例如FreeDevelopers.net。 25

软件作为一种文化产品，与录像机或打字机这样的物质产品不同，它是一种表达和交流的手段。基于这个原因，获取源代码的问题就具有了更加广泛的社会意义。另外，在软件有争议的情况下，专有模式成为一个斗争的领域。正如FreeDevelopers.net所指出的那样：

> 我们的敌人是专有软件公司以及这些公司的高层管理人员。他们或多或少地从专有开发人员的服务系统中获取利润，当然这是隐藏代码造成的结果……这样的阴谋集团将会和我们一直持续斗争下去。[1]

然而，在软件开发社区里，并非所有人都用对立方式来看待这个问题。有关开放访问源代码的运动形成了两派。其中，开源运动是更加务实的一派。开放源代码强调的是共享源代码的商业利益。通过利用互联网的协作和分发能力，全球数百万用户就可以对某个软件程序测试和清除漏洞，这种做法远比把软件程序锁在公司的实验室里要彻底得多。因此，对开源是开发软件更合理、更有效的手段的论证，还有很大的空间。虽说企业完全有可能销售一些开源软件，但又总受到限制，尽管这些做法不会影响企业的收入。比如说，公司可以限制复制、发布或修改代码。或者，只允许在公司内部访问源代码，比如说对它的支持服务团队，这种做法既能保障支持服务团队有效地解决技术难题，同时又不会把源代码传播给公共用户。开源因此成了一种营销和公关工具，掩盖了控制个人自由使用源代码的许多方式。

理查德·斯托曼（Richard Stallman）成立的自由软件基金会（FSF，Free Software Foundation）采用了一种更为激进的方法来处理源代码问题。他设计了一个copyleft系统，即GDL（General Public License），确保源代码实现免费。 26

通用公共许可证有四个组成部分：保有为任意目的运行程序的自由；研究程序的工作原理并使其符合个人需求；重新分发副本；修改程序并向公众发布。[2]一般从财务意义上来说，此类活动也是“免费”的，尽管自由软件基金会并不坚持这一点。开发

---

1 <http：//freedevelopers.net/press/faq>.

2 <http：//www.gnu.org/philosophy/free-sw.html>.

人员一般可以为他们所设计的软件收取费用，但在copyleft系统下，这种软件会被传播给那些不想或无力支付费用的用户（因为它是可以由其他购买者复制和重新分发的）。尽管开源模式有助于提高资本主义的效率，但自由软件基金依然会坚持这样的做法：基金会的目标就是要废除软件领域的私有模式。正如理查德·斯托曼所说：

> 如果……人们不编写软件，那么他们也会做饭。如果他们做饭，他们可能会共享食谱或改变食谱。和他人分享一些东西是很自然的事情。但那些想要通过控制他人活动来获利的人试图阻止我们彼此共享——因为如果我们不互相帮助，结果只能是我们无可奈何地依赖某些人。[1]

但是，自由软件运动中仍然存在着错误的认识，比如FreeDevelopers网站的开发人员认为自己的行为是反公司的，而不是反资本主义的，当然更不是社会主义性质的。保持这样的立场主要是因为拒绝了遵循争论的逻辑，并且仅在软件开发者内部展开关于“工人控制”、参与一般社会协作的辩论。

文化实践的特殊性：电影和音乐

我们已经看到，资本主义制度下劳动的存在就是为了创造剩余价值。所有的劳动都是如此，与它的形式和满足人类的需求无关。对资本和劳动的关系有一种普遍的概括性，即任何希望充分了解世界的批判理论都必须触及的点。但资本主义将这种普遍性的逻辑应用于一切事情，造成了冷酷无情的普遍性，这也是理论必须要避免的问题之一。如果资本主义下的一切都变成了可以买卖的商品，那么这种普遍的商品化只是理解文化劳动在商品生产中所采取的不同形式的必要但不充分的条件（Garnham，
27 1990，p. 29）。我们不能因为资本主义逻辑的普遍性而忽视了资本和不同种类的劳动相结合的具体而特殊的方式。正是由于这个原因，我们才开始从总体上探讨文化工作者的矛盾地位。作为劳动力，他们的存在是为了创造剩余价值，或者通过协调资本循环来确保生产剩余价值的关键部分。但是，他们的资产的确需要一些自主性、对话性和时间持续性，而资本通常自上而下地控制体制不太容易利用的这些特点，再加上文化工作者的使用价值与他们个人的思想和身体有着不可分割的联系，为此，资本

1 Heather Sharp，‘A world without Microsoft’，Red Pepper，April 2001，p. 25.

给文化工作者设置了某些障碍，使他们与日常的体力劳动者一样可以实现互换和控制。Rage Against The Machine作为一个政治性的嘻哈朋克/摇滚组合，不可能简单地被他们的唱片公司换成政治上更加温顺的人和产品，因为人和产品是无法分离的。同样地，在20世纪90年代后期，英国独立电视公司的创作人员在成功制作了表现中产阶级焦虑的戏剧《冷脚》（*Cold Feet*）后，因为担心他们的劳动会变得陈腐和标准化，而拒绝继续制作第五部系列剧。即便电视　公司急于开发这一文化产品，但也不能简单地招募其他作家和演员重新创作这一系列作品，这是因为文化工作者的劳动能力和表演能力使得该系列成为产品的同时，也赋予了它独特的身份。[1]

然而，创造性/智力劳动的这种差异对资本而言并非都不利。这意味着随着这个阶级的扩大，它会从工人阶级中脱颖而出，并愉快地用自己特别的地位换取对资本设置的广泛议程和目标的认可。知识分子的阶级地位是矛盾的，占据的对立地位只是少量。尽管文化工作者为自身的合理化和去权力化做过一些内在的抵制，但这并没有影响资本（在许多方面成功地）运用其通常的逻辑。文化的工业化使构思和执行从普通劳动中分离出来（Braverman，1974），并集中在一个控制管理精英的手中。好莱坞制片厂就是这种做法的有效例证。拍摄脚本是一个电影的蓝图，也是制片人日常控制制作过程的一种手段，它可以被用来衡量拍摄进度与计划是否保持一致（Staiger and 28
Thompson，1988，pp. 135-137）。阿多诺和霍克海默依据这种劳动分工、等级控制以及标准化的生产流程，认为文化产业摧毁了所有真实的个性，唯独剩下一个伪个性，"就像大规模生产的耶鲁锁，它们唯一的差异只能用毫米的分数来衡量"（Adorno and Horkheimer，1977，p. 374）。今天，当我们看到一些男生女生使用以上模式制作和协调乐队时，就会引起共鸣。实际上，以《流行之星》（*Popstars*）为例，制作过程本身变成了电视节目。在这里，表演者开始时为Hear' Say合唱团试镜，不过后来也随着（不可避免的短暂的）Hear' Say合唱团的下线而最终退出生产线。

宏观来看，制约社会、组织和经济的决定因素看起来可能无所不能，但是这些权力关系却又需要在更加微观的日常层面上进行考察，这就需要重新提出人的能动性问题（Negus，1997，p. 69）。正如文森特·波特（Vincent Porter）所指出的，导演对镜头角度的选择或演员所表现出来的特殊细微差别都可能会以微妙但有意义的方式改变影片的含义（Porter，1983，p. 181）。大卫·赫斯蒙达（David Hesmondhalgh）还强调了创意文化工作者所享有的"不同寻常的自治度"（Hesmondhalgh，2002，p. 55）。然而，"自治"很难衡量，特别是考虑到人类倾向于把构成我们行为的制度规范和期望内在化。布尔迪厄把这一过程称为习性的发展，他将其定位为"必然被内

---

1 Matt Wells，'Cold Feet over a fifth series'，Guardian，27 December 2000，p. 9.

化和转变为一种产生富有意义的实践和被赋予意义的感知的气质”（Bourdieu，1996，p. 170）。在好莱坞，一些导演在电影中表现出一些细微差别，试图打破制度化规范的限制，为此他们发现这种付出也得到了额外回报。

1957年，环球影业接手了奥森·威尔斯（Orson Wells）最后一部好莱坞电影《历劫佳人》（*Touch of Evil*）（Orson Welles，1958，US）的剪辑工作。正如电影编辑沃尔特·默奇观察到的：

> 威尔斯的电影可能犯下了好莱坞电影中最严重的罪行；它比那个时代大约超前了10年。不知何故，制片方一直期待的是一部传统的B级影片，但他们对影片的创新剪辑和拍摄手法、对真实外景的使用、对声音的非正统使用，以及在主题上对刻板印象的颠覆和对人类堕落的常规接受的大胆之处感到不
> 29 安和困惑。[1]

威尔斯随后写了一份58页的备忘录，详细说明了他对这部电影的设想与最终工作室剪辑的产品之间的差异。正如默奇所言，工作室的最终剪辑试图将威尔斯精心制作的形式和主题差异重新整合成一个更加标准化的产品。

威尔斯的经验并不局限在古典工作室时代的特殊组织形式。最近，英国邪教恐怖电影编剧兼导演理查德·斯坦利（Richard Stanley）在拍摄美国电影《拦截人魔岛》（*Island of Dr Moreau*）时被解雇（该片最终由约翰·弗兰肯海默执导，并于1996年上映），为此他突然体验到了雇佣劳工的无力感。信息社会大师罗伯特·赖克（Robert Reich）说，“创意商人……与总部的高管一样，他们对最终产品至少拥有同样多的权力和控制权”（Reich，1991，p. 102），按照这种说法此类事情是不应该发生的。斯坦利的剧本吸引了马龙·白兰度（Marlon Brando）和瓦尔·基尔默（Val Kilmer）。新线是这部电影的投资人。然而，当斯坦利和基尔默闹翻时，这部电影和其他电影都被广泛报道为自我失控，结果斯坦利成了牺牲品。斯坦利向作家大卫·休斯（David Hughes）很好地描述了不同文化工作者和资本之间的权力动态，以及将富有挑战性的想法重塑成平淡无奇、没有争议的东西的极其愤世嫉俗的过程：

> 但肯定是斯坦利——或者他的剧本——首先吸引了基尔默这样有才能的人？“其实这没关系。剧本只是个诱饵。他们并不是真的想要或者需要一个剧本来拍摄电影——他们需要的是用剧本来吸引人才。一旦有了人才，剧本就会落到你身上，是时候做些完全不同的事情了……在我的剧本中，普里迪

1 Walter Murch，‘Touch of evil’，Guardian（Review），25 September 1998，p. 6.

> 克是一名为联合国工作的民权律师，他刚刚结束了在南太平洋布干维尔等地的和平谈判，而此时世界上其他地方爆发了一场有限的核冲突。这个前提不是原著的一部分，而是斯坦利创作的基石。“野兽人成了文明的摇篮，并且潜在地成了物种进化的方向。”莫罗正在努力研究一种替代人的物种。“在斯坦利的草稿中，普伦迪克在莫罗死后扮演制定法律的角色，他必须为野兽人收拾烂摊子。他说，这将会变成一种像南斯拉夫或索马里那样的灾难，因为这名来自联合国的人做得非常糟糕，他成功地把事情搞砸了，让他想保护 30
> 的那些人更糟糕。一切都完了……现在是被局外人解放的奴隶群体领导了叛乱，只有美国人有一点点机会，那些旧的支持民主的自由主义信息会渗透到一切事物中。”[1]

在2001年10月初，当我写这篇文章时，美国和英国军队正在轰炸阿富汗（Afghanistan）；它们的莫罗博士这次不是海湾战争中的萨达姆·侯赛因（1991）或科索沃战争中的斯洛博丹·米洛舍维奇，而是奥萨马·本·拉登（Osama bin Laden）。公众对它们行动的支持（事实如此）从根本上取决于西方政治家和机构能否说清它们和敌人的行动在道德上存在着质的区别。这反过来又需要压抑它们和敌人之间的相似性、联盟和共谋，就像在斯坦利的剧本中所压抑的莫罗和普兰迪克之间的连续性一样。在这种背景下，我们或许可以看到斯坦利的经历是一系列文化斗争的一部分，这些斗争对公众辩论（或缺乏辩论）以及文化想象的多样性（或狭隘性）和怀疑（或轻信）的性质都有巨大的影响。

影视制作的产业性质使资本以一种非常独特的方式垄断它，而且还巩固了劳动分工。在这种分工中，工人阶级获得这些文化制作的工具，在很大程度上仅限于劳动过程的技术和手工部分。与此同时，中产阶级主导了创造性的一面，并在文化创造过程中提供关键的中介机构，以及通过最终的文化产品表达政治无意识（即使是在与资本和劳动的对话情境中）。例如，在好莱坞电影制片厂制度实行的几十年里，美国电影院确实存在着一个小型的黑人独立电影院，但与黑人音乐相比，它的文化影响力已被严重边缘化了。直到20世纪70年代，“黑人剥削电影（blank film）”的出现实现了短暂的突破，并在20世纪80年代以后以一种更持久、更真实的方式出现，至此，屏幕上的黑人天才以及幕后的创意人员才真正取得了突破。

正是因为音乐的特殊性质，才使得它的生产和消费成为黑人发挥天赋和创造力的 31
渠道，直到最近电影业才开始探索这种方式。在视觉文化中，黑人电影制作必然会与黑人形象、黑人“问题”和黑人观众紧密联系在一起。但黑人音乐对其他文化制作人

1 David Hughes，‘The massacre of my movie’，Guardian（Review），13 September 1996，p. 2.

和观众的部分影响在于它有超越美国种族歧视的能力。公共场所、酒吧和咖啡馆的消费模式将音乐与其他活动混合在一起，使其社会影响力超过了更专注于电影消费的活动。此外，因为电影（直到视频出现之前）需要在剧院的公共空间消费，而美国国内音乐消费除了可以在公共场所购买产品体验外（就像电影一样），还可以通过黑胶唱片和磁带的方式来实现。这极大地扩大了音乐零售渠道和分销的可能性，使得白人在音乐产业内实行垄断变得更加困难。国内消费也意味着音乐比电影更容易融入日常生活。德瑞博士（Dr Dre）是一名嘻哈（hip hop）教父歌手，曾是N.W.A乐队的成员，他曾回忆说："我在母亲的派对上录制了一张唱片，人们听后或尖叫或跳舞，我就是喜欢鼓动人们。"[1]因此，在某种程度上，音乐已经成为美国黑人工人阶级生活的一部分，而这是电影所没有的。此外，同一段音乐往往会被多次消费，而一部更注重叙事、不太容易同时与其他活动相结合的电影，往往很少会被同一个人重复消费。这些文化技能和知识可以在正规教育之外获得，更重要的是，音乐文化产品的相对廉价（与资本密集型的电影产业相比）为黑人人才，特别是为黑人工人阶级人才打开了媒介的世界。

政治嘻哈是嘻哈音乐的分支流派之一。它从20世纪80年代早期的闪耀大师的社会现实主义到美国东海岸说唱歌手的黑人民族主义，例如Public Enemy嘻哈乐队，再到围绕"硬核说唱"或黑帮说唱（Niggaz With Attitude）的争议，如西海岸乐队的音乐，这个乐队在1988年发行首张专辑《冲出康普顿》，主打歌曲如*Fuck the police*获得了双白金销售（200万张）。[2]甚至更不可能出现在好莱坞电影中的是马克思主义嘻
32 哈乐队"晴天霹雳"（Coup）所表达的那种情绪。在专辑*Party Music*（2001）中，布茨·赖利跟他的小女儿讲述了一个有权力结构的世界：

世界并非童话世界
它由一些富有而可怕的白人男人所掌控
对你来说，为了让他们变得简单
让我们称他们为老板
他们拿走你的钱
损失由人民来承担
让贩卖的非洲黑人免费工作
但我们仍然没有足够的工资可供吃饭。

（晴天霹雳/75ARK，2001）

1 Ekow Eshun，'The rap trap'，Guardian，27 May 2000，p. 8.

2 Ekow Eshun，'The rap trap'.

20世纪90年代初，黑人音乐文化的产生（尽管不幸的是它还不是马克思主义的）确实促进了黑人电影的小规模扩张，比如《万恶城市》（*New Jack City*）（Mario Van Peebles，1991，US）、《冲出布鲁克林》（*Straight Out of Brooklyn*）（Matty Rich，1991，US）、《街区男孩》（*Boyz N the Hood*）（John Singleton，1991，US），尽管这些电影并非毫无问题（McCarthy，2000）。由于上述种种原因，黑人音乐家们已经变成了制片人或者非常成功的小资产阶级商人（他们通常是男性），并拥有自己的唱片公司。这一举动帮助他们保住了自己的地位，减少了他们对企业赞助的依赖，同时也为新人提供了机会，有助于再现下一波和下一代黑人音乐。然而，如果嘻哈音乐是贫民窟的产物，那么嘻哈艺术家就是“有机知识分子”（葛兰西对知识劳工的术语，指从一个阶级的社会和生产生活中脱颖而出并与之保持直接联系），他们成功将黑人音乐家从原有的阶级和文化中解放出来，以某种方式把他们变成“传统知识分子”（葛兰西对知识分子的术语，随着时间的推移，通过分工或新的阶级力量的崛起，他们与社会和经济生活的动态失去了联系）。这种轨迹在他们的工作和与公众的关系之间造成了特定阶级的紧张和矛盾。成功的轨迹同时也给相关的音乐家们提出了根本性的问题。像晴天霹雳乐队的一些成员一样，有些人选择以各种方式抵制阶级同化；另一些像吹牛老爹这样的人，现在被发现与白人社会精英密切交往，[1]甚至不加批判地接纳了这些人的社会生活。 33

劳动的抽象

在这一章的结尾，我想转向一个更具“哲学”意义的讨论，以便理解劳动对人类而言为何如此重要。此外，我还想研究在资本主义制度下，人类活动的核心究竟是什么？反过来，这也有助于我们理解文化劳动的特殊性质和作用，以及资本通过文化劳动获取利润而提出的特殊问题。这里的关键概念是抽象（abstraction）。在字典中，“抽象”被定义为“与物质对象和实例失去联系的思想；它是一种不具体、不注意细节、不注意明暗、不注意变化的思想”。然而，对马克思来说，在资本主义制度下，物质现实本身表现出最强大的抽象性。正是物质现实与具体和特殊失去了联系。

马克思所关心的具体而特殊的是劳动。对马克思来说，劳动不仅仅是一种活劳动，更重要的是它是人类本质的组成部分（马克思称之为“类存在”）。劳动即生产，没有劳动就不会有人类进步、社会和文化。通过劳动，人类改造了自然和社会，同时

1 Toby Young，‘Rappers aspire to nicer class of ghetto’，Observer，5 September 1999，p. 25.

也改造了自己。在“人类生活得以实现的……自然必然性”[1]（Marx，1983，p. 179）主导下，劳动成为自然一部分的同时也改造了自然，并为人类打开了历史的视野。这正如马克思所指出的，尽管“蜜蜂建筑蜂房的本领使人类的许多建筑师感到惭愧……最蹩脚的建筑师从一开始就比最灵巧的蜜蜂高明的地方，是他在用蜂蜡建筑蜂房以前，已经在自己的头脑中把它建成了”[2]（Marx，1983，p. 174）。因此，人类摆脱了自然的循环和盲目的本能。在劳动中，人类做出选择和决定；人类的劳动本质上是实践的创造。在摆脱自然盲目支配的过程中，人类继续依靠自然来获取生活资料，劳动也展示了人类是有意识地在控制和变革世界的。因此，“劳动力的表现即劳动是工人本身的生命活动，是工人本身的生命的表现”[3]（Marx，1973，p. 49）。但是，在资本主义制度下，劳动被资本（出卖劳动力）和资本的人格化支配。这种做法的结果是，工人自己的“生命活动”由他人支配、安排和控制，目的是为了实现利润相
34 对最大化。工人的生活始于他们的“生命活动”之外，即消费其他同样否定“生命活动”的工人的产品和服务。

对马克思来说，劳动的物质过程已经变得抽象了。劳动活动脱离了劳动的具体特殊性。对于资本来说，劳动力是剩余价值的源泉。借助于商品资本和货币资本的流通，剩余价值转化为利润。劳动过程及其生产的产品的一切都必须服从于这一目标，那么抽象成了利润动机的真正主导。利润动机很像《幽浮魔点》（*Blob*）（Chuck Russell，1988，US）中的怪物，它能将触碰到的一切全部吸收到自己的同质结构中。这种“魔点化”将一切事物简化为同一个目标，它与货币、财务计算、定量评估标准（定量评估标准压倒了定性标准）的统治密切相关，而这些经济优先权是资本及其人格化统治社会的表现。

要进一步探讨资本主义条件下劳动的特殊性被抽象的观点，就需要我们理解马克思的价值（Value）概念。价值的实质是劳动创造社会财富的能力；价值凝结在人类的劳动产品中。因此，价值是一个非常抽象的概念。但是，需要注意的是，这只是一个概念。马克思指出，亚里士多德（Aristotle）曾在古希腊时期就已经研究了价值概念。亚里士多德认为，一种商品的价值是指在数量上与另一种商品相当。例如：5张床= 1套房子（显然这是在房地产市场失控之前）。这样的比较意味着它们之间的某种平等。但是，亚里士多德问道：“这样不同种的物品如何通约呢？”[4]（Marx，

1 此处翻译参考《马克思恩格斯文集》（第5卷），人民出版社，2009年，第56页。——译者注
2 此处翻译参考同上，第208页。——译者注
3 此处翻译参考《马克思恩格斯文集》（第1卷），人民出版社，2009年，第715页。——译者注
4 此处翻译参考《马克思恩格斯文集》（第5卷），人民出版社，2009年，第74页。——译者注

1983, p. 65）他自己的回答是，这只是一种惯例，是“应付实际需要的手段”[1]。马克思的回答是，它们是相称的，因为它们都是劳动的产物。马克思认为，亚里士多德之所以不能形成价值概念，是因为亚里士多德生活在一个需要奴隶劳动的社会，也就是说，一个劳动明显不相称或不平等的社会。

一张床和一套房子的共同之处是它们都是人类劳动的例子，这也是抽象思维的一个例子。在制作一张床以及建造房子的过程中，使用特定的材料、特定的方式满足特定人类需求的这些特性都从人类视野中消失了。不过，这种方式并不会造成伤害，它 35
不过是一种概括我们周围世界所积累的人类劳动的普遍性的方式。但是，假设我们生活的世界井然有序，如果取消了不同种类的劳动、它们的产品以及它们所满足的需求之间的差别，会出现怎样的情况呢？结果得到的是像卡尔顿通讯董事长迈克尔·格林（Michael Green）这样的人。两千多年前，亚里士多德曾经对“不同”事物的可比性做过深入的思考。而在今天，格林表示，他很高兴去消除事物的“不同”，并且在实践中使其具有可比性。“我认为电视就是一个制造过程”，他曾经这样说过。“电视节目和打火机之间有何区别呢？”（Tracey，1998，p. 12）正如马克思所说，在资本主义制度下，“对‘劳动’‘一般劳动’范畴的抽象……这一现代政治经济学的出发点的抽象在实践中得以实现”（Marx，1973，p. 49）。资本主义社会生活中的具体劳动都变成了“实际上的抽象劳动”（Murray，2000）。价值的实质（源自劳动的社会财富）被抽象化了。劳动被物化为产品（历史上人类劳动的一般条件），是根据利润积累的抽象和系统逻辑（资本主义特有的）实现的。然而，这并不会产生一种“平等的剥削”。我将在本章结束时详细说明其中原因。

马克思主张的社会主义（socialist mode）意味着劳动从抽象的资本专制中解放出来。未来的物质生产在质量上会发生变革，也就是说，物质生产的范围以及满足人类的需求方面还有很大的空间。但是，按照历史水平，只要还有维持生命的需求，物质生产就必须被局限在某些必要的领域内。所以，马克思把自由劳动、文化娱乐和生产联系在一起。一旦人类的物质需求得到满足，马克思所说的“个人自由全面的发展”就会变成现实（Marx，1980，p. 166）。

本章提出了两种阶级模型，并从马克思主义角度对社会学模型进行了批判。主流
社会学家在解释资产阶级的压抑和积累动力方面有严重的缺陷，当然我也赞同他们对 36
产品分配差异的关注，这对马克思主义阶级模型也提出了有益的问题。我特别想强调的是中产阶级（以及他们的“知识资产”）的问题，或者借用葛兰西的说法是“知识分子”。我们已经看到，他们在阶级结构中的矛盾地位，一方面受到资本的冲击，另

1　此处翻译参考《马克思恩格斯文集》（第5卷），人民出版社，2009年，第76页。——译者注

一方面又试图将自己与劳动区分开来。他们在协调生产、开发新的生产和应用技术、创造价值、信仰、知识和公共话语以及我们所生活的世界的表征方面发挥着核心作用。在媒体生产中，知识分子的自主权与资本对知识分子的控制和合理化问题是一个至关重要的动态。

资本积累逻辑可以通过抽象人类的具体劳动来把握。劳动抽象、相称或等同的一个关键含义就是劳动力的各个成员变得等同且可互换，这个前提削弱了劳动力对资本的议价能力，且使他们易被替代。劳动力的互换性是抽象的一个重要特征。但是，由于文化工作者之间不容易互换，这就给资本控制和指挥文化工作者设置了某些障碍。

资本主义积累逻辑的抽象性质不会产生剥削平等，即所有劳动都以同等的方式接受同等程度的剥削，这有三个原因：第一，为了保证绝对的竞争优势，资本主义会利用一切可以提高利润率的社会或自然差异；第二，对资本的抵制是不平衡的；第三，抽象地看，资本对人类生活的物质性并不关心，但在实践中，它必须对物质实践的特殊性所造成的差异作出反应并发挥作用。例如，当不同素质的知识劳工以雇佣劳工的身份出现被资本所控制时，这种方法就会起作用。但同时这种做法也为反抗资本逻辑开辟了空间。例如，电影和音乐创作，它们的特殊物质性就为作为文化工作者的黑人
37 和工人阶级提供了不一样的可能性和限制。资本主义对社会实践中具体物质性的抽象，是本书的一个重要主题。我们这里所说的抽象是说忽略物质生活的细节、特殊性和系统性。这样，资本主义就是一种非物质化的唯物主义，我们将在第7章的商品拜物教部分着重提出这个观点。但是，在本书中，这种非物质化或抽象化就像马克思主义、唯物主义、批判理论一样如同走钢丝，不断寻求把握资本积累和竞争动力的绝对普遍性，同时注重实践中具体物质的区别和可能造成的阻力。

2

生产方式：技术和新媒体

历史体系只能是——历史的。它们产生出来，又最终消失，这是其内部过程的结果，在其中，内部矛盾的加剧引起结构危机。结构危机是大规模的，不是瞬间的。它们需要时间来充分展示全过程。历史资本主义在20世纪初进入它的结构危机，下世纪某个时候人们可能会看到它作为一个历史体系的完结。

——沃勒斯坦，《历史资本主义》[1]

资本……是发展社会生产力的重要关系。只有当资本限制了生产力的发展时，它们之间才不再是这样的关系。

——马克思，《政治经济学批判》[2]

一家唱片公司投入数百万开发和控制音乐家的作品，指望把这些作品变成消费品从而实现其价值……结果公司高管震惊地发现，原来希望销售和控制的东西已经变成了纯粹的信息，并在全球自由地流动。

——埃尔德曼，《音爆》

在这一章中，我想探讨马克思主义的生产方式的概念。一方面，以新媒体经济、文化和技术为例来说明生产方式；另一方面，将生产方式作为理解新媒体的工具。生产方式作为一个范畴由两个概念组成，即生产力和生产关系，二者构成了马克思主义理论的主线。在第一章中我们已经对生产关系有所涉猎。资本主义的社会关系是围绕

---

1 此处翻译参考［美］伊曼努尔·华勒斯坦著，路爱国、丁浩金译，历史资本主义，社会科学文献出版社，1999年，第54页。——译者注

2 此处翻译参考《马克思恩格斯全集》（第46卷上），人民出版社，1979年，第287页。——译者注

39 劳资对立形成的，而从事思想生产和传播的知识分子，则处在资本和劳动者及其附属的小资产阶级之间的矛盾地位。我们将在本章研究社会关系和生产力的相互作用和矛盾。生产力包括机器（固定资本）、劳动者、与工业相关的知识和技能，甚至人类劳动所支配的自然力。生产力总是一定社会（和文化）关系支配下的生产力。当使用生产力和生产关系进行具体分析的时候，我们才能发现二者的矛盾关系至关重要。阶级斗争就是围绕生产力为谁服务的问题展开的。在这里，我们将围绕通信生产力的斗争进行研究，其实通信生产力本身就是生产力的重要组成部分。本章所关注的通信生产力就是新媒体数字技术。

2000—2001年互联网经济的崩溃（dot.com crash），引发了一个流行理论的破产，即信息技术为资本主义提供了一种新的经济范式，使之不再受制于经济周期。类似的技术乌托邦其实是广为宣传的技术决定论（technological determinism）的一个例证，这种技术决定论不仅影响了商界权威和意识形态，甚至渗透到了社会和文化理论中。这里所讲的新媒体是指经过数字微处理器处理的信息，即已经变成“比特”的数据，也就是由交换机（计算机语言的0和1）产生的电子脉冲。数字媒体的主要载体是互联网，它把计算机和万维网连接在一起。万维网是一种软件，可以（通过超链接）把网络的一部分连接到另一部分。所有围绕新媒体的争论基本集中在这种技术融入、改变和（或）与资本的社会关系产生摩擦的程度方面。

因此，将一个“过时”的概念（如生产方式）与媒体技术的前沿发展融合在一起是具有战略性意义的。生产方式其实是一个比马克思主义批评家或有的马克思主义者自身界定的更丰富的概念集合体，如果被用来解释文化和传播领域的话，它是具有相当大的潜力的。为了探索新媒体技术和资本的关系，我将借用马
40 克思关于《政治经济学批判》（“大纲”）中关于“自动化机器”（固定资本）的论述。此外，我还要批判各种形式的技术决定论，不论是马克思主义传统之内还是之外的。为了将新媒体技术与资本主义的基本动力联系起来，我将借用曼纽尔·卡斯特（Manuel Castells）的“发展方式（mode of development）”概念，将其（以科斯特尔没有的方式）固定在生产方式中。这一章研究集中在互联网，并以一个关于纳普斯特（Napster）的案例研究结束。Napster是一个音乐文件交换网站，它违反了版权法，因此遭到美国唱片工业协会（Recording Industry Association of America）的起诉。

技术决定论与新媒体崩溃

技术决定论是在资本驱动的快速变革背景下产生的，但现在已泛滥成灾。如果使用得当，生产方式概念将会成为批判技术决定论的重要工具。然而，技术决定论又很难被发现。它不仅来自左翼，也来自右翼，可以是乐观的，也可以是悲观的。技术决定论有个共同特征，它能把技术及其发展、实施和影响从所嵌入的社会关系中分离出来，从而：a）在分析中排除社会关系，b）将权力和特征归因于技术，而权力本来是人与人社会关系的产物，并非事物固有的属性。

20世纪90年代，技术决定论在新媒体和电信行业的经济中扮演了重要角色。在这十年里，企业在电信和互联网领域的活动、兴趣和投资呈爆炸式增长。新媒体似乎在新技术方面带来了丰富的机遇，改变了商业结构及其与客户的关系，同时也促进了生产力和创新。伦敦金融城的分析师、董事会高管、资深政客和为资本辩护的学者们开始兴奋地谈论一种"新范式"。在这种范式中，技术摆脱了迄今为止的资本主义铁律：经济发展呈现周期性的特征，即经济扩张到一定程度后会出现衰退。当时有很多所谓的"失重经济"的讨论，意思是电子商务，以及后来的移动商务（手机），会从 41
迟钝的传统制造业及其周期性收缩中解放出来。

在《1844年经济学哲学手稿》中，马克思写到，资产阶级经济分析无法解释资本主义发展趋势是如何从其内部动力和结构倾向中产生的，反而将其视为"似乎偶然的外部情况"[1]（Marx，1972，p. 106）。其实，新媒体的兴衰转换并非偶然。21世纪初，技术泡沫狠狠讽刺了"新范式"下技术的喋喋不休，因为当不可避免的经济萧条到来时，付出代价的依旧是工人。这点证实了资本的基本动态仍然与18世纪、19世纪和20世纪早期的表现非常相似。这种崩溃不仅限于羽翼未丰的网络公司，而且对流行文化也有广泛而肤浅的影响。半导体（微芯片）市场供过于求，制造业萎缩。此外，英、法、德等欧洲电信巨头的业绩一落千丈，沃达丰等移动电话公司也未能幸免。与此同时，马可尼（Marconi）反而受宠若惊，直到最近，它才从一家军工企业转型为IT公司。但是在2001年年底的时候，该公司股价从每股12英镑暴跌到尴尬的29便士。[2]

就在资产阶级理论家在构建新范式理论时，电信公司进入市场的方式已经为资本主义的未来奠定了不幸的基础。马克思冷静地观察到了资本主义是如何受到一种周期性的"过度生产的流行病困扰，而在早期有人可能会觉得这流行病是荒谬的"（Marx，1985，p. 86）。生产过剩是兴衰周期的典型特征。每家公司都试图把所有资

1　此处翻译参考《马克思恩格斯文集》（第1卷），人民出版社，2009年，第155页。——译者注

2　Jamie Doward，'Meltdown'，Observer，9 September 2001，p. 13.

源投到一个行业，目的是在中期能够占领某个细分市场，从而在短期内获利。“这就好比有20个玩家，每个人都认为自己能占据30%的市场份额。”一位评论员沮丧地说道。[1]“金融危机始于商业狂欢”，迈克尔·阿格列塔（Michael Aglietta）这样评论资本
42 主义经济兴衰周期（Aglietta，1979，p. 358）。因此，积累的过剩资本都想占据新技术市场中的主导地位，于是在狂热投机时期，它们竞相把流动资本转化为固定资本（fixed capital）（Harvey，1984，pp. 303-304）。

然而，投资规模很快就超过了创新技术有效提供新服务的能力。特别是互联网宽带业务，在高速承载海量信息流量的同时，却遇到了一系列的错误启动。互联网重现了许多（虽然不是全部）崩溃的典型特征。随着资金周转时间（投资和回报之间的时间）的延长，投资资本期望的平均利润率开始变得不稳定，于是投资者就在紧张地研究他们的资金是否可以在其他地方获得更多的利润。

最具毁灭性的是，行业权威人士预言技术主义以及基于利润而预测的投资，都远远超前于消费者的需求。自20世纪初以来，调节生产和消费之间的关系一直是资本主义的基础（Aglietta，1979，pp. 158-161）。近年来，随着消费者口味的分化和迅速变化，生产过程中的新信息技术被视为重新调整生产和消费关系的一种手段。然而，业界对消费者需求的看法是，它是无限可扩展、可操纵和可改变的。生产和消费之间的鸿沟以及驱动资本的竞争压力，意味着技术专家通常无法接触到“真实的用户视角”（Dijk，1999，p. 75）。已有的媒介已经嵌入人们日常的文化、习惯、惯例和情感中。资本的需求和利润目标不可能轻易就将这些东西抹去。例如，所有那些关于书籍之死、电视与个人电脑融合的预言和焦虑，都只是把技术上可能的东西误认为文化上想要的东西。资本的技术主义通过将所有事物简化为一个同质、平滑、可互换的空间，而不考虑媒体运作所处的文化、语境意义以及所嵌入的社会关系。德博德声称，“对大众来说，异化消费是异化生产的一种补充义务”（Debord，1983，p. 42）。然而，在新媒体的第一波浪潮中，企业对消费者的规劝完全被置若罔闻：在线客户群没有像
43 预测的那样成为现实的消费者，移动电话市场已经饱和，消费者不愿意如此迅速地转向第三代互联网使用替代产品，而这个行业已经做好了准备。

确实，这种抵抗也具有非文化方面的意义。消费者抵制需求的无限扩展也有经济层面的原因。作为工人，消费者的工资受到资本的挤压。从单个资本的角度，试图从劳动中获取最大利润是合理的，但从整体上来说，作为消费者的工人，他们的可支配收入毕竟是非常有限的。这意味着剩余资本积累的每一次生产性投资所生产的产品都不能超过工人对消费品的需求。消费品需求的这种收缩（马克思称为第二部类）反过

1 Jamie Doward，‘Meltdown’.

来影响了生产过程中不同资本部门对生产资料的需求（马克思称为第一部类）。

最后，值得注意的是，这四种矛盾都不是直接源于资本和劳动的对立。前三个矛盾［资本过剩、资本间竞争（competition）、周转时间过长］都是资本运作的内在矛盾，而第四个矛盾则出现在资本与消费之间。然而，与此同时，资本和劳动的分化剥夺了劳动者的所有权和对生产资料的控制权。为积累而积累的逻辑，产生了一种必然产生这些矛盾的生产结构或生产方式，正如我们所看到的，这些矛盾集中体现在2000—2001年的新媒体产业中。

通信行业在这一时期的崛起和急剧衰落，赤裸裸地揭示了技术话语的问题，即在生产和消费的基本社会（和文化）关系之外或之上构想技术是不可能的，而且，技术不可能对经济周期没有影响。这场互联网或新媒体爆炸会导致崩溃，不是不可避免的或命中注定的。过去是这样，现在也是如此。因为资本内部的系统性、结构性和反复出现的偏好才是崩溃无法避免的原因——但在何时何地、何种精确的环境出现，则是 44
无法预测的。这一切并不是在低估通信和新媒体在20世纪可能带来的变革，而是要强调，无论它们产生何种影响，都难以超越资本动态调整的参数。

生产方式和发展方式

显然，在经济层面，新技术范式无法超越资本主义经济周期，那么在更广泛的社会和文化层面，新技术的意义又是什么呢？毫无疑问，新技术是新的，它不会简单地消除已有的夸大其词。在一种以技术力量和社会关系的永久性变革为导向的生产方式中，例如资本主义生产方式，我们如何评估它的连续性和差异性呢？这里要借用曼纽尔·卡斯特关于发展方式的概念。如果把发展方式范畴“置于”生产方式范畴中，它可能会为我们提供另一个工具来改善我们对新媒体技术影响的感觉。发展方式的特征是特殊的“技术生产关系”（Castells，1996，p. 16），这种技术生产关系赋予生产具体的性质，并暗示（这并不是说它们以任何单向的方式引起）某些社会和文化关系。卡斯特对工业主义和信息主义两种发展方式的区别，符合有关福特主义（Fordism）和后福特主义（post-Fordism）的辩论，关于这点我们将在下一章详细探讨。目前需要注意的是，在信息主义下，生产力是“基于知识生成、信息处理和符号传播的技术”（Castells，1996，p. 17）。卡斯特意识到知识一直是生产过程中的一个重要元素，但是他认为在信息主义中，“知识作用于知识本身”（1996，p. 17）成为生产力的中心。因此，可以认为，在工业主义下，知识被用于商品的生产，而在信息主义下，商品的生产越来越受到“知识作用于知识本身”的影响。我们可以通过论证信息主义发展了

生产过程的普遍文化化来澄清这一点，在这个过程中，传播力量成为生产力发展的绝
45 对关键。例如，新企业管理就强调公司知识资源和内部沟通的重要性，它认为公司通过提高效率、改进产品和应对快速变化的市场趋势来保持竞争优势至关重要（Thrift，1999）。卡斯特并没有将信息主义与以制造业为代价的服务部门的出现联系起来。与其说是人们制造什么的问题，不如说是他们如何制造的问题。问题不在于人们生产什么，而在于他们如何生产。然而，我们也可以注意到，文化、传播、思想交流、反馈系统、数据分析等在生产过程中日益重要，也不可避免地与越来越多的资本参与到消费品特别是数字媒体的文化生产中。

不过，卡斯特使用发展方式和“信息主义”概念的困难在于，他没有充分、始终如一地将概念建立在资本主义生产方式的基础上。因此，他的生产方式有时好像是一种超越了资本主义对立矛盾的新生产方式。

> 工业主义的方向是经济增长，也就是产出最大化；信息主义的方向是技术发展，也就是信息处理的复杂性更高……对知识和信息的追求是信息主义下技术功能的特征（Castells，1996，p. 17）。

我们还要注意工业主义是如何为了积累而与积累联系在一起（“经济增长”和“产出最大化”），从而导致了过度积累的结构性趋势，而信息主义则与更为复杂的信息生成联系在一起，就好像信息处理存在于积累的必要性之外。与“新范式”理论相呼应的是卡斯特的观点，他认为将信息处理应用于信息技术中会产生“一个良性循环，在同等戏剧性的组织和制度变革的条件下，该循环会产生更高的生产力和效率”（Castells，1996，p. 67）。“组织”和“制度”变革意味着公司（和监管机构）结构的改变，而不是更广泛、激进的社会变革。这意味着，技术作为生产力的一个组成部
46 分，与社会生产关系不再矛盾，而且确实可能解决它们产生危机的倾向。这里的危机被简化为信息管理的技术问题，而非社会对立。

如果我们要保持生产力和生产关系之间的基本矛盾，就需要把发展方式的概念牢牢固定在生产方式之内。我们需要把信息主义看作对生产方式的重组，甚至在某些方面加剧了生产方式内部的矛盾。这里需要利用马克思在《政治经济学批判》中所讨论的固定资本概念，当固定资本发展到自动化机器的时候，它与自身的必要劳动时间的关系是怎样的呢？这个问题可以启发我们思考信息技术和数字媒体在达到一个新水平后所遇到的文化矛盾。

机器作为生产剩余价值的劳动工具，是资本的一种特殊存在方式；它是被物化为

物质和“有智力的器官”[1]的资本（Marx，1973，p. 154）。固定资本一旦融入资本主义生产过程中，就会经历一系列的“形态变化”，最终形成“自动的机器体系”[2]（Marx，1973，p. 154）。马克思跟以往一样辩证地看待自动机器的这一特殊发展（这是一个双重矛盾的过程）。这既是对劳动者的进一步奴役，同时也为劳动者的解放提供了物质条件。马克思将自动机器的发展跟工人和劳动工具的关系进行了对比。后者需要工人的主动性和专门、垄断性的技能（Harvey，1984，p. 109）。有了机器，工人的技能就被吸了出来并转移到机器上，而机器变成了“艺术大师”，工人则被降低为“纯粹的抽象物”，成为机器的助手，而机器的活动反过来从各个方面调节和决定工人（Marx，1973，p. 155）。当然，马克思也在这些新的异化条件背后窥探到了进步。

> 随着大工业的发展，现实财富的创造较少地取决于劳动时间和已耗费的劳动量，较多地取决于在劳动时间内所运用的动因的力量，而这种动因自身——它们的巨大效率——又和生产它们所花费的直接劳动时间不成比例，相反地却取决于一般的科学水平和技术进步，或者说取决于科学在生产上的应用。[3]（Marx，1973，p. 164） 47

劳动工具向机器的转化提高了生产率，从而减少了必要劳动时间。但在资本主义制度下，这并不会导致人们的工作量相应地减少，反而增加了剩余劳动时间（即超过补偿工人自身工资的时间）。当然在经济方面，这至少在短期内是利于资本的。但是，这也会引发危机，因为劳动力支出和资本创造的财富或利润之间的比例严重失调，这就成为一个巨大的鸿沟。虽然通过技术进步减少必要劳动时间可以增加经济价值（见图2.1），但这种做法也使得交换价值关系合法化，所需的文化价值受到侵蚀。例如，每个人都很清楚音乐光盘的制作成本只有几个便士，但它们的售价却在15英镑左右。结果，音乐产业遭到了音乐家和消费者的广泛蔑视。Napster的成功激发了人们对这种暴利行为的不满。正如沃尔特·本雅明（Walter Benjamin）所主张的，新技术的经济价值与其文化价值之间的这种差异源于文化在尚未实现的新经济安排中具有预测和预见潜力的特殊性质（Benjamin，1999a，pp. 4-5）。再举一个与我们的案例研究相关的例子，数字化一下子消除了再生产、分销和零售等领域的大量必要劳动。资源向二进制数字的转换，给资本主义政治经济所依赖的稀缺概念提出了挑战。当然，这影响

1 此处翻译参考《马克思恩格斯全集》（第46卷下），人民出版社，1980年，第208页。——译者注
2 此处翻译参考《马克思恩格斯全集》（第46卷下），人民出版社，1980年，第207页。——译者注
3 此处翻译参考《马克思恩格斯全集》（第46卷下），人民出版社，1980年，第217页。——译者注

有文化上的，也有经济上的。本雅明在1935年至1936年写的预言性文章《机械复制时代的艺术作品》中，认为作为生产力的新传播方式（尤其是摄影和电影）的关键特征是它们的可复制性。这对传统的艺术观念和一般的文化生产具有革命性的意义。尽管人工复制艺术被认为是伪造的，从而确保“原件保留了它的权威性”（Benjamin，1999b，p. 214），但技术复制手段却将艺术、起源和传统的原创观念引入了危机。“复制技术把所复制的东西从传统领域中解脱了出来”[1]（Benjamin，1999b，p. 215），这一过程导致了本杰明著名的预言：“在机械复制时代凋谢的东西正是艺术作品的光韵。”[2]（Benjamin，1999b，p. 215）。以前，艺术作品被束缚在一个社会构建的“光韵”中，
48 这个光韵包括等级、恭敬、奴性、敬畏、尊重，以及在特定的传统中由权威和制度所规定的固定含义。现在，可复制性把艺术作品带出了生产和消费的专属区域，允许“不管摹本是以照片的形式，还是以留声机唱片的形式出现，它都使原作能随时为人所欣赏”[3]（Benjamin，1999b，p. 214）。可复制性是大众以一种新的独特方式参与文化消费的产物，有助于促进大众参与文化消费。正如我们将看到的，这是Napster对音乐产业构成威胁的核心。

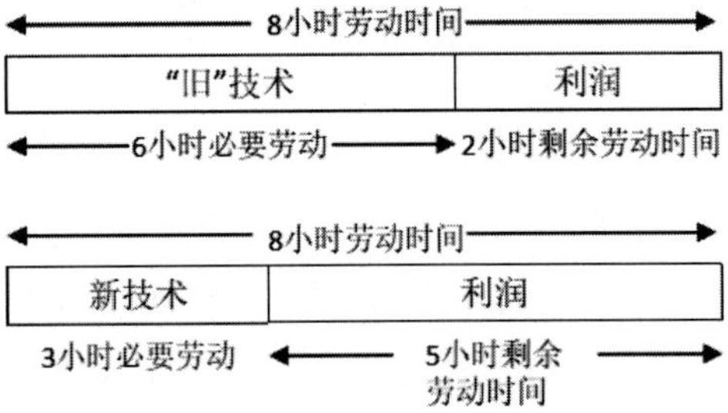

图 2.1　必要劳动和文化合法性

机器生产率的提高导致必要劳动时间的缩短，也与生产的社会化密切相关，而社会化是生产力与生产关系矛盾的中心所在。虽然机器在外表上（实际上也是）具有“资本的属性”，但它也体现了“社会智慧的一般生产力”[4]（Marx，1973，pp. 156-157）。因此，固定资本是社会相互依存度不断提高和集体对生产力提高贡献的指标，

1　此处翻译参考［德］瓦尔特·本雅明著，王才勇译，机械复制时代的艺术品，中国城市出版社，2002年，第10页。——译者注

2　此处翻译参考［德］瓦尔特·本雅明著，王才勇译，机械复制时代的艺术品，中国城市出版社，2002年，第10页。——译者注

3　此处翻译参考［德］瓦尔特·本雅明著，王才勇译，机械复制时代的艺术品，中国城市出版社，2002年，第9页。——译者注

4　此处翻译参考《马克思恩格斯全集》（第46卷下），人民出版社，1979年，第210页。——译者注

因此也是社会纽带的延伸。对马克思来说，生产力的高低与社会性的增长或停滞之间有着密切的联系。在封建（feudal）生产方式中，农民在极端狭隘的界限之外缺乏社会互动，沟通也不畅，这与生产力水平低有着复杂的联系（Marx，1984，pp. 108-109）。资本的社会关系所发展的生产力的革命性转变，反过来又扩展和丰富了我们的社会性，但这与以生产资料的私有制、竞争和等级制度为基础的社会关系是矛盾的。 49
新媒体技术恰好是解决这一矛盾的完美媒介。互联网和万维网的网络逻辑是生产力和通信力量（电话线、晶体管、数学）累积发展的产物，而不是离散技术的偶然属性。不仅在硬件层面如此，在媒体的文化层面更是如此，这些媒体都是关于思想交流和合作的，只有当这种交流具有交换价值或者是在公司的范围内进行，并且与潜在的竞争对手隔绝时，这些价值才能与资本相调和。如前一章讨论的开源运动所证明的那样，新媒体技术，特别是互联网技术的整体发展与资本的社会关系是相悖的。当然，互联网的连通性不仅仅是一个技术和社会关系的抽象问题，而是受到了地点的决定性影响（或调节），特别是硅谷所在的美国西海岸的20世纪60年代的自由意志主义［卡斯特将互联网的先驱阿帕网与更具层次性、更有序的法国计算机系统Minitel（Castells，1996，pp. 342-357）的交互特性进行了对比］。

固定资本的一个特点是，它代表的是资本“作为一种特殊的使用价值与它的存在紧密相连”（Marx，1973，p. 157）。当然，一旦它与使用价值挂钩，就不能保证机器为资本主义服务的实际用途不会受到质疑，也不会被用来生产新的机器，进一步破坏价值关系和维持价值关系的文化价值（如版权）。马克思明确承认围绕固定资本使用价值的争论的可能性：

> 但是，如果说资本只有在机器体系中以及固定资本的其他物质存在形式如铁路等中（关于这一方面我们以后再谈）才取得自己在生产过程内部作为使用价值的适当的形式，那么这绝不是说，这种使用价值，这种机器体系本身就是资本，或者说它作为机器体系的存在同它作为资本的存在是一回事。[1]（Marx，1973，p. 158） 50

因此，生产力和固定资本一般都有一种潜在的剩余，这种剩余超出了它们最初发展的意图或它们所处的特定生产领域的关系。互联网又是一个典型的例子。它最初是一个美国军事项目，旨在分散通信网络，以便在发生核攻击时没有一个“指挥中

1 此处翻译参考《马克思恩格斯全集》（第46卷下），人民出版社，1979年，第211-212页。——译者注

心”可以被摧毁。将这种权力下放的目标和开创这种技术基础设施的主导社会力量与墨西哥南部萨帕塔主义运动对互联网的使用进行比较，我们可以看到，萨帕塔主义者（Zapatistas）利用互联网表达了土著印第安人的社会需求，激发了世界各地人们的想象力和团结精神。事实上，如果不是互联网的全球化通信力量将一小撮叛乱分子在世界偏远角落的影响放大了一百倍，1994年除夕夜的萨帕塔起义可能永远不会激发最近的反资本主义运动（Downing et al.，2001，pp. 217-234）。

生产力和生产关系之间的关系

生产力和生产关系（forces and relations）之间的矛盾是马克思主义对资本主义批判的核心。正如我们所看到的，生产过剩是这种矛盾的一个方面。在马克思的概念中，生产力不仅在经济层面，而且在社会、文化和伦理层面，不断对社会生产关系的可行性和适宜性提出质疑。生产力和生产关系之间矛盾的一个关键方面是新技术（通信）的潜在使用和实际使用之间的矛盾。正如马克思所指出的：

> 社会所拥有的生产力已经不能再促进资产阶级文明和资产阶级所有制关系的发展；相反，生产力已经强大到这种关系所不能适应的地步，它已经受到这种关系的阻碍；而它一着手克服这种障碍，就使整个资产阶级社会陷入混乱，就使资产阶级所有制的存在受到威胁[1]。（Marx，1985，p. 86）

51 现在，互联网和数字通信将会极大地扩展资本主义的社会和文化范围，为商品销售提供新的平台，正如席勒所主张的那样，而不是被用来扩大文化资源的参与。这并不像马克思这里说的那样简单。生产力“已经不能再促进资产阶级所有制关系的发展”，这一点还没有定论。同样，互联网构成了影响资产阶级所有制的经济和政治方面。用马克思的理论来解释就是，社会关系成了生产力发展的桎梏。举个例子，互联网作为一种传播生产力，它在危机中是如何潜在地超越或至少平衡国家对新闻的管理的。很明显，媒体可以利用危机中心“实地”生产和传播更多信息，这成了一种使其来源多样化和减少对国家依赖的手段。英国广播公司第四频道的新闻节目主持人乔恩·斯诺（Jon Snow）认为，2001年发生在英国的口蹄疫灾难正是这样的情况。不过，这里存在一个问题。斯诺认为，针对农业、食品和渔业部（MAFF）“私自操纵数据”

1 此处翻译参考《马克思恩格斯文集》（第2卷），人民出版社，2009年，第37页。——译者注

的情况，第四频道：

> 可以直接从“现场”获取信息……通过与受疾病影响的人们直接交流。这些不是来自本土协会或其他压力团体的宣传通知，而是直接通过电子邮件实现的……这些信息的分量已经超过了MAFF或其他人所能应付的。所以那个黑客“汤尼”……发现自己陷入了一场有生以来从未见过的农村灾难中。有布罗德戴尔的旅馆老板、威尔特郡的养猪人、边境的贵族绵羊老板……[1]

因此，互联网一方面为信息收集的多样化和克服阶级、地理限制提供了主要的可能性；另一方面，它在占主导的社会关系中得到了广泛的应用，像农村的资产阶级都可以成为信息来源，他们借助于这种手段来表达观点。然而今天，互联网也是信息和分析的来源，而这些信息和分析已经超越了支撑主流新闻机构的被认为是理所当然的假设。因此，D.席勒（Dan Schiller）从传统政治经济学角度对“数字资本主义”及时地作了历史和实证分析，淡化了文化变革、文化动态、文化争论和文化矛盾是如何 52
推动技术和经济发展的，以及如何解决技术和经济发展问题的。结果，他的论点带有某种功能主义的基调。

如果丧失了生产力和生产关系的对立，那么阶级斗争的客观条件也会随之消失，取而代之的是阶级统治。例如，亚瑟·克罗克（Arthur Kroker）就曾经嘲笑媒体和商业阶层的技术主义。尽管他承认“每项技术都包含走向解放或统治的两种对立可能性”（Kroker，1996，p. 171），但在对数字技术的讨论中并没有凸显生产力的重要性。因此，他很快就陷入一个噩梦般的奥威尔式的场景中。在这里，生产力被无缝地整合到了阶级统治中，“没有道德的情感是社会自杀的原始场景：在一个大规模低温冷冻的场所里，身体被存档的数据网络快速冷冻，以备将来重新排序”（Kroker，1996，p. 169）。布莱恩·温斯顿（Brian Winston）的技术发展模型也存在类似的问题。温斯顿对围绕信息革命的夸张说法持一种令人耳目一新的怀疑态度，他坚持认为，在创新的风暴下，西方资本主义“尽管在细节上发生了巨大变化，但仍显示了基本的连续性”（Winston，1998，p. 2）。温斯顿强调了潜在的破坏性技术是如何嵌入现有的社会机构中的（Winston，1998，p. 11），他称之为“抑制激进潜能的法则”。他认为，现代企业是“影响整个技术发展的主要因素”（Winston，1998，p. 51）。但是，他把重点局限于媒体技术的发展及其初步形成的体制、随后的文化影响、传播和潜力方面，低估了这类技术对其社会关系产生的生产剩余，使得这些技术毫无矛盾地融入

1 Jon Snow，‘Old MacDonald had a modem ...’，Guardian（G2），25 April 2001，p. 5.

社会关系中。

在解释社会变革方面，占首要地位的到底是生产力还是生产关系，这一直是马克思主义争论的一个主题。譬如S.H.里格比（S.H. Rigby）就曾断言，马克思至少在他的某些著作中陷入了“生产力决定论”，即生产力的发展根据其生产潜力重塑和发展了社会关系（Rigby，1998，p. 106）。马克思认为，在封建生产方式发展的某个阶级
53 （但具体哪个阶段？），封建所有制关系与已经发展的生产力不再适应，甚至成了桎梏。所以，它们必须被冲破（Rigby，1985，p. 85）。事实上，没有什么“必须”的，资本主义从封建主义的“胚胎”中产生没有什么不可能，正如资本主义“孕育”共产主义没有什么不可能一样。显然，资本主义发展了生产力；生产的社会关系显然束缚了它们的进一步发展。考虑到大多数人的利益时，这些社会关系才必须被打破。

然而，正如里格比所讲的，纵观历史，生产力并没有某种内在的单向发展倾向。相反，生产力在历史上曾长期停滞不前，甚至在某些国家和发达国家都出现了倒退。在中世纪晚期，中国已经具备了“向资本主义过渡”的必要技术，结果没能实现，因此中国陷入了近400年的停滞状态。在这400年里，西方在生产力发展方面大大超过了中国。如果生产力存在内在发展倾向，这又如何解释呢？（Rigby，1998，p. 123）。事实上，这只能通过重新引入社会生产关系（以及人的能动性问题）来解释，因为它是解释生产力为何以及如何在特定时间、特定地点向特定方向发展（或不发展）的主要决定因素。正是处于社会生产关系核心的阶级斗争使得历史决定论边缘化，转而支持人类对“进步”的某种抽象且超越历史的本体论。例如，G.A.科恩（G.A. Cohen）认为，由于聪明和理性的人类想要减少稀缺性，他们倾向于选择最适合发展生产力的生产关系（Cohen，1978，pp. 150-160）。这就假设减少稀缺性是一个社会化和制度化的目标，人类主体可以自由地“选择”进一步发展生产力所需的适当关系。然而，为了保护版权而压榨Napster，这并不意味着可以自由地选择最适合减少稀缺性的生产关系。

里格比对生产力决定论提出了颠覆性的批评，指责它是目的论、功能主义，而且在经验上是不可支持的，然后，它最终使生产力在社会关系中失去了任何相互决定的
54 作用。所以有必要区分一下我们已经看到的有问题的生产力决定论和赋予生产力发展的决定论。生产力的发展，特别是通信力量的发展，是阶级斗争发生的客观环境的重要组成部分。正如我们所看到的，在新的文化实践领域中，特定斗争的客观条件是由生产、再现、微型化、融合、储存和传播方面的通信力量的发展所决定的。20世纪30年代，16毫米电影胶片的发展为左翼电影制作人提供了新的可能性，他们可以在既定的制作、发行和展览链之外制作和发行（主要是）纪录片材料（Hogenkamp，1986）。视频的发展以及现在的互联网，扩展和重组了这些公共领域的交往和意义的

斗争（Wayne，1997）。我们还看到，通信力量的发展既是生产社会化总体增长的一个指标，也是其贡献者，但生产社会化与生产资料的私有制背道而驰。最后，我们已经看到，生产力的客观潜力大于其直接使用价值。因此，生产力最好被理解为仅仅是生产的社会关系的结果，具有客观的物质形式和重量（因此能够相互影响），并且“揭示”它们被制造和使用的社会条件（Harvey，1984，p. 100）。

Napster的文件

互联网有可能构建一个新的、有活力的、可对话的公众交往领域，关于这个问题的讨论大多集中在新闻和信息内容方面。相反，我想将生产力、生产关系以及发展方式所讨论的问题扩展到娱乐和休闲领域，该领域通常被定义为非政治领域。与此恰恰相反，正如本雅明所说的那样，新媒体的技术发展将使一切政治化（Benjamin，1999b）。20世纪90年代后期，反资本主义文化逐渐演化为政治反对派，它至少有一部分根源是来自Napster（最受欢迎的软件）和其他公司（如Kazaa、Music City和Grockster）提供的文件交换服务所培育的非正式的反企业文化。正如我们所看到的， 55
马克思认为生产力的技术发展缓慢地削弱了稀缺性对人类的控制。原子的物理世界转变为比特的数字世界，极大地增强了信息资源在数量和空间上的弹性。音乐在资本主义交换关系之外的这种延伸可能性，同样也是政治连续体的一部分，这个连续体看到了对取消第三世界债务的日益增长的需求，以及在一个食物堆积如山的世界里为饥饿者提供食物的伦理必要性。

全球音乐产业由时代华纳（Time-Warner/AOL）、环球(Universal)、贝塔斯曼（Bertelsmann）、索尼（Sony）和百代（EMI）五大唱片公司所主导。仅在美国市场，它们的年收入就达到140亿美元（Alderman，2001，p. 4）。这些品牌本身是纵向和横向一体化的多媒体产业，涉足电影、电视、平面纸媒、电子硬件等领域。它们还拥有规模较小的品牌，如格芬、大西洋和维珍是属于大公司（分别由环球、华纳和百代拥有）的半自主子公司。20世纪90年代，两项技术的发展揭开了音乐产业知识产权与互联网连接之间的主要矛盾。首先是MP3的发展。MP3是一种数字文件格式，它允许音频内容通过互联网传输。一位评论人士称，MP3“可能是唱片业末日的首字母缩略词”，[1] 其实，MP3只有在安装了一款新软件后才会变得危险，因为这款软件可以有效地将音乐爱好者们联系起来。这款软件是由19岁的美国人肖恩·范宁开发的，他

1 Mark Simpson，Independent，5 August 2001，p. 15.

创立了Napster并编写了P2P程序。值得注意的是，Napster的起源并不是大型企业的研发实验室（这些企业没有开发文件交换软件的动机），而是出自在业余时间共享和广泛传播关于数字媒体知识的群体。因此，PC、MP3和P2P都是马克思在自动固定资本中所认识到的“社会智慧的一般生产力”的例子（Marx，1973，pp. 156-157）。像《反托拉斯行动》（Peter Howitt，2001，US）这样的电影，为这种泛化的社会知识和企业保持竞争优势的需求之间的紧张关系，提供了一种戏剧性的幻想，但在某种程度上也是一种对社会的敏锐诊断。在影片中，由加里·文斯顿（蒂姆·罗宾斯饰演比
56 尔·盖茨的替身）经营的软件公司NURV在数百名优秀的年轻软件工程师的卧室里安装了网络摄像头，目的是窃取他们的创意。

肖恩·范宁（Shawn Fanning）有点像《反托拉斯行动》中那个理想主义的年轻电脑天才。他开发文件交换程序的直接动机是为了回应他的一个朋友在连接他想要的MP3文件时遇到的问题。

> 该项目的社区潜力对范宁的重要性无论怎么强调都不为过。范宁从与人交谈中学到的东西比他从传统学术手段中学到的要多。简而言之，他很喜欢这样的想法——用户可以互相聊天，分享他们最喜欢的音乐类型（Merriden，2001，p. 4）。

范宁的叔叔是个商人，他在互联网繁荣的顶峰时期，从风险投资家那里筹集到资金开始做Napster，尽管从一开始Napster就有严重的版权问题需要解决。Napster开发的点对点系统是这样工作的：会员（有会员资格是可以免费的）只要将Napster的程序下载到自己的电脑上，并指定他们想要分享的音乐文件即可。Napster的服务器并不存储这些文件（Napster希望这样可以避免诉讼），而只是记录谁拥有哪些MP3文件。因此，Napster程序扮演了媒人的角色，将用户的电脑与另一个拥有他们想要的音乐曲目的用户电脑连接起来。Napster于1999年6月推出，估计Napster“社区”有3,200万人（Merriden，2001，p. 15），很快每晚就有50万人交换文件（Alderman，2001，p. 108）。一些人引用的数据表明，在它最受欢迎的时候高达8,000万人。

互联网等领域的发展，常常被描绘成媒体消费的个性化。但是，尽管这描述了P2P技术的一些方面以及它所催生的文件交换文化，P2P也将个人的数据库连接到一个人人都能访问的大型公共网络中。从这个角度来看，P2P是公共财产的显著延伸。互联网、MP3和P2P技术与早期的复制形式（如录像机）有很大的不同。好莱坞试图利用美国法院阻止索尼开发Betamax录像机，但未能成功。Napster的律师试图将他
57 们的技术与早期技术相提并论。但是，数字技术对企业利润的危害是无法估量的，因

为它不仅相当于一个巨大的复制系统，而且还是一个近乎免费的分销系统。例如，电影业认为每天有100万非法电影文件被下载。消除分销和零售的稀缺性很关键，因为随着越来越多的生产性文化能力作为消费品或相对廉价的专业固定资本（摄像机、数字编辑、桌面出版）进入市场，控制分销网络和零售商已证明对垄断资本主义至关重要（更多信息请参见第3章）。

1999年12月，就在Napster获得巨大成功的6个月后，美国唱片工业协会（RIAA）以侵犯版权为由对它提起诉讼。不久之后，金属乐队和说唱歌手德瑞博士提出警告，如果音乐粉丝一旦被发现用他们作品的MP3文件进行交易，他们将会起诉。金属乐队和德瑞博士的行动试图给维护其利益的公司一个人性化的面孔。对于许多媒体评论员来说，音乐界那些超级富有的明星会泄露他们作品以获得一些回报，这一诱惑实在太大了，他们基本同意微软技术开发副总裁迪克・布拉斯的观点，即P2P和其他在可复制性方面的发展威胁着“人类的进步和繁荣”。[1]一个厌世的黑客重新找回了他的道德操守，在测试了Napster技术并把猫王的“监狱摇滚”下载到他的电脑上后，就删除了这个文件，因为（亲手做的）“对猫王的财产或他的唱片公司来说，不付钱就欣赏他的音乐是不公平的”。[2]这里是否违反了社会主义道德？开源运动中的软件工程师准备放弃对他们工作的永久私人控制，这一事实多少与明显不可改变的现状有关系。即对人类生活做出一定的令人愉快的贡献的歌手和乐队应该永远享有作品所有权，因此，他们的生活在财富和机会上与那些让他们变得富有的粉丝们有着难以想象的距离。实际上，艺术界是分裂的。喷火战机乐队的大卫・格鲁站出来宣称Napster应该存在，并且在提到向基于订阅的会员转变时，宣称Napster应该“对每个人都是自由的”。[3]文件交换伤害艺术家的争论的问题是，最受影响的艺术家看起来最不像是在某个阁楼里挨饿的人。如果可复制性正在侵蚀一次性文化劳动获得无休止报酬的可能 58
性，那么艺术家总是可以走出去做音乐贵族之外的大多数音乐家所做的事情：巡回演出和演唱会。从唱片行业的角度来看，最大的威胁是尚未发行的专辑在互联网上的传播方式。但是，我们很难再一次对此太过激动。“泄露”是由于大量的宣传材料被发送到电台、电视音乐频道和俱乐部。换句话说，已经主宰市场的艺术家和乐队正被唱片公司推动其形象以实现利润最大化，这一过程使所提供的音乐的多样性正在被同质化。

美国唱片工业协会迫使Napster支付版税，因此建立了一种（不成功的）基于订阅的服务，这一成功的诉讼可以被视为温斯顿所谓的“激进潜力的压制定律”的典范

---

1 Edward Helmore，‘P2P-is it pirate to pirate?’，Guardian，19 October 2000，pp. 2-3.

2 Peter H. Lewis，<www.nytimes.com/libr…tech/00/06/circuits/articles/29pete.html>.

3 <www.mtv.com/news/articles/1439602/20010220/story.jhml>.

案例。但与此同时，MP3和P2P技术也不能再放回瓶子里了，它的产生和发展是生产力与占主导地位的社会关系发生摩擦而产生“剩余”的充分证据。一份报告指出，

> 自从法庭下令关闭文件交换网站Napster后，更多的音乐和视频文件在网上交换，这给唱片公司控制基于互联网的音乐盗版并以自己的实质性服务取代盗版的希望蒙上了一层阴影。[1]

这个行业的问题是，像努特拉这样的系统是更纯粹的P2P形式。它们缺乏一个中央控制系统来匹配台式计算机之间的文件，正是这种机制使得Napster在法庭看来对侵犯版权负有“责任”，因此容易被诉讼。这些更纯粹的P2P形式正在动员“互联网边缘”——个人电脑的资源，个人电脑一直是“互联网帝国的遥远前哨”（Merriden，2001，p. 127）。在这里，通信力量为社会秩序提供了另一种乌托邦式的设想，即没有“国家”式结构（“中央服务器”）或市场（没有价值的交换）的中介。

与此同时，主要唱片公司已经推出了基于订阅的在线音乐网站。MusicNet由百代、美国在线、时代华纳和贝塔斯曼支持，而PressPlay则由索尼音乐和威望迪
59 （Vivendi，环球唱片的所有者）支持。这样的服务在复制音乐方面会有各种各样的加密限制，最终会有高度细化的价格差异，从而提供或多或少的服务。《商业周刊》并不是唯一一个怀疑“人们现在是否会为他们曾经免费获得的东西付费”的杂志。[2]然而，这是一个非常典型的过程，资本主义借此将曾经以各种形式共同拥有的东西变成一种商品。它始于都铎王朝统治下的英国对公共土地的圈地。格雷厄姆·默多克（Graham Murdock）发现，从21世纪（2001年）开始，土地圈地和它们引发的抵抗斗争以及围绕发展中的大众媒体的争论之间存在着“电子亲和力”。随着商品化的力量向互联网袭来，互联网只是在努力保留“数字公共空间”斗争中的最新网站。

综上所述，我们看到，生产方式范畴及其生产力和社会生产关系的关系，经过适当的重构，仍然是对新媒体“革命”进行批判性质疑的支点，也是批判普遍存在的技术决定论的手段。尽管有相反的主张，但资本主义经济学还没有提出新的范式可以超越绝对的生产过剩和由此而来的危机的基本趋势。在生产方式的恰当定位下，卡斯特的发展方式概念可以帮助我们理解生产方式的矛盾如何在特定的新技术和媒体实践中得到重组。我借用马克思关于自动化机器发展的讨论，来探讨减少必要劳动时间和增

---

1 Chris Arthur，‘Huge increase in music swaps over the Net despite demise of Napster’，Independent，8 November 2001，p. 15.

2 Ronald Grover and Tom Lowry，‘Can’ t get no satisfaction’，Business Week，3 September 2001，pp. 78-9.

加剩余劳动时间之间矛盾的文化含义。在短期内，商业资本的经济价值的增加，是以损害价值关系所要求的文化价值（比如遵守版权法）为代价的。我认为，Napster的流行和反资本主义运动的出现，这两种截然不同的现象在这方面是有联系的（不考虑换文件者的主观政治）。我们看到，自动化固定资本衡量和发展的生产（和消费）的社会化是新信息技术的一个核心特征。知识作为一种生产力和消费，随着知识的生产，在日益扩大的社会基础上有了越来越广泛的根基。这与基于私有、等级和资本竞争关系的社会关系是不相容的，正如开源社区内的辩论以及通过MP3和P2P对公共财产的大规模扩展所证明的那样。我们也看到马克思为思考固定资本的实际使用和潜 60
在（或剩余）使用之间的矛盾奠定了基础。从某种意义上说，自动固定资本的发展构成了一种文化生产过剩（文化危机，与生产过剩的经济危机相匹配）。这种文化生产过剩中，潜在的用途必须不断地被压缩，使其与资本生产关系狭隘的社会优先权相适应。因此，生产力依然是阶级斗争的场所和利益所在。

3

61 资本的力量：好莱坞的媒体—工业综合体

在垄断或后工业化资本主义的后期阶段，不只是小商业单位的多样性，而且还有分配，最后还有旧的商业和文化天地内的那些自由飘浮的因素，现在都被同化到单一的、无所不纳的机制中去了。现在，整个商业体系，连同它在政府……中的投射，都依靠产品的自动销售而求得自身存在……销售心理学迫使它深入到个人生活最后的隐秘领域来征服这个世界，以便重新唤醒这一体系围绕着运转的人为的需求。

——詹姆逊，《马克思主义与形式》[1]

弹性专业化是一种永久性创新的策略：适应变化，而不是努力控制它。这一战略基于弹性的多用途设备、熟练的工人，以及通过政治创造一个工业社区，将竞争形式限制在那些支持创新的人手中……弹性专业化的推广意味着手工生产形式的复兴。

——皮奥里和萨贝尔，《第二次产业分工》

在20世纪，资本稳步积累了巨大的力量，特别是在最后20多年，它经历了公司结构的重大变化及其扩张。现在，最大的跨国公司创造的收入已经超过了中型国家的国内生产总值。世界贸易组织（World Trade Organisation）和国际货币基金组织等跨国机构无情地促进了世界各地大资本的利益。不管政治色彩如何，私有化和放松管制已成为各国政府的口号。公共通信系统已经私有化，或者可以说是私人资本投资与私
62 人资本的竞争日益决定了它们的选择。公司的议程、政策和人员已经广泛渗透到民族

1 此处翻译参考［美］费雷德里克·詹姆逊著，钱佼汝、李自修译，语言的牢笼：马克思主义与形式（下），百花洲文艺出版社，2010年，第31页。——译者注

国家（nation-state）和政府之中。政治精英和商业精英之间的环环相扣使得阶级斗争朝着有利于资本的方向发生了决定性的倾斜，随之而来的是利润动机或商品化渗透迄今为止尚未涉足的领域，和/或积累逻辑在长期受资本支配的领域中被强化到了一个新的水平。在这个宏观背景下，我们必须了解本章的媒体——工业综合体和第四章的媒体政策在当代的发展。

本章不会详述个人巨头和企业主角的最近动向和不断变化的命运，而是重点介绍分析当代媒体格局（media structures）的方法和工具。这些方法和工具来自在某些方面相互冲突的两种范式。资本主义具有垄断倾向的观点，是以席勒（1989）、赫尔曼和乔姆斯基（1994）、瓦斯科（1994）、巴格迪肯（1997）、赫尔曼和麦克切斯尼（1997）、席勒（1999）、戈尔丁和默多克（2000）以及威尔金（2001）为代表的媒体政治经济学方法的核心。然而，资本主义的垄断倾向也与新的公司结构和市场战略相矛盾，因为新的公司结构和市场战略为先进资本主义提供了一种比垄断资本主义范式更宽松、分散、灵活、多样和更具竞争力的表象形式（appearance-forms）。这些变化与新的生产和通信技术力量密切相关，我们在前一章已经用范畴“信息主义和发展方式”对此进行了研究。在这里，我们将把这些范畴置于有关两种发展方式的辩论中：福特主义（工业主义）和后福特主义（信息主义）。前一章已把发展方式范畴整合在生产方式中，那么在本章中，后福特主义和垄断资本主义范式之间的类似整合将会重复。这些范式似乎在许多方面都是相互矛盾的。我认为，只有将后福特主义范式整合到垄断资本主义范式中，才能理解垄断与竞争、集中与分裂、文化统治与文化多样性之间的辩证关系，因为规模不断扩大的公司正寻求进入全球越来越多样化和不稳定的市场。同时，我们将看到，后福特主义认为资本集中已经被新的组织结构和技术 63
所纠正或逆转的论点是站不住脚的。持这种观点的理论家们提出了一个奇妙的命题：没有竞争和经济负面影响的资本主义。在这种资本主义中，竞争只会导致技术和文化创新，竞争还可以与后福特主义的新关怀、分享、“网络社会性”相结合；而这一切都取决于没有垄断的资本主义。我将以迪士尼（Disney）案例研究为基础，然后再讨论新的企业结构对公共领域的影响。公共领域是形成沟通、身份和意义的象征性交往领域。

垄断与竞争

垄断和竞争构成了“历史资本主义的一对现实”[1]（Wallerstein，1989，p. 34），它们就像争吵不休的连体双胞胎，既不可分割又相互冲突。竞争是资本的普遍逻辑，它将工人与工人、工业部门与工业部门、地区与地区、资本与资本对立起来。人们无法从资本主义制度中挤出竞争，就好比你无法从一个已打结的气球中挤出空气一样。积累“法则”以竞争为手段，将自己作为一种结构性的强制力量作用于所有人。正如赫尔曼和诺曼·乔姆斯基（Noam Chomsky）所指出的，“如果……管理者未能采取有利于股东回报的行动，机构投资者将倾向于出售股票（压低其价格）或同情地听取外部人士考虑收购的意见”（Herman and Chomskey，1994，p. 11）。然而，由于“竞争”是敌人偏爱的词汇，人们通常认为这个词只有“美好”的含义（创新、更低的价格），而马克思主义者则常常暗示，随着“纯粹的”市场交易被企业集团所取代，“美好”这个词无论如何都会消失。但是，正如大卫·哈维（David Harvey）所说，在垄断资本主义下，竞争已在公司内部被内化，这反过来加剧了公司之间（为了利润）的竞争（Harvey，1984，pp. 141-148）。

那么，不论市场参与者的数量、规模、相互依存性和力量如何，相互独立的参与者之间的市场竞争（当今自由市场主义者不合时宜地支持的不可恢复的19世纪模式）
64 和作为资本运作的一般逻辑的公司竞争之间始终存在着区别。尽管资本主义经济学家和政治家们都支持竞争，认为竞争对消费者的一大好处是确保了选择和产品的多样性，但垄断资本家本身并不十分热衷于竞争。由于市场竞争降低了利润率，因此不可避免地会产生通过收购、合并和提高市场准入门槛来减少市场竞争者数量的压力。因此，竞争产生了一种相反的趋势：垄断。不过在这个过程中，系统中的竞争从未被消除。某个公司控制整个市场的严格垄断是罕见的，至少在国有垄断之外是这样。寡头垄断是一种比较典型的情况，市场由少数几个大公司控制。

资本主义的垄断倾向给自身的辩护者造成了严重的尴尬。因为这些人往往不会熬夜思考社会不平等之类的问题，诸如世界上最富有的200人拿出1%的财富，资助世界上每个孩子免费接受初等教育。[2]然而，供应商之间的经济不平等给真正的自由市场者带来了更大的麻烦，因为这表明了“自由竞争”的理想化模型存在缺陷。资本主义的鼓吹者通常不会对垄断倾向高唱赞歌，相反，事实上他们会尽最大努力对这些垄

1 此处翻译参考［美］曼努尔·华勒斯坦著，路爱国、丁浩金译，历史资本主义，社会科学文献出版社，1999年，第16页。——译者注

2 Larry Elliot，‘Rise and rise of the super-rich’，Guardian（G2），14 July 1999，pp. 2-3.

断倾向视而不见，即使有经验证据表明市场存在垄断的情况。因此，科林·霍斯金斯（Colin Hoskins）、麦克法迪恩和芬恩在调查好莱坞对电影工业的统治时得出了一个相当奇怪的结论，“如果创造力和文化目标是最重要的，那么在美国主导的体系中，留给世界各地独立制片人的机会可能在艺术和商业上都很有吸引力”（Colin，1997，p. 67）。1997年至2000年年间，好莱坞在英国票房的主导从未低于60%，1998年更是达到了83%。如果算上美国与非英国公司（通常是德国或法国）的合作影片，这个数字甚至更高。其中，英/美电影作品包括《小鸡快跑》（Peter Lord and Nick Park，2000，GB）、《偷拐抢骗》（Guy Ritchie，2000 GB）、《蒲精放暑假》（EdBye，2000，UK）、《星球大战前传1：幽灵的威胁》（George Lucas，1999，US）、《诺丁山》（Roger Michell，1999，US/GB）、《007之黑日危机》（Michael Apted，1999，GB）、《莎翁情史》（John Madden，1998，US）。这使得在1997年至2000年年间，英国电影的票房收入约占英国总票房收入的4%，而世界其他地区的票房收入约占4%。例外的是在1997 65
年，英国电影的票房率上升到8%以上，这是拜《憨豆》（*Bean*）（Mel Smith，1998，GB）所赐，它是由英国公司Working Title影业制作，并由其母公司宝丽金电影娱乐公司（现已破产）发行的。[1]例如，制作反映英国生活复杂性的英国电影，其文化目标非但没有艺术性和商业吸引力，反而似乎被挤压到了生存的边缘。

资本主义经济哲学家米尔顿·弗里德曼（Milton Friedman）同样热切地希望通过消除垄断来消除垄断趋势：

> 从整个经济的角度来看，企业垄断相对来说是不重要的。美国大约有400万个独立的经营企业；每年大约有40万个新的企业诞生；每年死亡的企业数量略少（Milton，1982，p. 120）。

对于资本主义的倡导者来说，很典型的一点是，在数百万经济企业中，存在着等级制度和经济不平等（就像资本主义滋生的社会不平等一样）。每个工业部门的少数公司压倒性地支配着其余部门的公司。在美国，到20世纪中叶，大约500家大公司（也就是几百万家公司）创造了全国一半的工业产值，拥有全国四分之三的工业资产。仅通用汽车就占美国国内生产总值的3%（Reich，1991，p. 46）。

随着时间的推移，垄断趋势可以有效地被衡量。自20世纪80年代中期以来，50家最大的媒体公司已经缩减到10家左右（Bagdikian，1997，p. xiii）。时代华纳与美国在线以1,060亿美元合并后，被普遍认为是“老爹”。迪士尼、维亚康姆

1 See BFI Film and Television Handbook，2002（p. 44），2001（p. 43），2000（p. 35）and 1999（p. 35）edited by Eddie Dyja and published by the BFI.

（Viacom）、新闻集团（News Corporation）、索尼、美国电信公司/美国电话电报公司（AT&T）和通用电气（General Electric）也将获得一级媒体公司的资格。两家欧洲公司也榜上有名。德国出版、音乐巨头贝塔斯曼和法国威望迪公司于2001年以340亿美元收购了拥有环球音乐和电影的加拿大施格兰公司，从而跻身榜首（威望迪随后因此
66 陷入债务危机）。在这种寡头垄断结构中，竞争仍然存在，但它并不像资本主义经济学家所认为的那样，只有很小的或暂时的价格竞争和不太丰富的产品类别；相反，取而代之的却是争夺市场份额，并通过大量的广告宣传和并购来实现。与此同时，提高利润的竞争可以通过削减成本、专注于有钱的消费者以及在产出方面尽量承担较小的文化和政治风险来实现。竞争的负面影响除了这些，它在理论上的优势也被合资企业网络和参股所打破（Herman and McChesney，1997，p. 56）。一份报告显示，美国电信公司下属的有线电视公司前老板约翰·马龙（John Malone）（他以540亿美元的价格将该公司出售给了电信巨头美国电话电报公司）现在领导的自由媒体公司，持有英国有线电视公司Telewest25%的股份，鲁珀特·默多克新闻集团19%的股份，以及美国在线、威望迪和摩托罗拉的较小股份。我们稍后会谈到这种公司的权力和影响范围，但现在不得不先讨论关于资本主义发展方式的阶段问题，即福特主义和后福特主义。

垄断资本主义的两个阶段

20世纪80年代末和90年代初，一些后福特主义评论家宣称，资本主义的垄断趋势已经被公司结构和实践、新技术、文化市场的变化以及全球市场交流有效地扭转。后福特主义有不同的脉络和传统，但还没有一个统一的范式。与阿格列塔、利皮兹和杰索普等学者相关的调节学派大体上是马克思主义的。他们探索了如何根据一系列制度和规范模式，对围绕潜在的爆炸性社会对立而建立的体系进行监管，从而相对平稳地过渡（Amin，1997，p. 8）。马克思主义地理学家大卫·哈维（David Harvey）（一般不被认为是调节学派的成员）将后福特主义定义为灵活积累，这种积累在劳动过程、劳动力市场、产品和对消费者行为模式变化的反应中规避了福特主义的僵化（David，1990，p. 147）。关键词“积累”强调后福特主义与剥削、对立的社会关系
67 的连续性。这与另一种被称为弹性专业化理论的后福特主义分析截然不同。

弹性专业化理论在政治上更为自由，产生了更广泛的影响，经常被政策制定者所采纳，并在一些文本中与正统的自由市场资产阶级经济分析相融合。米歇尔·皮奥里（Michael Piore）和查尔斯·萨贝尔（Charles Sabel）在20世纪80年代中期首次出版的《第二次产业分工》（*Second Industrial Divide*），是这一范式早期很有影响力的支

持者。他们将弹性专业化定位于19世纪和20世纪早期的手工生产传统，这种传统由于大规模生产的兴起［狭义的（非）熟练工人操作单一用途工具］而被边缘化，并且在二战后的“现代化”运动（1984）和美国模式的影响下，这种传统在欧洲几乎全部消亡。

然而，这一传统对一个领域几乎没有影响，即媒体本身的制度和经济分析。原因很明显，弹性专业化理论倾向于争论或暗示垄断资本主义趋势已经或正在被逆转。政治经济学通过用媒体—工业综合体的详细历史和经验解释来反对这种论点。例如，珍妮特·沃斯科（Janet Wasko）对好莱坞的分析提供了丰富的此类证据，这使人们开始质疑信息时代的“神话”，即它带来了更多的竞争和产品多样性（Janet，1994，pp. 249-252）。然而，历史和经验批判，尽管绝对必要，但与对后福特主义范式的理论批判并不相同。因为后福特主义范式至少具有识别公司资本主义组织模式结构变化的优点，而我们实际上需要将其纳入我们的思考中，因为这些变化对文化产品的生产和解决文化商品化的矛盾而制定的战略具有重要影响。但是，我们需要将这种解释纳入垄断资本主义范式中。

福特主义和后福特主义

在垄断资本主义时代，资本主义生产方式的关键动力是资本集中和集中化趋势（我们可以称之为“三个中心论”）。资本集中是指通过剥削劳动积累起来的资本。我们可以看到资本集中就是在生产中投入越来越多的资本。随着生产电影的平均成本持 68
续上升，资本集中确实可以为竞争对手的市场准入设置壁垒。但是，资本在产生之初就具有分散的潜力。大量积累的资本也可以分散成小的企业或公司，甚至分散到更广泛的资产阶级家族成员中。然而，这种分散潜力与资本集中相互作用，并最终从属于资本集中。由于竞争会对利润率产生不利的影响，资本集中使得资本集中到少数几个非常强大的资本家手中。从历史上看，这种资本集中既会在工业部门发生，也会出现在银行部门。随着工业资本和银行资本大规模的扩张，它们彼此之间的联系越来越紧密，从而使得生产成为积累的必要条件。

现在我们开始研究资本集中，它与资本主义生产方式、福特主义和后福特主义相关的结构和实践是密不可分的，并且在具体的历史环境中表现形式也不同，因此构成了不同的发展方式。首先以福特主义为例，资本集中在一定的生产力技术发展水平上为大规模生产开辟了道路。大型公司的多数工人的工资相对较高，这反过来又提高了购买力（这种方法是由汽车制造商亨利·福特首创，因此被称为福特主义）。生产和消费之间的衔接会削弱但不能消除资本主义的周期性经济危机（Aglietta，1979，p. 117）。大型公司能够利用其优势实现规模经济，并且在购买时控制生产过程中从原材料到成品的每一个环节。于是就发展出了垂直整合公司，例如好莱坞电影业五大巨头在20世纪20年代控制了电影制作、发行网络和展览线路。垂直整合不是垄断资本主义的偶然特征，因为它是实现垄断的手段。但是在福特主义下，垂直整合表现出来的
69 特殊形式，正如它所证明的那样，取决于历史环境。

在福特公司内部，所有权和日常管理是分离的，这就导致管理层的增长和知识分子的普遍扩张。对于一个日益复杂的生产系统来说，这种扩张不是偶然而是必要，因为生产系统需要协调，用当代教育的行话来说，需要“解决问题”。然而，知识分子工作的组织结构取决于特定的历史环境。在知识分子的管理下，工人阶级在严格的等级制度下工作，受到各种“科学管理”程序（泰勒主义）的控制，因此他们的每一步行动都受到严格的控制。虽然各大公司都在竞争国际市场，但它们“经济活动的中心”仍然在民族国家（Webster，1995，p. 140）。这反过来又意味着资本和民族国家之间的联系越来越紧密，这种联系在两次世界大战期间因国家在经济计划中的作用而得到加强。这些战争和计划经验为资本和有组织的劳工之间的“福特主义”契约奠定了基础，这种契约1945年以后在西欧（Jessop，1991，pp. 136-137）和美国的社会民主共识中得到巩固，结果是美国的经济和军事力量支撑了1945年后福特主义体系的国际化（Piore and Sabel，1984，pp. 133-164；Harvey，1990，p. 141）。

现在看来很清楚的是，尽管第一阶段的垄断资本主义削弱了国内市场的竞争，有助于遏制自由市场资本主义的无政府状态造成的混乱影响，但随着资本寻求新的市场和提高积累水平的手段，资本的日益集中正在加剧着国际竞争。20世纪60年代中期以来，美国的利润水平停滞不前还有所下降（Piore and Sabel，1984，pp. 165-187；Reich，1991，pp. 75-76；Harvey，1990，p. 137），因为标准化产品的国内市场已经饱和，从而加剧了国际竞争（Piore and Sabel，1984，p. 184；Jessop，1997，p. 259）。由于全球运输和通信网络的高效率（因此价格低廉）和复杂性，使得公司能够实现与其日益分散的业务保持联系。与此同时，文化和政治的变化意味着消费市场正在逐步分化，因此，由非熟练工人长期生产标准化产品的老福特生产线越来越成为问题。相比之下，
70 与微处理器技术相关联的后福特主义则不同。微处理器技术使机床的快速适应和重复编程成为可能，它可以生产出更专业、更具差异化和更多元化的产品，而且还能缩短保质期（Aglietta，1979，p. 125；Reich，1991，pp. 82-83；Amin，1997，p. 15）。

为了将激烈的全球竞争环境转化为自己的优势，资本必须从战后与之联系在一起的民族国家的社会民主共识中脱身出来。因此，在政治上，新自由主义（neo-liberalism）的兴起使新形势合法化:“新”是因为它可以被看成自由放任的早期阶段的

延续，自由市场资本主义在“福特主义”兴起之前就已存在；“新自由主义”在经济意义上是指对资本的任何控制、约束和管制都构成对自由的侵犯（Friedman，1982，p. 120）。拉斯廷（Michael Rustin）认为“从属阶层的社会收益”和战后时期相对去商品化的公共部门的扩张构成了“对资本积累和权力的威胁”，为了挽救利润率，必须收回这些威胁（Rustin,1989，pp. 308-309）。随着1973年石油价格的上涨，能源成本开始严重地侵蚀利润率，资产阶级被迫需要发展新的生产结构和方式来刺激和响应消费市场（Harvey，1990，p. 145）。

阿格列塔同样强调了阶级斗争在造成福特主义危机（例如工人对生产线的抵抗）和潜在的临时解决方案（Aglietta，1979，pp. 162-165）中的作用。他把对这些趋势的早期诊断称为新福特主义，以表明这两个阶段之间的连续性，并抵制福特主义和后福特主义之间那种简单的二元对立，后者后来变得相当普遍。至关重要的是，与后福特主义相关的新公司结构实际上并不是什么新鲜事物，人们对这种结构一直感到困惑。基思·柯林（Keith Cowling）列举了20世纪企业资本主义的三种组织形式：U型是一个单一层次结构，包含了生产商品和实现资本（购买和使用上述商品）所必需的所有不同要素。H型是指控股公司，由一组不协调的公司组成，隶属于一个单一的金融实体。随着并购和其他垄断资本主义趋势变大，U型公司（与福特主义联系最紧密的公司）的烦琐层级和集中控制变得越来越低效。而随着H型组织变得越来越大，71
它变得越来越分散和不协调（Cowling，1982，p. 83）。如果说U型过于集中，H型则过于分散。这个问题的组织解决方案是M型。M型是一种多部门结构，它的生产和销售的不同方面的责任被分散，而高层管理人员通过控制资本分配来保持对整体战略的决策以及对各个部门的最终制裁（Cowlin，1982，p. 84）。阿格列塔还认为，内部公司结构的问题是由部门结构解决的，它针对部门负责的特定商品类别创建了“利润中心”（Aglietta，1979，p. 257）。然而，部门结构并不是新的，而是由杜邦公司和通用汽车公司在20世纪20年代开创的。正如哈维所言，“这种分散的结构是如此有组织，以至于每个部门（无论是生产线还是区域）都要承担财务责任”（Harvey，1984，p. 148）。新情况是，它成了主导性的公司结构，然后与先进资本主义的另外两个长期确立但现在越来越重要的方面相结合：围绕子公司和分包商组织的公司间关系，以及广告（advertising，品牌推广）的更新和扩张作用。

占主导地位的组织结构对整体生产做了分解，并“外包”给分包商或者子公司。诚然，长期以来，分包一直是资本主义的一个特征，马克思本人也曾讨论过这个问题（Harvey，1984，p. 140），但如今子公司和分包商在数量上有所增加，这种关系提供了一种与中央集权相对应的必要的分散化（“竞争性”）和在市场中运作的多元化的新资本单元。赖克看到了一个由半自主的子公司和独立的分包商组成的“网络”，这些子公司和分包商负责生产的各个组成部分（概念、设计、生产本身、包装、分销、营销），这些部分又进一步被拆分给不同的公司（Reich，1991，p. 100）。萨贝尔还提到了“大型跨国公司的重组”。生产线集中在单一的公司，这可以增加公司组织销售、分包甚至研发的权力。我们稍后会对自治的主张提出质疑，但值得注意的是，它支
72 撑了一种非常乐观的希望，即资本主义现在可以与文化差异、创新、工人创造力、协作乃至更大程度的工作民主相调和（Piore and Sabel，1984，p. 115；Hall and Jacques，1989，p. 15）。斯科特·拉什（Scott Lash）和约翰·厄里（John Urry）在《组织化资本主义的终结》（Scott and John，1987，p. 2）一书中写道，与资本集中形成鲜明对比的是，他们发现了一种新的资本“分散化”（Scott and John，1987，p. 5）。然而，如果经过仔细观察，我们发现这种资本分散化与其说是所有权的集中，不如说是所有权集中偶然的表现，比如资本从大工厂向小工厂的转移，以及在世界各地的地理转移（通常转移到劳动力相对廉价的发展中国家），这与福特主义下的区域集中不一样。工厂规模和地理分布都与资本的持续集中是不相容的。

在弹性专业化理论中，“垂直分化”是类似于“分散化”的一个流行术语。例如，克里斯托夫森（S. Christopherson）、迈克尔·斯托尔珀（Michael Storper，1986 and 1997）认为好莱坞电影产业可以作为向后福特主义转变的一个典范。好莱坞的福特主义结构所培育和依赖的稳定市场受到了两大冲击：美国最高法（1948年）的反垄断行动迫使电影公司出售其在连锁电影院的利益，以及20世纪50年代电视的兴起。作为回应，原来的工作室内部制作系统现在被分配给独立制作人，以及“中间投资人”（Storper，1997，pp. 211-212），如编辑、照明、声音、电影处理和特效公司。你只要比较一个老电影公司的片尾字幕和那些在过去25年里制作的电影，就会非常明显地看到正在运行的新的公司结构。过去老制片公司签订长期合同，拥有大量技术和创意人才，但现在这些人才被分割成较小的单位，或者是自由职业者，或者是由经纪人来运作，然后被每一部电影集合起来。然而，当通过横跨生产、分配和交换的垂直联系来评估市场支配地位的问题时，仅将“垂直分化”一词用于生产部门是很容易引起误解的。因为发行仍然是电影工业中关键的战略控制点，目的是要把产品与观众联系在一起（Askoy and Robbins，1992，p. 7）。正如我们已经看到的，好莱坞继续在英国
73 电影市场上占据主导地位，就像它在全球电影市场上的主导地位一样。此外，20世纪40年代末，好莱坞在反垄断裁决后退出了对影展的直接控制，但随着20世纪80年代新自由主义的兴起，这种偶然的政治环境发生了变化，相应地，好莱坞的大型电影公司重新开始在全球范围内进行大规模的影展扩张计划。

好莱坞曾经只涉足一个或两个部门的文化产业（先是电影，然后是电影和电视），而如今它已经是一个多部门和综合文化产业的中心。电影通过“协同效应”，推动了

票房、电视、视频、书籍、漫画、音乐原声、电脑游戏、主题公园和商品销售等一系列卓越媒体内容/商品（Askoy and Robins，1992，p. 17）。要理解媒体公司目前的结构，我们至少需要使用四个术语：纵向整合——原材料与销售点之间的联系——这种联系仍然存在；横向整合是指同一行业内不同公司的所有权，如众多电影或报纸制作公司；跨媒体整合是指在一家母公司内将不同类型的媒体和与媒体相关的材料捆绑在一起，从而产生协同效应；最后是跨行业整合，媒体公司是拥有大量非媒体资产的公司的一部分。因此，美国电视网全国广播公司隶属于世界上最大的公司之一通用电气公司（GE）。通用电气的业务涉及重工业、金融服务、医药和家用电器。

迪士尼：整合案例研究

让我们以一个更加以媒体为中心的公司迪士尼为例，来说明这些新的公司结构是如何运作的。到了20世纪80年代初，迪士尼已经沦为好莱坞的一家边缘公司，它缺乏足够的整合，其经营理念仍然被华特·迪士尼（1967年去世）时代遗留下来的商业风气所主导。现在看来，这种风气限制了迪士尼利用其商业资产和品牌的力度，并危及迪士尼作为一家独立公司的生存，这表明积累的压力已经明显加剧。1984年，迈克尔·艾斯纳（Michael Eisner）出任新的首席执行官，他组建的新管理团队将迪士尼打造成了世界上最强大的媒体公司之一。艾斯纳首先做出的决定之一是提高迪士 74
尼主题公园价格，这为扩大电影和电视制作提供了资金（Grover，1997，p. 73）。

1996年，艾斯纳以190亿美元的价格收购了美国广播公司的母公司Capital Cities，这是他领导迪士尼进行的最大一笔收购。跨媒体的整合保证了迪士尼的电影和电视节目的播出时间。美国广播公司还拥有非常受欢迎的ESPN有线体育频道。ESPN在亚洲和拉丁美洲等国际市场上已经立足。迪士尼也意识到，他们可以借助体育频道，在迄今为止尚未成功打入的市场上推广自己（Grover，1997，p. 285）。美国广播公司还对欧洲、日本和中国的视听市场感兴趣。美国广播公司不仅可以为迪士尼产品提供播出时间，而且还可以交叉推广。迪士尼被指控有时将美国广播公司的新闻节目变成母公司的一个宣传部门。一份报纸报道指出：

> 就在迪士尼的“真实”动物王国在佛罗里达州开幕之前不久，美国广播公司的《早安美国》播出了对迪士尼董事长迈克尔·艾斯纳的奉承采访。“上一次有人创造了一条河流，一个公园和一个世界……这是……在《创世纪》

中发现的。”观众们看后发现这是一次非同寻常的阿谀奉承。[1]

近年来，电影的制作要精心考虑到国家和地区的文化，吸收世界各地的故事，并在关键时刻将它们在全球市场放映，以使迪士尼在文化上看起来不仅像美国公司，更像一家世界公司。20世纪60年代末到70年代，拉丁美洲对北美的文化帝国主义和种族主义的抵抗日益增加。也许是因为主要目标受众（儿童）的教育问题，迪士尼曾经是（现在也是）最受欢迎的对象（Dorfman and Mattelart，1991）。因此，《风中奇缘》（*Pocahontas*）（Mike Gabriel，1995，US）对土著南美人的“熟悉的刻板印象”做了“后现代翻新”，这与迪士尼收购美国广播公司/ESPN后对拉美市场的重新考察是一致的。《美女与野兽》（*Beauty and the Beast*）（Gary Trousdale，1991，US）改编自一个法国童话，于1992年发行，同年巴黎迪士尼乐园（当时被称为欧洲迪士尼）开业。
75 在传统主题公园夏季过后便关闭时，欧洲的冬季开放有利于增加游客。维克多·雨果《巴黎圣母院》（*Hunchback of Notre Dame*）（Gary Trousdale，1996，US）的动画版本进一步发展了主题公园与迪士尼电影制作之间的协同作用。在经历了头几年的亏损并恰逢主题公园经济开始复苏之时，公司发行了这个来自法国的故事影片。到1995年，法国人贡献了公园门票收入的一半，同时公园也正忙于“法国化”自己的景点，比如儒勒·凡尔纳的飞跃太空山。[2]另外，《花木兰》（*Mulan*）（Barry Cook，1998，US）是一个民族主义的中国传奇，它是迪士尼高级管理人员结束了为期三周的中国调研之旅后构思的。通过调研，他们发现中国是世界上最大的潜在媒体市场。[3]

2001年，迪士尼的利润构成是这样的：电视和有线电视频道（38%）、公园和度假村（28%）、演播室娱乐（包括电影、电视、视频）（24%）和消费品（包括迪士尼产品的销售和许可、迪士尼商店和出版）（10%）。[4]显然，跨媒体/娱乐控股公司的协同潜力是巨大的，迪士尼经常会利用这一点。除了跨媒体整合，还有横向整合。例如，迪士尼有几个制作工作室，每个工作室都专门为不同的观众制作素材。这些都是根据年龄和口味划分的。华特迪士尼电影公司生产的儿童电影，如《狮子王》（Roger Allers，1994，US）和《101忠狗》（Stephen Herrek，1996，US），反过来为主题公园和商品提供了图像材料。他们还将动画长片的制作分包给皮克斯公司，后者负责更有创意的动画电影，如《玩具总动员》（*Toy Story*）（John Lasseter，1995，US）、《玩具总动员2》（*Toy Story 2*）（John Lasseter，1999，US）和《怪兽电力公司》（*Monsters,*

1 Edward Helmore，‘“Wicked” Disney accused of plot to eat the world’，Observer，24 May 1998，p. 18.

2 Paul Betts，‘Disneyland enlists the Hunchback’，Financial Times，December 1996，p. 8.

3 Benedict Carver，Screen International，no. 974，9-15 September 1994，p. 8.

4 David Teather，‘Magic kingdom under siege’，Guardian，15 January 2002，p. 24.

Inc.)(Pete Docter，2001，US)。另外，试金石电影公司制作的电影预算多，票房也高，如布鲁斯·威利斯(Bruce Willis)主演的《灵异第六感》(*Sixth Sense*)(M. Night Shyamalan，1999，US)，威尔·史密斯(Will Smith)和吉恩·哈克曼(Gene Hackman)主演的《全民公敌》(Tony Scott，1999，US)，尼古拉斯·凯奇和安吉丽娜·朱莉(Angelina Jolie)主演的《极速60秒》(Dominic Sena，2000，US)，以及本·阿弗莱克(Ben Affleck)主演的《珍珠港》(Michael Bay，2001，US)。不过，迪士尼于1993年斥资8,000万美元收购的米拉麦克斯(Miramax)电影公司，主要面向更具艺术气质的观众或者至少是面向成人生产低成本影片。米拉麦克斯与欧洲电影业有着密切的联系，并负责《莎翁情史》(John Madden，1998，US)、《美 76
丽人生》(Roberto Benigni，1999，It)、《天才瑞普利》(Anthony Minghella，1999，US)、《浓情巧克力》(Lasse Hallström，2000，US)、《西西里的美丽传说》(Giuseppe Tornatore，2000，It)、《BJ单身日记》(Sharon Maguire，2001，GB)、《骏马》(Billy Bob Thornton，2000，US)、《纽约黑帮》(Martin Scorsese，2002，US)。后来，迪士尼又通过米拉麦克斯旗下的帝门影片公司，进入重要的青少年电影市场。帝门影片公司专门制作恐怖电影，如《夺命高校》(Roberto Rodriguez，1998，US)、《月光光心慌慌7》(Steve Miner，1998，US)、《恐怖电影》(Keenen Ivory Wayans，2000，US)和《猛鬼追魂5：地狱》(Scott Derrickson，2000，US)。

在品牌层面，这些工作室似乎是“半自主”的，每个工作室都瞄准一个细分市场的全球观众。由哈维·韦因斯坦(Harvey Weinstein)和鲍勃·韦恩斯坦(Bob Weinstein)创立的米拉麦克斯在“合并”后，利用迪士尼的资本为项目融资，同时又保留了对营销和发行的控制权(Wyatt，1998，p. 84)。与此同时，还有垂直整合，这些不同的工作室通过与拥有强大全球发行网络的博伟国际公司合作，使得迪士尼电影能获得大量观众。博伟国际公司仅海外电影票房收入就经常超过10亿美元。[1]博伟国际公司还负责与其他公司的交叉推广，以实现双方利益。迪士尼的《怪兽电力公司》与麦当劳、雀巢、Powergen(天气预报里的怪兽)、罗宾逊饮料甚至是仙女香皂粉的联合广告也达到了新的水平。这种交叉宣传，再加上专门针对这部电影的大规模营销活动，造成了巨大的市场轰动效应，其结果是，它把较少资源支撑的材料挤压到了公众意识的边缘。

控制分销能力的重要性无论怎么强调都不为过，这是像美国电话电报公司这样的电信公司和像TCI这样的内容提供商合作的关键原因(Golding and Murdock，2000，

1 See Disney’s annual report at <http：//disney.go.com/corporate/investors/financials/annual/2001/keybusinesses/studioentertainment/bvinternational.html>.

p. 80）。这种联盟的优势恰恰说明了迪士尼缺乏的正是新技术分销能力。迪士尼以50亿美元从新闻国际手中收购了有线电视频道的福克斯家庭频道，并将其更名为美国广播公司家庭频道，该频道拥有8,200万个家庭受众。[1]然而，有线电视频道的优势是内
77 容而不是发行能力，且迪士尼和承载该频道的回声星通信公司发生了冲突。然而，企业资本主义就像层层交叠的中国套娃，例如，回声星公司归威望迪公司所有，后者以15亿美元的价格将其收购。[2]回声星公司/威望迪公司认为，儿童频道控制权的改变使其有权与迪士尼重新谈判合同。[3]这种冲突和讨价还价是公司生活的一部分，但很明显，母公司有很大的动机通过拥有尽可能多的商品链环节来进行买卖（Wallerstein，1989，p. 29）。

正如我们所见，对于赖克和萨贝尔这样的理论者来说，公司采用的新型网络结构导致权力分散，强调了子公司在母公司内部的自主权。例如，大型出版社已经建立了“印记”，即母公司结构内的小型出版社，负责收购和出版自己的图书（Reich，1991，p. 92）。然而，这种自主性并不是实质性的，而是更多地存在于品牌形象层面。新的分散的部门结构允许多个品牌在一个保护伞下运营，而不是将公司的所有业务都纳入一个单一的同质品牌标识中，从而使公司对不同的受众更加敏感。但我们不应将品牌自主与真正的实质自主混为一谈。如今的子公司和分包商资本主义结构运行是一种分散的积累。在以U型结构为模型的老福特公司中，一种层级权力的金字塔结构控制着所有的运作：从某种意义上说，权力来自母公司内部运作的某个特定部门，由于公司的多层管理，这种权力具有明显的强制性。现在，在后福特主义结构中，与全球公司内部运营相一致的积累逻辑被刻在（非常）相对的或正式的自主子公司或分包商的内部。每个单位都成为利润中心。如果不是这样，如果公司内部的一个部门没有充分适应全球公司战略，那么母公司可以随意对它实施中央控制。

因此，在2001—2002年度，迪士尼发现自己受到了美国广播公司电视网广告收入下滑的打击，并且与竞争对手哥伦比亚广播公司和美国全国广播公司相比，收视率差很多。迪士尼广播部门的收入下降了5.66亿美元，年收入从去年的62亿美元降到了今年的57亿美元。[4]《金融时报》报道：“艾斯纳先生在一次采访中表示，经过最近的

1 Christopher Grimes，‘TV mogul with finger on the button’，Financial Times，18 December 2001，p. 28.

2 James Harding，‘Messier’s feast’，Financial Times，18 December 2001，p. 22.

3 James Harding，‘Disney’s Eisner admits rival is at peak of perfection’，Financial Times，6 February 2002，p. 15.

4 See Disney’s 2001 annual report at <http：//disney.go.com/corporate/investors/financials/annual/2001/financials/pdf/wdw2k1ar_financials. pdf>.

一次管理层人事变动后，他预计美国广播公司电视网将在今年有所改善。”[1] 78

很快人们就明白了“改善”在节目安排方面意味着什么。资深时事节目主持人特德·科佩尔（Ted Koppel）将和他20年前的节目《夜生活》一起从黄金时段退出，取而代之的是在哥伦比亚广播公司主持《深夜秀》的大卫·莱特曼（David Letterman）。莱特曼主持的节目所产生的广告收入是《夜生活》的两倍多；然而，这并没有反映出两个节目在观众中的相对受欢迎程度。科佩尔严肃的新闻节目平均拥有560万观众，而莱特曼的《晚间秀》，表面上看似一个更偏向“流行文化”的节目，事实上平均只有470万观众。[2]然而——这是一个关键点，它打破了流行文化在任何直接的意义上都必然“受欢迎”的神话——莱特曼节目的平均观看年龄是46岁，而科佩尔的是50岁，就广告商而言，年龄差异造成了所有的差异。最终，这一举措失败了，因为莱特曼从哥伦比亚广播公司得到了更慷慨的条件。就母公司内部部门的自治问题而言，这一插曲也具有启发意义，因为这些变动是在美国广播公司总裁戴维·威斯汀的领导下进行谈判的。消息公布后，外界宣称威斯汀“脸色苍白”。[3]这就是垄断和竞争密不可分的原因。多部门、子公司和分包网络扩展了公司内部以及公司之间的价值法则（不断提高利润率的需要）。

公共领域（public sphere）

到目前为止，我一直致力于公司媒体结构的研究，并将其置于资本主义生产和发展方式不断演变的大背景下，从某种程度上来说明它们积累的巨大经济资源和力量。现在我们需要考虑这些公司结构对“公共领域”的影响。首先需要解释一下公共领域，它与传播哲学家尤尔根·哈贝马斯（Jürgen Habermas）有关。哈贝马斯在其公共领域的哲学史中指出，在中世纪，没有一个辩论和对话的领域不是明确地与有权势的私人即贵族的狭隘利益联系在一起的。“公共性是封建权威的光环”（Habermas，1996，p. 8）体现在高贵的行为准则、服饰和修辞上。然而，随着资本主义以及它所 79
孕育的印刷技术的兴起，一个独立于国家的公共领域逐渐形成。在17世纪30年代的英国，“新闻界第一次被确立为公众参与政治辩论的真正的关键机构”（Habermas，1996，p. 60）。正是在这个时候，人们第一次尝试在议会的反对声中发表议会辩论。这很好地表

1 Christopher Grimes，‘Disney’ s income drops 55% despite job cuts’，Financial Times，1 February 2002，p. 31.

2 Oliver Burkeman，‘Why the TV chiefs think Letterman is worth $71m’，Guardian，8 March 2002，p. 3.

3 Ed Vulliamy，‘Outrage as American TV giant sends for the clown’，Observer，3 March 2002，p. 23.

明了公共领域的存在是为了提供关于当权者活动的信息，以便能够理解这些人及其活动对普通公民的影响，然后做出反应。当时掌握在小规模私人资本家手中的媒体，大体上并不是由强大的农业资本家及其阶级同盟商人和仍处于萌芽阶段的制造商所主导的“旧”权力结构的一部分（Thompson，1978，pp. 252-253）。

哈贝马斯认为，这一新公共领域的关键作用是“使统治服从于理性”（Habermas，1996，p. 117），因此权力不再是简单的强制和任意，而是服从于同意和理性的使用。无论如何这都是可能的。哈贝马斯等人将媒体和公共领域的兴衰建立在辩证颠倒的叙事框架内（Curran and Seaton，1997）。在其早期阶段，私有财产是“理性批判辩论的先决条件”（Habermas，1996，p. 164），但随后，随着私有媒体并入大规模商业中，公共传播手段也被整合到成熟的资本主义社会的新权力结构中（Habermas，1996，p. 188）。因此，哈贝马斯谈到了公共领域的再封建化（Habermas，1996，p. 195），因为它再次成为私人权力追求自身利益的表现。

在一个以社会、经济和政治权力分配不公为特征的社会中，可以支撑真正公共领域的原则，如透明度、参与、辩论、多样性、信息、批评和将知识转化为有效行动的能力，很少能得到满足，当然这并不奇怪。这种文化权利的缺乏加剧了恶性循环中的不平等，从而滋生了暴力、绝望和对人类安全的威胁（Wilkin，2001）。我们现在需要给出一个更详细的解释，绝对不自由的自由市场为什么以及如何不能为健康的
80 公共领域提供条件。赫尔曼和乔姆斯基总结了这一批评的基础，他们发现了一些“过滤器”——它们允许“政府和占主导地位的私人利益集团”（Herman and Chomsky，1994，p. 2）在媒体内部构建适合它们目标的议程。他们的总结被批评为有点过于“工具性”，呈现了一个没有矛盾的过度整合的系统（Golding and Murdock，2000，pp. 73-74）。然而，他们这样做的确是无视制度或者制度的矛盾，而不是因为制度积极地体现了公共服务原则。我们还必须认识到，本章的讨论是在特定的决定尺度（scales of determination）下进行的，即媒体的经济和体制结构。当你读到迪士尼/皮克斯的《玩具总动员》（John Lasseter，1995，US）时，就会发现埃莉诺·伯恩（Eleanor Byrne）和马丁·麦奎兰（Martin McQuillan）对寓言故事作了如此解构，即“美国军国主义的两个相互竞争的神话（牛仔/警长伍迪……还有宇航员/太空护林员巴斯光年…）接受了他们在新世界秩序中的地位后”，由于埃里克不尊重他的商品/玩具，因此他们要通过“人道主义”来拯救隔壁精神病“坏”男孩埃里克手中的玩具。这就提醒我们，意义的创造是由政治、社会、文化传播以及历史等尺度所决定的。媒体工业经济和制度是一个重要的决定尺度，但如果忘记了这个尺度与其他尺度之间的复杂关联，我们也会降低意义创造的复杂性。

利润导向

从英国商业电视最近的命运可看见，利润动机的加剧如何扼杀公共领域。像其他公共服务一样，公共服务电视正在迅速萎缩。它的制度性危机的条件或多或少是被有意造成的，其文化被剥夺了合法性，其监管制度发生了转变，竞争加剧促进了跨国资本的渗透。一个关键的事件是1990年的广播法案（Broadcasting Act，1990）。该法案使独立电视台（ITV）偏离了它们迄今为止一直遵循的公共服务原则。独立电视台的特许经营权将被拍卖，最初是给出价最高的人，尽管“质量”方面的考虑在最后被提出来，但独立电视台的旧监管机构被一个新的“轻”的独立电视委员会（Independent 81
Television Commission）所取代。在批评的压力下，保守党的政策也进行了修改，独立电视委员会最终以比最初设想的更坚定的态度坚持了公共服务原则。然而，与其他行业一样，作为一种监管体制，独立电视委员会正紧紧抓住虎尾不放。与旧独立电视台相比，现在正与第四频道（Channel 4）和第五频道（Channel 5）争夺广告收入的新独立电视台更多的是受利润动机的经济逻辑所驱动。独立电视台不断在全球市场提升竞争力，使自己变得足够肥大，以至于能够被欧洲或美国一些更大的媒体巨头吞并，从而一波并购行动得以进行。

在一个更加以利润为导向的体系中，最低水平的“可接受”评级被提高了。突然间，600万或700万观众的收视率变得不可持续。在这种环境下，新闻和时事节目不可避免地受到了影响。因此，独立电视台试图将《十点新闻》从传统的时段中转移出来，为好莱坞电影和警察节目让路（在国际电视委员会的长期抗议和压力下，只是部分恢复了它），这是完全可以预见的。独立电视网还将其与独立电视台的合同价值从4,500万英镑削减至3,600万英镑，以阻止英国天空广播公司财团的竞标。这种竞争的“好处”导致一轮裁员，尤其是在海外分公司。与此同时，独立电视公司还向独立电视网施压，要求增加消费者、娱乐和休闲项目，以提高收视率和广告收入。[1]

儿童节目是受到商业主义冲击的又一领域。广播标准委员会（Broadcasting Standards Commission）的一份报告显示，到20世纪90年代末，儿童电视节目越来越多地被进口的美国卡通片所主导，其中许多卡通片与销售商品有关。事实类和戏剧节目类反而减少了。这并不是说动画本质上是贫乏的，它可以是高度创新的，也不是说美国的进口产品会被谴责为文化帝国主义。他们经常用一种流行的话语和观众对话，这种话语与主导英国

1 Matt Wells，‘ITN cuts jobs and shifts towards lifestyle news’，Guardian，22 November 2001，p. 1.

儿童节目的白人中产阶级角色截然不同。然而，关键的一点是，推动儿童电视节目的力量是市场的不可问责性、系统性和自主性逻辑，从长远来看，这将缩小选择范围并使产品标准化。因此，1981年，英国广播公司（BBC）的儿童节目中有9%是卡通片，而到1996年，这一比例为35%。同期，独立电视台对卡通片的依赖从9%上升到40%。[1]
82 正如爱德华·赫尔曼（Edward Herman）和罗伯特·麦克切斯尼（Robert McChesney）指出的那样，“每个国家都有强大的力量要求完全融入全球媒体市场”（Herman and McChesney，1997，p. 50）。

官方来源和联系

在媒体转型为大型企业的过程中，媒体与国家的关系日益紧密，形成了一种互惠互利的共生关系。无论是正式的还是非正式的，媒体和国家建立了相互沟通的渠道，其结果是政治被定义为在华盛顿或威斯敏斯特正在发生的事情。在媒体、国家和其他公司之间的密切联系中，建立和回收新闻及评论的来源范围异常狭窄。由于国家本身拥有大量可用的信息和公共关系资源，因此它可以在任何议程项目中占据主导地位。媒体绝不挑战这一点，而是依靠此类资源来定期输出数据。媒体也特别依赖政治家的评论，因此采访就有关于什么可以问、什么不可以问以及一个问题可以被追问到什么程度的“潜规则”。报纸记者经常如此接近他们的政治来源，以至于他们实际上是政治家观点的代言人。对既有的和主流政治代表的依赖意味着，当政府和反对派在当今任何问题上达成实质性共识时，就像在美国和英国的几乎每一个问题上一样，所有的舆论都会被常规性地忽视，而其他政策选择仍有待探索。如果媒体工作者是挑战而不是充当强大国家或公司利益喉舌的情况下，他们可能会被扼杀和解雇。当佛罗里达州一家美国电视台工作的两名记者简·阿克雷（Jane Ackre）和史蒂夫·威尔逊（Steve Wilson）调查生物技术公司孟山都公司使用一种与结肠癌有关的激素后，他们的节目就从未被播出过。这家电视台归鲁珀特·默多克（Rupert Murdoch）旗下的福克斯电视台所有。在解雇他们之前，福克斯电视台让记者们花了一年时间重写了剧本（Cohen，1999，pp. 138-140）。跨国媒体公司和跨国生物技术公司之间显然比跨国媒
83 体公司和它的受众之间有更多的共性和“惺惺相惜”。

1 Kamal Ahmed，‘Kids TV “dumbing down” ’，Guardian，5 November 1997，p. 3.

广告

多数媒体要依赖广告取得收入。广告也就成了媒体塑造内容的最强大的压力之一。在广告方面，自由市场是不会提供一个任由买方选择决定的中立体系的。广告客户的“选择影响媒体的生存与繁荣”（Herman and Chomsky，1994，p. 14）。报纸就是一个典型的例子。在一个较长的商品链中，买方的最终选择只是其中一个环节。对于报纸和电视行业而言，最重要的环节是广告商购买媒体空间或时间以吸引消费者。例如，报纸的价格不包括其生产成本，这是一个简单的经济事实，也使得整个行业与广告商紧密地绑定在一起。随着制作成本的上升，广告商选择在哪家媒体上做广告在很长一段历史时期内极大地缩小了可以进入公共领域的声音范围，也缩小了可以代表公共领域的选民范围。哈贝马斯对早期资本主义公共领域描述的弱点之一是他对资产阶级公共领域的压倒性和排他性的关注。然而，在19世纪早期印刷媒体的推动下，工人阶级形成了一个公共领域。在那个时候，激进的报纸一旦达到一定的发行量，仅靠封面价格就可以弥补其生产成本（Curran and Seaton，1997，p. 16）。然而，随着新技术、原材料和分销成本的上升，该行业变得更加依赖广告。因此，广告商倾向于把钱花在读者群（包括富裕的中产阶级）更加社会化的报纸上，这一点变得越来越具有决定性。作为工人阶级的代言人，为工人阶级服务的激进媒体，因广告商对此类题材的兴趣持续下降而销声匿迹。这不是一个古老的历史问题。在20世纪60年代的英国，工人阶级报纸如《每日先驱报》《新闻纪事》和《星期日公民报》尽管发行量巨大，却要么倒闭，要么被现有体系并购（Herman and Chomsky，1994，p. 15）。1980年，伦敦日报《晚间新闻》（*Evening News*）被并入《旗帜晚报》（*Evening Standard*）。从那时起，对工会极端敌视的极右翼报纸《旗帜晚报》就主导了伦敦的每日新闻印刷议程。然而，《晚间新闻》在1980年倒闭时，销量比《旗帜晚报》高出50万至40万份。但是，由于《晚间新闻》面向的是工人阶级读者，它产生的广告收入低于《旗帜晚报》，后者面向的是更富裕的中产阶级读者。[1]同样，在市场上广告商的选择比购买大 84
众的选择更重要。

广告商也塑造了用来传递信息的媒体内容。无论是通过直接游说报纸编辑和电视节目调度人员，还是通过选择不围绕某些媒体内容做广告，广告商都有力地塑造了媒体议程。他们的主要兴趣是寻找不会损害他们想要附加到广告产品上的感觉良好、有抱负的信息的媒体环境（Wayne，2000，pp. 209-214）。对于广告商而言，批评商业

1 Roy Greenslade，‘The new standard bearer’，Guardian（Media），21 January 2002，p. 8.

的媒体内容是不受欢迎的，譬如该媒体调查了企业在环境问题、第三世界活动、工人安全，甚至是在消费者事务处理方面态度强硬的不当行为（Herman and Chomsky，1994，p. 17）。当然，这并不是说你在媒体中找不到这样的内容，只是这些对广告商有害的媒体素材的容量是受限制的。

利益冲突

除去它对权力分散的安慰暗示，用网络来描述先进资本主义经济是非常恰当的。如今，全球所有市场上数百家、有时数千家媒体公司的子公司和分包商的利益如此分散，以至于利润率的利益与批判性推理的推广相冲突也就不足为奇了。私人经济活动的公共含义构成了社会事务的裂痕，而当代媒体之所以无法弥合裂痕，正是因为它们的“公共性”本身就是大量私人经济利益的产物。通用电气拥有美国全国广播公司电视网。美国全国广播公司新闻能在多大程度上独立于母公司的利益？纵观其历史，这家生产发电厂、核反应堆、核导弹、喷气式发动机等产品的制造商因各种各样的公司欺诈行为而定期出现在新闻中（Bagdikian，1997，p. 209）。该公司在重工业领域非
85 常依赖政府合同，这使得新闻有可能成为政府的筹码，在必要时增加或减少有利的报道。因此，经济权力变成了政治权力（Meier and Trappel，1998，p. 39）。

与其他公司一样，通用电气尤其渴望进入潜力巨大的中国市场。通用电气首席执行官杰夫·伊梅尔特（Jeff Immelt）说，“中国举办2008年奥运会将向世界展示，中国的商业环境比很多人想象的要干净得多”[1]。但伊梅尔特身上散发出一种特殊的气质，而且这是那些饱经苦难的人所特有的。他说，“这是一种精明的商业文化，通用电气喜欢这种文化”。

2001年，中国加入了世界贸易组织。在这方面，媒体巨头也发挥了积极的作用，如迪士尼的迈克尔·艾斯纳（迪士尼当时正在香港建造一个主题公园）和新闻国际的鲁珀特·默多克，都游说美国国会恢复与中国的贸易关系“正常化”。[2]与美国在线时代华纳一样，默多克旗下的亚洲星空传媒公司一直在香港向中国广东省的酒店、政府办公楼和富裕的中国精英阶层播放节目。这是中国市场（拥有令人震惊的12.5亿人口）逐步向西方资本主义开放的长期进程中的一部分。1993年，默多克发表了一篇演讲，赞美“自由”（即资本主义）媒体是如何让世界各地的独裁者感到恐惧的。自

1 Leo Lewis，‘GE boss on mission to be big in China’，Independent on Sunday，3 February 2002，p. 5.

2 John Hazelton，‘China opens doors to Hollywood’，Screen International，no. 1261，2-8 June 2000，p. 8.

那以后，默多克采取了强硬的态度，他把英国广播公司国际电视台从他的亚洲星空传媒电视卫星上撤下。新闻国际对自由的捍卫不止于此。2001年3月，默多克的儿子、星空传媒的董事长詹姆斯，痛斥西方媒体对中国所做的过度负面描述。[1]人们不禁要问，在默多克控制下的众多新闻和信息渠道，在报道中国和其他商业利益受到威胁的领域时，能有多大的自由度？随着通用电气、美国在线时代华纳、迪士尼和其他公司纷纷进入这个市场，关键报道的空间正在迅速缩小。 86

本章认为，垄断资本主义范式所描绘的资本主义的资本集中和集中化趋势（3C命题）仍然是其经济逻辑的核心。然而，随着历史环境的变化，生产方式积累过程中所采用的精确的社会和组织形式也在不断发展。这些发展方式的变化（福特主义和后福特主义的转变，或者说是重叠）反过来影响了媒体——工业综合体所生产的文化产品。这些新的组织形式赋予资本主义表面上的多元性和多样性，但实际上正在发生的权力和资本的集中却掩盖了这一点。在子公司和分包商的帮助下，媒体公司适应并促进了更加细分和差异化的市场，但它们生产的文化产品是一种无处不在的分散积累逻辑的一部分，而这种逻辑的必然结果是媒体企业资本的集中化。因此，最终，我们可以整合垄断资本主义范式和后福特主义范式的方法是，通过探索弹性专业化理论的表象形式（碎片化、多样性、多元化、自主性等）和现实关系（资本的集中和控制）之间关键的马克思主义区别，当然这些现实关系一般是媒体政治经济学的研究范围。在马克思主义理论中，表象形式不仅仅是幻觉：正如我们所看到的，它们是由现实关系本身产生的。M型公司结构以利润中心的形式出现，实则是对造成全球市场媒体资本集中和多样化的主导企业的一种反应。在这个市场上，一家公司需要品牌灵活性来开拓细分市场。持续的垄断趋势对公共领域的影响，辩论、对话、真正的言论自由、多样性、教育、理性、最终的民主以及公共政策均具有深远的影响。要了解公共媒体政策的当前趋势，我们现在需要转向国家及其与资本的矛盾关系问题。

---

1 0 Danny Gittings and Julian Borger, 'Homer and Bart realise Murdoch' s dream of China coup', Guardian, 6 September 2001, p. 3.

4

87 国家：调节不可能

国家是阶级矛盾不可调和的产物。

——列宁，《国家与革命》[1]

现代国家首先是在特定的历史形态中形成的，以便能够对资本的独立生产单位产生的难以驾驭的离心力进行全面控制，它是一个结构对立的社会再生产系统。

——梅萨罗斯，《超越资本：走向转型理论》

马克思主义的规范目标是削弱并最终废除国家在男女事务中的权力。马克思主义对资本主义国家的分析和批判正是从这一目标出发的。国家与资本权力一起构成了社会中最重要的权力综合体之一，然而在许多文化理论中，这种控制和干预工具在影响文化生产和消费方面的作用往往被忽视。在媒体研究中，国家问题在影响媒体公司和制作人活动的媒体政策、法律法规和机构监管者的讨论中，表现得最为突出。然而，即使是那些被马克思主义国家理论影响或与之一致的理论，它们关于具体政策问题的讨论和辩论也是在没有明确的一般国家理论的情况下进行的。这里最大的问题是，它们给国家的批判性描述开辟道路的同时，又使得批判性的描述被纳入国家的自由主义理论中。因此，区分马克思主义国家理论和自由主义国家理论至关重要，这就需要一个明确的理论框架。自由主义的国家观念要求它管理社会中不同群体的竞争性合法诉求，通过平衡这些诉求，使得所有的利益都得到照顾，而不是一个集团占主导地位（Miliband，1987，pp. 4-5）。马克思的观点则不同，如果没有明确的国家理论，复杂

1　此处翻译参考《列宁选集》（第3卷），人民出版社，2012年，第112页。——译者注

的马克思分析——它拒绝将国家仅仅视为资本的傀儡——从表面上看，可能与批判性自由主义对国家及其与各种社会利益的关系的描述没有太大不同（Goodwin，1999）。 88
因此，必须强调的是，在自由主义理论看到正当要求的地方，马克思主义的观点要看到对立和不相容的利益；自由主义观点看到竞争，马克思主义的观点要看到权力关系的不对称领域；自由主义者认为国家是解决争端的理性机制，马克思主义者则认为国家是社会核心矛盾的缩影，不是站在矛盾之外或之上，而是将矛盾纳入自身的结构和策略。

如果我们要了解自由民主资本主义国家过去是如何运作的以及其运作方式最近发生了什么变化，我们就需要了解资本主义国家的具体情况。资本主义国家的特殊性在于其政治和经济领域之间形式上、制度上的分离，这种分离在自由民主国家中进入了最高的合法性阶段。正是这种政治和经济分离的矛盾和复杂性构成了本章的中心主题。正如我们将看到的，如果要理解国家的复杂性，就必须抓住这种真正的分离，然而，与此同时，这种分离必须在理论上加以弥合，因为在实践中，这种分离一直被同一种社会关系所破坏，这种社会关系首先将政治和经济领域（即资本主义和资本主义国家）分开。由于资本主义国家和自由民主的资本主义国家有许多不同的变体，其中每一个都基于不同的国情，具有不同的社会、政治、文化历史和结构，因此有着更深层次的复杂性。从理论上来说，国家必然需要一定程度的抽象，但这就要通过尽可能多的具体例子来说明。我们已经在前一章讨论了在公司结构变化的背景下国家角色的变化，我们还将研究全球化引发的国家和民族之间关系的问题。

“现实”：当代媒体政策趋势

新媒体格局可以追溯到20世纪80年代初，当时政治转向为新自由主义市场经济，并与新卫星和无线电科技相结合，允许大量私人资本进入曾经由公共服务广播公 89
司（public service broadcasting）主导的领域，不论是通过国家资助的，还是有公共服务广播公司的地方，例如在英国，诸如独立电视台的商业提供商要受到严格的监管（McQuail，1998b，p. 109）。欧洲各国，甚至世界其他地区，如印度和日本，对广播和媒体政策的思考都发生了“范式转变”（Humphreys，1996，p. 160）。显然，这一时期的政策并不统一。显然，这一时期的政策并不统一。尽管欧洲作了一些协调，但依然无法阻挡这一趋势的形成：公共广播（和其他公共）垄断被打破，许多私营商业经营者进入这一领域；商业部门的公共服务义务被缩减；消费者主权得到了提升；广播作为一个产业和可以赚钱的商品被重新评估，政策的关键问题成为如何确保该产业的“竞争力”（Meier and Trappel，1998，p. 40）。由于广播的产业和经济层面已成为媒体政策的重中之重，因此欧洲国家一度认为不言自明的文化和政治问题也随之被边缘化。曾经有一段时期，特别是1945年后，政府可以对自由市场的行为提出批评：它维持多样性和质量的能力，它对任何低于盈利标准的材料的排斥，它导致地区两极分化，它排斥那些无力支付服务费用的人，它被有影响力的私人所有者控制，所有这些都构成国家机器及其人员的外在形象。然而，尽管出现了私有化、商业化、媒体集中化和国际化的趋势（McQuail，1998a，p. 1），文化政治的问题仍然顽固地留在议程上；文化商品化产生的焦虑挥之不去，通过交换价值完全消除文化价值（将一切简化为量化/金融衡量）就像自由市场资本主义摆脱国家一样是不可能的。

联合国教育、科学和文化组织（UNESCO）认为：“问题不在于政府是否应该采取文化政策，而在于它们应该如何更有效地采取文化政策。”[1]文化商品不同于其他商
90 品，因为它们非常清楚地预示着生产和消费方式的社会化。文化产品“突破”了私人占有的模式（对消费者和生产者而言），并在某种程度上，它们明显地促进了意义的交流和交换，而像录像机、冰箱或汽车则不能。这是包括法西斯主义者、自由主义者和左派在内的各种代理人向国家申诉的基础（尽管通常不使用相同的语言和理由），他们会辩称，我们在文化方面打交道的不仅仅是一罐烤豆。在这些论述中，即使文化绝大多数是通过资本和市场产生的，但它也不能仅仅还原为经济和利润率，而是涉及身份、意识、历史、记忆、感知、愿望、信息和教育等无法量化的问题。因此，像大卫·普特南（David Puttnam）这样自由主义人文主义者会为电影的教育作用辩护，尽管它沉浸在利润动机中（Puttnam，1997，p. 357）。从历史和制度上看，这一点在广播和电视领域更加突出。

在国家的调节下，资本和劳动力之间的政治力量平衡是理解当前媒体政策制定中文化/政治问题边缘化的基本背景。出于我们将要谈到的原因，这是媒体政策辩论中经常被屏蔽的大局。力量平衡的改变——反过来会把文化和政治问题进一步推到决策关注的中心。毕竟，广播最初出现和成熟的政治环境决定性地塑造了它随后的公共轨迹。所以要强调政治是社会经济衰退的导火索，反对那些认为广播由于技术决定论而成为公共媒体的观点。与平面纸媒不同，广播需要一系列的无线电波，而且由于这是有限的，所以有人就认为，国家的参与不是出于技术需要，而是出于技术压力。阿萨·布里格斯（Asa Briggs）写道，“美国的‘以太混乱’令人震惊”，在那里，“无线电台的多样性和波长的稀缺导致了干扰和重叠”（Briggs，1961，p. 64）。然而，布里格斯也注意到在技术考虑的背后有一个更基本的“前景划分”（Briggs，1961，p. 65）。

1 UNESCO website：<http：//www.unesco.org/culture/policies/index.sht>.

然而，技术论点仍然是一种流行的解释，因为显然它为当今消除公共服务广播提供了一种明显非政治性的解释，因为随着电缆、卫星和数字服务的发展，频谱稀缺不再存 91
在[1]，因此，公共服务广播的基本原理也不复存在（Goodwin，1999，p. 131）。

有人认为公共广播服务的根源在很大程度上是技术性的，这种观点混淆了两种不同国家的参与。在资源稀缺的情况下，国家给合法的广播权发放许可证当然是必要的，不过国家资助/所有权则是另一回事。国家完全有可能向商业运营商发放许可证，当然，1927年美国联邦无线电委员会（Federal Radio Commission）成立时就发生了这种情况。如果在20世纪之交，广播作为一种制度性运作与电影同时发展，它肯定会被欧洲的商业力量所主宰。然而，20世纪20年代的欧洲政治环境却大不相同。这是垄断资本主义成为不可逆转趋势的时期，也是一个有组织的劳工对资本主义的混乱和周期性提出强烈抗议的时期。因此，在这个时期，国家开始更多地参与监管，实际上拥有大型工业，试图给国民经济带来一些稳定。这是“一个政府和经济学家的基本态度是……政府干预经济越少越好的时代”的终结（Hobsbawm，1968，p. 190）。因此，在英国，铁路于1921年合并，电力供应在1926年集中并部分国有化，同年无线电广播被确立为公共垄断；1927年，第一次对电影业进行了实质性的干预，旨在鼓励两家垂直整合的电影公司的发展（Chanan，1983，p. 57）；1932年国家发起了钢铁垄断；1933年伦敦运输统一为一个公共系统；1936年成立了一个全国性的煤炭卡特尔。由于政治选择，公共服务广播得到了发展（如今已经衰落）。

今天我们显然处在一个不同的政治背景下，这一背景对媒体政策分析产生了相应的影响。媒体政策分析已经变得非常务实，“长期追求‘现实主义’……缺乏理想主义、基本批评和对通信未来的愿景，这不仅仅是服务于全球市场”（McQuail，1997，
p. 43）。从媒体政策分析中抽离文化政治，就如同国家通过一种明显的“非政治”经 92
济逻辑进行的殖民化一般，这种逻辑给消费者想要的，而不是国家指定的精英需要的东西。柯林斯·穆罗尼（Cristina Murroni）被视为媒体政策宣传的一个例子，在某些方面，这种宣传的野心已经减弱。然而，他们的“现实主义”计划实际上是相当矛盾的。他们想要一个自由化的市场，但也想要一个能够维持竞争的监管制度（Murroni，1996，p. 9）。然而，问题在于，他们渴望的自由市场来自当前的政治背景，但他们又希望建立一个有足够能力保护文化目标的监管制度，而它可能又需要一个与当前不同的另一个政治背景——或许存在于过去或未来。

在这一点上，区分两种不切实际的政策分析可能是有用的。在评估一套特定的政治条件时，第一种分析有可能被认为是不现实的，但这没有什么错；事实上，这是相

1 UNESCO website：<http：//www.unesco.org/culture/policies/index.sht>.

当必要的。柯林斯和穆罗尼关于严厉监管的呼吁（如我们将看到的那样）就属于这一类，但这在很大程度上被他们需要自由化市场的声音所掩盖。第二种评估或分析可能也被认为是不现实的，因为话语内部存在矛盾。原则上，第一种评估可能在变化的政治背景下变得“现实”。相反，第二种评估可能表面上看起来更现实，因为它符合特定时刻的主流政治趋势，但实际上可能不如第一种“非现实主义”那么现实，因为内部概念混乱和不足。在我看来，理查德·柯林斯（Richard Collins）和穆罗尼对媒体政策的分析属于后一类。尽管存在对市场效率神话不加以批判就接受的情况，事实上，也有各种各样的意见是承认市场有缺陷的。他们认为，市场将消费者排除在外，存在垄断的趋势（Collins，1996，p. 9），而且为了规避风险，市场随着时间的推移使商品标准化（Collins，1996，p. 63）。但是这些结论是通过离散观察得出的，所以永远不会被综合到一个连贯的理论框架中。因此，每个问题似乎都有待行政、监管或技术的纠正。毫无疑问，这些问题，例如竞争与垄断之间的关系，是资本主义无法抑制的矛盾引起的，这是毫无意义的。资产阶级政治经济学和哲学的特征是，它们的思想
93 在“是”和“应该”、“事实”和“价值”、市场如何实际操作和他们希望市场如何操作之间，存在着一个真正的裂隙。这个裂隙正是国家尤其是监管机构想要寻求解决和弥合的。

然而，问题在于，他们具体的政策建议在第一种意义上听起来不切实际（与外部政治条件脱节），因为他们所希望的自由化和需要用以调和两者监管的矛盾，应该来自两种截然不同的政治背景。例如，为了保护多样性，他们担心编辑和新闻独立性被编撰成一个“权利”体系，并借鉴1977年皇家新闻委员会提出的建议（Collins and Murroni，1996，pp. 73-74）。这些权利包括：拒绝中央管理层提供材料的权利；确定报纸内容的权利（在合理的经济考虑和既定政策范围内）；开展调查性新闻报道和批评该报自己的集团或同一公司组织其他部分的权利。柯林斯和穆罗尼的特点是，他们没有讨论编辑和新闻独立性的压力（见本书第3章）。由于这些压力是系统性的，且在融合、多样化和国际化的媒体市场中不断被强化，因此任何实质性的考虑都会破坏编辑和新闻的热情。因此，如果委员会提出的权利（在不同的政治背景下）得到实际执行，它将使国家陷入与私有财产的冲突中。柯林斯和穆罗尼对政治和经济权力背景描述的缺失，使得他们调和自由化和有效监管的愿望变得非常不现实。就社会和文化义务而言，监管正是自由化试图要避免的。

另一个政策分析注重实用主义的例子是，托尼·贝内特（Tony Bennett）呼吁在文化研究中提出一个“修正计划”，该计划切断了与“对立模式”（Bennett，1997，p. 42）的联系，并着手“培训文化技术人员”（Bennett，1997，p. 53）。结果，文化研究以及与此相关的毕业生都远离了社会运动，尽管正如贝内特指出的那样，社

会运动与“社会行政和管理领域的不同选区的社会和政治需求转化为切实可行的行政选择”之间存在矛盾（Bennett，1997，p. 57）。这种语言故意平淡无奇，很难让人产生共鸣。但是为了将文化研究定位于某些有限的“实际效果”（Bennett，1997， 94
p. 55），贝内特提出了两个假设。首先，他假定自由民主资本主义国家的普遍性是不存在的。例如，这一计划对20世纪90年代推翻斯洛博丹·米洛舍维奇（Slobodan Milosevic）独裁政权的塞尔维亚学生会“奥特波”的学生来说就没什么意义。如果说这个例子对西欧/美国的读者来说有点奇怪，那么，其次，贝内特对乏味的文化政治的呼吁，不仅假定了自由民主资本主义国家的普遍性不存在，还赋予它一种同样值得怀疑的无危机的稳定性。人们只要想想美国媒体在向公众宣传美国外交政策干预方面所起的可悲作用，以及其没有就如何应对世贸中心恐怖（terrorism）袭击展开辩论，就会意识到将文化研究从社会运动中分离出来，并承诺在“切实可行的行政选择”范围内工作，可能涉及巨大的道德和政治代价。

构建国家理论

在前一章中，我们看到不断变化的公司资本结构使得这一体系呈现出多元化和多样性的表象。资本主义国家也是如此，它就是一个充满矛盾和表象的世界，在这个世界中，国家似乎是一个独立于社会经济领域的非个人的公共权力机制（Holloway and Picciotto，1991，p. 113）。和公司结构一样，这种表象不是幻觉，而是有真正的制度基础。然而与此同时——这也是区分表象形式和真实关系的关键所在——现实中存在着某些不完整、片面和不真实的东西。透过这些表象，我们不可避免地超越了强调国家自主权的社会民主理论。但是，当我们兴奋地将国家与隐藏在国家自治表象之下的真正资本关系联系起来时，我们必须小心，不要陷进相反的“庸俗”马克思主义错误，即假定国家和垄断资本主义之间有一个简单的同一性（Clarke，1991，p. 3）。透过这些表象，我们也超越了市场和经济行为者的新自由主义幻想，仿佛它们是独立于政治和国家的。

在思考国家如何运作与资本和其他社会阶层的关系时，我们有必要区分其两种运 95
作规则：积累和合法化（Habermas，1976，p. 96）。表4.1列出了这些活动。首先来看经济积累，在当前形势下，民族国家参与的最重要活动之一是国际贸易谈判，它为自由市场资本主义建立了法律和监管框架。进行谈判的最重要论坛是世界贸易组织，该组织于1997年制定了《服务贸易总协定》（GATS）。它包括一项特别条款，承诺民族国家开放和解除对电信市场的管制。正如美国电话和有线电视巨头AT&T驻布鲁塞尔的一位董事长所承认的："首先从这一新环境中受益的是具有国际雄心的运营商。那些拥有最大财务影响力、技术成熟度和产品多样性的运营商现在可以在全球范围内扩展市场。"[1]因此，我们必须区分国家退出它曾经保证的社会和文化义务，和国家通过协调国家间的法律法规和设定国际目标，广泛参与为国际资本主义内部竞争提供基本规则之间的差别。

表 4.1　国家的二重职能

积累	i　国际贸易谈判
	ii　国内政策
	iii　监管机构
合法性	同意：社会和文化义务
	强制：审查制度

积累还要求国家制定和执行媒体和文化政策，并设立监管机构监督媒体行业的日常运作（特别是广播、电影、新闻有自己的自我监管机构）。但是，如果没有资本主义制度的持续合法性，国家在协调和管理积累方面的活动就不可能发生。合法化有同意和强制（consent and coercion）两种模式。众所周知，安东尼奥·葛兰西首先在马克思主义传统中探索了同一模式，通过这种模式，国家登记并容纳从属阶级的利益和需求，而这些利益和需求都可以被引导到资本主义的范围中。要想赢得从属阶级
96 对统治阶级统治的同意，即葛兰西所说的霸权，就需要后者对前者做出战略让步和牺牲，但不"触及本质……领导小组在经济活动中核心的决定性作用"（Gramsci，1971，p. 161）。

在媒体和文化政策领域，积累战略会受到市场无法满足的社会和文化义务的影响，这一点是很明显的。这种特许通过直接文化补贴（例如公共服务广播）和（或）监管监督［艺术委员会（Arts Council）、电影委员会（Film Council）、通信管理局（OFCOM）等］实现。显而易见，当前的特点是，国家为促进资本再生产而从资本中提取的特许权数量减少。同意不仅仅从"下面"登记利益和需求，还包括国家通过媒体、自己的机构、管理和解释数据进行"反击"，并以这种方式制定辩论和议程。因此，国家退出保护社会和文化义务的做法自相矛盾地牵涉到广泛的国家宣传，旨在说服和哄骗民众接受灵活、放松管制的劳动力和消费市场的"好处"。

国家还努力通过更具强制性的手段来维持这一体系的合法性，借此可以动员法律机构来遏制对国家或公司的威胁。围绕国家安全、诽谤和版权有一整套法律，无论是

1　InterMedia，May 1997，vol. 25，no. 3，p. 6.

国家、公司还是富人都可以使用这套法律来限制媒体的言论。英国的诽谤法尤其严格，因为他们规定被告有责任证明指控的真实性（Petley，1999，p. 145）。合法的关注或怀疑可能成为媒体的禁区，除非他们在发布之前有铁证。例如，知名环保杂志《生态学家》（*Ecologist*）[由百万富翁泰迪·戈德史密斯（Teddy Goldsmith）资助]发行了一期特刊，批评基因工程公司孟山都（Monsanto），结果这期特刊被自己的印刷商打成纸浆，因为这些印刷商担心自己会被该公司起诉。[1]警察联合会通过审判、审查来压制电影《非正义》（*Injustice*）（Ken Fero and Tariq Mehmood，2001，GB），这部电影调查了黑人在警察拘留期间的死亡案件。在英国各地的放映活动中，警方律师在放映开始前给电影院发传真，警告它们可能会被诉讼，并迫使经理们将电影院的资产置于言论自由之前。[2]由于被迫转入地下，电影制作人在最后一分钟开始转移放映地 97
点（咖啡馆、大厅等），这是一种向游击队电影院的回归，这种电影院曾经与第三世界的独裁政权有关系（Wayne，2001，pp. 56-60）。

最后，国家可以诉诸直接的武力——事实上，对许多学者来说，国家对所谓的合法力量的垄断是其决定性特征之一。在2001年9月11日世贸中心大楼被摧毁后的阿富汗战争期间，美国飞行员“意外”轰炸了半岛电视台（Al Jazeera）在喀布尔的办公室。半岛电视台是一家阿拉伯电视台，它在播放了奥萨马·本·拉登的录像带后变得引人注目。这被认为是本·拉登的一次政变宣传，美国显然对它造成的影响感到不安。与此同时，在美国国内，白宫新闻秘书阿里·弗莱舍谴责美国广播公司讽刺节目《政治不正确秀》（*Politically Incorrect*）的主持人比尔·马厄（Bill Maher）。此前他曾质疑，在飞机撞向一栋建筑时，待在飞机上的人们是否是“懦弱的”。弗莱舍反过来警告说，所有的美国人都必须“注意他们的言行”。随后迪士尼/美国广播公司拒绝与马厄续签合同。

政治和经济

在所有早期的生产方式中，占主导地位的社会经济阶层也控制了国家机器。资本主义的新颖之处在于，它是第一种将政治和经济领域割裂开的生产方式。主流媒体讨论的是从政治权力和制度中抽象出来的产业经济学，而媒体政策制定的政治讨论的是从社会经济关系中抽象出来的。这种意识上的严重分化，其社会根源在于政治和经济

---

1 Paul Brown，‘Printers pulp Monsanto edition of Ecologist’，Guardian，29 September 1998，p. 5.

2 Adrian Cooper，‘My tears will catch them’，Sight and Sound，October 2001，pp. 30-31.

权力体制的分离。时代华纳、威望迪和贝塔斯曼等公司的首席执行官不会与资本主义竞争对手一起出现在各自国家的立法会议或内阁中。这并不是说商人不会成为政治家。迈克·戴维斯（Mike Davis）将美国总统乔治·W. 布什（George W. Bush）和他的百万富翁内阁描述为“实际上是能源和国防工业的执行委员会”。[1]资本对行政人员的殖民化表明，这个自由民主的资本主义国家就像鱼一样，从头到脚都腐烂了。在
98 2001年9月11日之前，布什与跨国公司的密切联系无疑是个问题。这个问题也困扰着2001年再次当选的意大利总理西尔维奥·贝卢斯科尼（Silvio Berlusconi）。作为一个媒体大亨，贝卢斯科尼拥有控股公司菲尼维斯特（Fininvest），该公司在电影制作、出版和电视网络方面拥有控股权。而且，贝卢斯科尼拥有意大利最大的三大私营广播公司。作为总理，他还拥有意大利国家广播公司（RAI）的任命权，从而可以有效地控制和/或影响95%的电视媒体。在欧洲内部，贝卢斯科尼是一个特例，这种不合法的污点使他的政府容易永久陷入危机。但即使是在他的政府中，贝卢斯科尼也是个例外，他所依赖的都是传统政客（如果说是非常右翼的话，也是“后”法西斯主义的）。贝卢斯科尼政府的意识形态危机表明，如果首席执行官们直接参与政府，将会削弱自由资本主义国家的政治合法性。而这种合法性又是西方媒体报道的基础。西方媒体很少探讨民选官员的活动与资本之间的联系和关系网络。但考虑到良好的社会经济原因，首席执行官们作为公司代表一起出现在内阁的想法无论如何都是不可能的。一般来说，公司代表无法为资本提供必要的凝聚力和方向，因为他们只会为自己的特定公司利益服务。

马克思将资本家描述为一伙敌对的兄弟，而资本家阶级内部的竞争是他们需要国家的一个非常有力的原因。国家的作用之一是给竞争提供一个法律框架，并在合法性被破坏时提供裁决机制。例如，2002年，法国公司“运河加”（Canal Plus）对由鲁珀特·默多克新闻集团控制的国家安全局提出指控。国家安全局被指控的原因是，它利用以色列的一个实验室破解了由运河加电视公司生产的电视智能卡的代码，这些智能卡被默多克的竞争对手用于订购电视节目。运河加电视公司声称，这些代码随后被一家接受国家安全资助的网站公布，从而造成了智能卡的黑市和公司的财务黑洞，比如
99 默多克的竞争对手英国独立数字电视台（ITV Digital）使用这些代码。无论如何，从其他在法庭上曝光的商业实践的例子来看，很明显，如果没有国家，资本主义将很快沦为商业军阀主义。

因此，伊斯特万·梅萨罗斯（István Mészáros）将国家定义为提供“资本的总体政治指挥结构”（Mészáros，1995，p. 49），因为它试图对“资本的不同生产单位产生

1 Mike Davis，‘Great and glorious days’，Socialist Review，no. 262，April 2002，p. 23.

的具有破坏性且不受控制的离心力”（Mészáros，1995，p. 50）施加某种控制和凝聚力。阶级内部竞争意味着国家在某种程度上独立于特定的资本代理人，但这种独立性成为它融入一般资本范围的一个困扰。因为一旦国家作为一个独立的政治领域被建立起来，它就成了所有相互竞争的“不守规矩”的资本单位寻求施加影响的目标和汇合点。一位部长飞往国外，如果这是一次高调的访问，媒体无疑会报道。但在电视和报纸的报道中，仍然看不见或最多只是被间接提及的是和部长在同一架飞机上的一大群商人（他们通常是男人）。部长与商人们同行的目的是想扩大他们在国外的商业利益。部长在这一层面上独立于任何一个资本的人格化，他或她其实就是资本销售代理人。

国家一般代表资本运作，但我们必须要注意，因为暗示资本本身具有普遍利益是错误的。如果是这样的话，那么国家的任务将比实际上简单得多。尽管资本具有非常广泛的普遍利益，即确保资本积累的条件，但在制定和实施具体政策和战略时，资本没有普遍利益，只有大量相互竞争的利益。因此，虽然国家一般代表资本工作，但这种工作可能具有冲突性，因为资本在大多数具体情况下没有普遍利益（撇开对整个资本大厦可能的革命威胁不谈）。例如，保守党政府（Conservative government）1988年的广播白皮书就已关注将独立电视台重组为一个更加市场化的网络。为此，白皮书提议将广播特许经营权（执照）拍卖给出价最高的竞标者。此举表明，节目的“质量”，即节目的文化价值，对政府来说根本毫无意义。这个提议遭到了“激烈的争
论”（Goodwin，1999，p. 138）。这些已经作为广播公司运营的公司与工会、消费 100
者团体等联合起来反对这项计划。“有批评人士指出，急于从承诺的繁荣中获利的新来者会高估他们的出价，然后留下不足的现金来制作他们的节目”（Mattelart，1991，p. 102）。现任资本家和潜在的新来者之间的竞争有助于削弱资本主义集团。在这种情况下，“质量”因素一旦被引入竞标过程中，就会让现任资本家获得优势，因为他们可以指出自身在创造文化价值而不仅仅是经济价值方面的记录。

同样重要的是要认识到，国家并不是一个与分裂的资本单位相对立的同质的统一体。国家机器内部本身是分裂的，它的不同部门和组成部分与更广泛的社会中相互竞争和冲突的利益有着传统的联系、倾向和联盟。这种国家内部的分化不应该被理解为自由民主条件下的某种权力平衡。因为国家的这些部门特点是权力不对称，倾向于国家之外的少数人利益。这点在欧盟官僚机构中表现得非常明显。负责发起欧盟（European Union）政策的欧洲委员会（European Commission）由不同的机构组成，例如第三总局，它在20世纪80年代率先制定了放松电视自由市场管制的政策，而历史上与较老的公共服务广播公司有联系的、较弱的第十总局则成为某种温和的、反压力的工具（Humphreys，1996，p. 269）。这种反压力的最新成果是1997年发布的对1989年自由市场《电视无国界指令》的修正案。修正案规定：

> 成员国仍可自由地对其管辖范围内的广播机构制订更详细或更严格的规则……涉及实现语言政策目标，保护电视台作为信息、教育、文化和娱乐提供者的公共利益。[1]

在这里，我们看到了文化政策的小幅回归，而不仅仅是经济野心。这种文化标准重新出现的原因指向了我们需要接受国家的另一个特征。州不是孤立存在的，而是作
101 为州际系统的一部分，州际系统有两个基本特征：它是一种等级制度，其中一些州比另一些州更强大；它也是一种由各州联盟和竞争拼凑而成的制度（就像公司一样）。州所在国家的大小以及资本在国内的集中和集中化——这是该州运营税收的基础——对于决定该州在权力和影响力等级中的地位至关重要。作为不平等民族国家竞争联盟的成员，欧洲精英在20世纪80年代末和90年代清楚地认识到，他们的自由市场视听政策可能导致电视市场充斥着美国进口商品，因为商业广播公司购买这些商品的成本可能比自己制作（欧洲）节目更低。美国制片人以低价出售节目，因为和电影业一样，他们通过向自己的巨大市场销售来弥补成本。但对于欧洲内部的一些资本主义企业以及德国和英国等一些国家来说，这几乎不成问题。对于欧洲一些较小的电视生产商，比如法国，以及公共服务广播公司来说，这种所谓的"文化倾销"代表着一种威胁。围绕着这种威胁，一直存在着一些持续的斗争。例如，《电视无国界指令》中就包含了配额，这是一项受法国启发的措施，目的是限制欧洲广播公司进口美国电视的节目数量。配额规定了50%的上限，但由于一项允许广播公司"在可行的情况下"坚持配额的条款，配额被致命地削弱了。1997年的修正案只是这场持续斗争中的另一个中转站。

事实上，国家调控的资本主义内部竞争不仅是本国资本单位的竞争，也是本国资本单位和国际竞争者之间的竞争，这是决定媒体和文化政策最重要的社会断层线之一。如果资本和"传统"工人阶级之间的关系为政策奠定了总基调，那么国家知识分子和国际资产阶级（以及他们的国家"买办"资本盟友，如电影放映商）之间的断层线就是决定媒体政策更直接的阶级关系。知识分子是一个高度分化的群体，占据着国家机器，作为小生产者（小资产阶级），与资本重叠；作为文化工作者，与雇佣劳动
102 重叠。

文化资本在知识分子中的不同构成，例如，他们是否面向大众市场或更多的艺术观众，也是一个关键的区别。以大众艺术为导向的电影制作人和制片人一直在对好莱坞主导的国家（世界电影市场的大部分地区）施加压力，要求他们保护自己的国家免

---

1 <http：//europa.eu.int/eur-lex/en/lit/dat/1997/en_397L0036.html>.

受好莱坞的商业冲击，甚至通过各种措施来帮助他们，如减税、配额、补贴，以促进国内产业的发展（Moran，1996）。于是，国家就陷入了两难境地，一方面是这些游说人士对国内电影制作重要性的经济和文化主张；另一方面是与美国商业利益相冲突的政策行动很容易激起美国政府的愤怒和权力。在英国，这些压力、紧张和妥协的最新结果是成立了电影委员会，它由国家彩票资金资助，其任务是为电影的商业和更独立的两翼提供连贯的政策支持。这包括对电影制作、发行和营销以及培训和教育活动的直接补贴。然而，无论是电影委员会还是英国政府，都不会触及北美资本对关键分销网络的支配地位，因为它们受到的美国的保护几乎与石油管道一样多。

欧洲有两个促进视听文化的方案。媒体方案（MEDIA programmes，包括MEDIAI，MEDIA II和MEDIA Plus）是由法国通过欧盟委员会推动的。MEDIA I在1990年至1995年期间运行，MEDIA II在1996年至2000年期间运行，MEDIA Plus在2001年至2005年期间运行。该方案的重点是培训专业人员、开发项目和公司、分发和宣传电影、电视工作，以及为电影节提供资助。然而，其预算非常有限，反而限制了它的工作，这反映出“它的赞助总干事”DGX“在委员会官僚体系中无法发出一个强有力的声音”（Humphreys，1996，p. 281）。另一个方案“欧洲影像”（Eurimages）是由法国人于1988年通过欧洲委员会设立的，这也反映了法国历史上优先发展文化的特殊传统。它的预算也非常有限，证明了文化政策与产业导向政策的斗争和从属地位。在新的政治框架内，这种国家干预称为新社团主义（Jessop，1997，p. 268）。他 103
们作为社团主义者，就像在旧福特主义/凯恩斯主义时期，各国试图在不同的社会主体之间达成共识，但他们是“新”的，因为政治重心已经转移，而且干预是在新自由主义的基础上进行的。其中，新自由主义的基础是鼓励国际竞争力，使市场发挥作用，消除竞争领域中的不平等。“欧洲影像”为欧洲的电影制作人提供直接补贴，通过资助两个或两个以上基金付费成员国家之间的联合制作，鼓励跨国合作。“欧洲影像”现在有两个方案，一个强调电影的发行潜力（这是经济方案），另一个强调其“文化”潜力。在这里，方案的“艺术和文化价值”至关重要。[1]然而，围绕文化政策及其从属于经济和产业的政策的思考却很少，也没有解释“文化价值”实际上可能意味着什么。更令人失望的是，联合国教科文组织为思考文化目标制定了一些自由的人道主义标准。在这方面，至少应该讨论文化多元主义的价值、消除歧视的必要性、扩大特别是妇女获得文化生产的机会的必要性、文化在促进赋予权力和公民权方面的作用等。但这些在“欧洲影像”方案中都没有体现，更不用说更为激进的文化价值观了，例如，这可能将文化“对话”的自由概念强化为文化在思考焦虑和社会冲突中的

1 Eurimages website：<http：//culture.coe.fr/eurimages/eng/eeurprof.lm.html>.

作用，而这些焦虑和社会冲突在官方新闻媒体或政治话语中很少得到传播。这当然是主流流行文化一直在做的事情，尽管经常是拐弯抹角的，并打着“纯粹的”娱乐的幌子，一项旨在利用这种沉思力量的激进文化政策，将试图引出这种通常隐含的社会评论，并从社会进步的方向表达出来。

国家的限制

政治和经济领域的分离既是表象也是现实。作为一种表象，它助长了对国家自主权的夸大；作为一种现实，它对国家实际上能够控制和做的事情施加了真正的限制。
104 这里需要指出的是，凯恩斯主义改革派夸大了国家权力，他们希望国家能够解决资本矛盾，而国家向经济领域的扩张有时被认为是社会主义的同义词。然而，对马克思来说，国家是问题的一部分，但不是长期的解决方案。那种将国家从社会生产生活的“外部”和“上层”渗透，就可以纠正制度的不平等的观点，与马克思的计划是格格不入的。对马克思来说，社会主义的特征是一种更加解放的计划，在这种计划中，控制权从社会生产生活的“内部”和“底层”被收回。如果国家权力的扩展是对民众要求保障某些权利的压力的回应，或者它提供的条款会夭折，那么这就代表着国家行为在纯粹的市场关系上取得了一些进步，理应受到捍卫。我之所以这么说，是因为我们不能忘记，这种社会控制模式正通过精英阶层结构被淘汰，而无论如何，精英阶层结构一直处于被资本包围的危险之中。对马克思来说，资产阶级的真实生活是在资本主义内部对直接生产者剩余价值的对抗性提取（以及通过进一步剥削消费者，将剩余价值作为利润来实现）的竞争中，而不是在这一过程（国家领域）的法律规定和管理中。

只要国家试图通过政策发挥协调和凝聚力的作用，它就渴望某种形式的社会性。这是资产阶级哲学的国家观，从G.W.F.黑格尔（G.W.F Hegel）的“公务员和国家官僚作为一个普遍阶级的形象”，到托尼·贝内特呼吁文化技术人员将社会“不同群体”的要求转化为“实际的行政选择”。国家的问题在于，正如马克思所描述的那样，它的社会性是在节后（“盛宴之后”）。在社会生产生活中，存在着根本性的社会对立和冲突，然而国家的作用被认为是在生产的“盛宴”之后以某种方式出现，并调和、解决这些矛盾。因此，作为一种后节日干预模式，国家在真正的社会性之外。它是从外部嫁接的，导致其补救行动持续失败（Mészáros，1995，pp. 475-476）。

因此，竞争政策的问题之一是，随着资本扩张动力的实际运动和活动超过了政策
105 的速度，关于什么是可以接受的媒体集中度的标准在不断地提高。继1990年英国广

播法案建立了一个新的具有竞争性的独立电视台之后，保守党政府在1993年进一步放松管制，允许大型地区性公司合并（Humphreys，1996，p. 217）。2002年，新工党（New Labour）的白皮书为这一合并过程中的两家幸存者——卡尔顿（Carlton）和格拉纳达（Granada）——合并为一家公司奠定了基础。这些发展表明了国内市场和国际市场之间矛盾的另一个特点。尽管各国都希望在国内市场保持最低程度的竞争，以促进（受市场监管的）创新，减少对任何一家公司的依赖，并将消费者权益组织拒之门外，但随着企业在寻求国外市场竞争所需的规模经济或避免被外国竞争对手吞并时，国际化的逻辑必然会削弱多样性。国家确立的竞争多元化目标不断被垄断倾向所粉碎。例如，英国独立电视台的地面数字平台就是为了对抗默多克旗下的英国天空广播公司（BskyB）而设计的。然而，当独立电视台为足球转播权支付了过多的费用后，它就被法院接管了。英国卫星广播公司在经历了短暂的令人尴尬的“竞争”后，于1990年与鲁珀特·默多克的天空广播公司合并。独立电视台的亏损将反过来对政府政策产生另一种影响，即它希望在2010年人人都转换成数字电视之后，关闭模拟广播信号（然后拍卖给电信公司）。现在看来，关闭模拟信号所需的95%的数字转换要到2018～2020年才能实现。

市场中的政治解体

20世纪，随着政治特权的扩大，国家作为阶级妥协和协商同意的机制得到极大的发展，而政治特权反过来又为国家通过增加社会支出、建立福利国家和组织文化权利来调解阶级冲突提供了工具（图书馆、博物馆、艺术基金、公共服务广播）。国家活动的扩张——其成熟形式是“福特主义和凯恩斯主义福利国家之间的战略一致性”（Jessop，1997，p. 261）——及其对经济生活的干预是高度矛盾的。尽管它试图为该 106
体系提供经济稳定和意识形态凝聚力，但随着该体系在20世纪70年代陷入深度危机，国家的广泛干预意味着它将“经济阶级斗争越来越多地引向自己的领域”（Hall et al.，1978，p. 214），这反过来暴露了国家事后社会性的局限性，因为它未能解决这些冲突和分歧，以满足资本或劳动力的需求。

我们可以在安南勋爵1977年的《广播未来委员会报告》（Annan Report）中听到这场危机的回声及其对广播的影响。该报告指出了社会共识和公众舆论一致性的瓦解，以及一系列“社会内部的分歧，阶级、世代与性别之间的分歧，南北之间的分歧，各省与伦敦之间的分歧，实用主义者与理论家之间的分歧”（Annan，1977，p. 14）。随着新一代节目制作人进入广播行业并阐述这种新的不和情绪，广播公司和国家之间的关系变得紧张起来。与此同时，由于公众舆论也是四分五裂的，关于广播公司和公众之间关系的争论也越来越多：

> 所有政治派别的人都开始反对很多带有偏见或令人讨厌的节目。但也有一些人同样热情地坚持认为广播公司缺乏足够的挑战，他们因为受到政府和既得利益者的恐吓制作了一些掩盖社会进步的节目支持现状。（Annan，1977，p. 15）。

在安南报告发表的十年里，尤尔根·哈贝马斯提出，国家对社会和文化生活的扩张使以前被视为理所当然的、不受社会控制的活动发生了变性（Habermas，1976，pp. 68-75）。国家的广泛参与使社会、文化和经济生活政治化；换句话说，政治和经济领域的分离在某种程度上被福特主义/凯恩斯主义国家打破。后福特主义者对国家的战略退出——并非一般的监管，正如我们所见，甚至自由市场资本主义都要求的——而是从社会对资本所承担的社会和文化义务中退出，反过来又可以理解为试图
107 重新自然化市场关系，或者至少从市场关系中排除权力、不平等等政治问题。回顾第1章的论点，我们知道工人把劳动力出卖给资本的目的是为了工资。资本生产和再生产的第一个条件是，劳动者本身没有生产资料，因此为了生存，必须进入劳动力市场，并在一天的一段时间内把自己的身心卖给资本，而资本有权随心所欲地处置工人的劳动。我们也知道，工资低于劳动生产的实际价值；工资与劳动力的全部价值之间的差额是资本控制和吸收的盈余。然而，这项交易具有平等、公平、自由和个性的表象，并最大限度地减少可能使生活无法忍受的暴力和胁迫感。买卖双方之间的交易，无论是工人向资本出售自己的劳动力，还是消费者购买产品，都是交换的领域。正是在这个“嘈杂的领域里，一切都发生在表面上，并且是在所有人的视野之内”，马克思在《资本论》（*Capital*）中把我们带到“生产的隐蔽场所，在那里的门槛上，我们面对着‘除了工作之外不得入内’”的问题（Marx，1983，p. 172）。在隐秘的生产场所中，马克思发现了对剩余价值的无形榨取，以及社会统治、阶级权力、不平等、强迫和在交换领域中对个性的压抑。

然而，在成熟的福特主义时期，作为形成同意的一种手段，国家活动的扩大确实开始使政治和经济领域的分离变得复杂且不可收拾。显然，国家需要采取行动来纠正交换领域，以解决在自由、个性和平等表面下涌现的不平等现象。在过去的30年里，随着媒体和其他公司资本的自我重组，我们所看到的是一种新的积累和合法化制度以及一种新的发展模式，这种发展模式使国家从许多社会和文化领域中退出。在这些领域，国家以前就建立了一种普遍的供给模式，并以更具政治“中性”的行政和技术性

质的监管取代了社会和文化义务。这样国家的政治危机在短期内得到了解决，因为它宣布自己已经进入一个不应该被卷入的领域，除非它作为自由市场的担保人。政治化和一个负责集体权利的可见的中央机构被一种新的自然化所取代，这种自然化是由市场关系的原子化所编织的，它再现了劳动力市场的表象——消费领域的平等形式，消 108
除消费者之间的不平等和消费者与企业文化提供者之间的不平等权力关系。现在，全民供给成为一系列经济差异化的生活方式（即使在医疗保健领域也是如此）。我们在公共服务广播中看到的是，根据个人选择（由支付能力和公司提供意愿决定）重新制订普遍条款，并试图从劳动力的可支配收入中提取更大数额以用于提高私人资本的利润率（例如，英国天空广播公司卫星服务的高端服务每年约为400英镑，是普遍许可费的四倍。）在政策制定者、分析师和经济学家看来，“公民”这个政治化的术语，因为要求国家改善自身而带来过重负担，取而代之的是自由的消费者。这种关于变化的叙述已经深入人心，从政治和文化到经济、市场和消费者欲望的转变，甚至连赞同文化目标的作家也承认这一点。因此，丹尼斯·麦奎尔（Denis McQuail）用以下方式描述了公共服务广播的转变：

> 非商业主义还表现为对教育和文化内容的积极歧视，这种歧视远远超出了基于观众需求的合理范围……以正常的观众市场标准衡量，非商业主义的这一特点包括普遍拒绝满足大众对电视娱乐的需求（McQuail，1998b，p. 110）。

在这里，我们可以非常清楚地看到二元对立：非商业化在政治上是受管制的，文化上以目标为导向，而商业化是市场导向，满足了观众的需求。然而，问题理所当然地再次被认为是政治和经济分离的表象形式。事实上，这两者是不容易分开的。我们已经从经济学角度审视并批判了所谓的国家自主权，但我们现在需要批判新自由主义市场幻想，即市场在国家及其政治框架中自主地运行。事实上，没有所谓的“正常观众市场标准”可以中立地衡量受众的需求。我们不能从市场运行的特定制度和社会条件中抽象出市场标准。大众文化就是在这些条件下建构的。正如凯恩斯主义经济学 109
家威尔·赫顿（Will Hutton）在对新自由主义实验的批评中所指出的那样，“市场嵌入在一个赋予市场价值和优先权的社会和政治制度网络中”（Hutton，1996，p. 20）。例如，在一个特定的电视生态中（比如公共服务生态，直到20世纪80年代末一直占据主导地位），一部有600万～700万观众的纪录片足以称得上是“受欢迎”的，也就是说，它被认为是拥有可持续的观众份额。然而，竞争生态的政策发生了变化，例如，通过增加广告收入的竞争，突然之间，标准就成了这样：纪录片的观众需要达到

900万～1,000万才能称得上是“受欢迎的”，这在新的运营环境下才是可持续的。在这种转变中，改变的不是观众，而是其他政治和经济因素。

广播的形式和方向太重要了，不能听任消费者的意愿。观众几乎没有被邀请参加任何一场关于他们可能想要什么样的广播系统的公开辩论。事实上，上一次关于广播业未来的实质性辩论是在1977年的安南报告中。从那时起，广播业的发展是由企业而不是受众需求推动的。当英国建立公共广播服务时，媒体所有权一般集中在单个部门。因此，开放商业电台的政策并不完全受报纸资本的欢迎，因为这是一种新媒体，将会与报业竞争广告收入。实力雄厚的媒体大亨比弗布鲁克勋爵（Lord Beaverbrook）主要担心的是，新媒体不应该被广播制造商所主导。如果公共服务模式阻止了这一点，并对其广告收入有影响，那么他就准备给英国广播公司第一任总监兼公共服务建筑师约翰·瑞斯（John Reith）提供一些支持（Briggs，1961，p. 160）。但是随着媒体帝国的成熟和多样化，从单一媒体到多媒体，只要能够打破公共服务机构对行业的控制，广播的商业化就不再是一个威胁，而是一个创造更多广告收入的机会（Hesmondhalgh，2002，pp. 112-113）。与此同时，广告支出对发达资本主义越来越重要，它有助于加快商品流通，区分本质上相似的产品，并创建品牌，提高进入市场的壁垒，同时将广告预算较小的竞争对手边缘化（Sinclair，1989，p. 33）。媒体
110 也是刺激基于债务的过度消费的重要工具，学者们将其与后福特主义时代联系起来（Heffernan，2000，p. 21）。阿曼德·马特拉（Armand Mattelart）认为，广告支出的增长、媒体与企业的融合、广告公司的整合与融合以及政府对广播媒体自由化的压力之间存在着紧密的联系（Mattelart，1991，pp. 49-50）。1987年，法国主要公共电视频道法国电视一台（TF1）的私有化将广告空间从每天18分钟增加到每小时12分钟（Mattelart，1991，p. 106）；1989年，荷兰废除了限制广告占广播时间5%的法律；1980年至1987年期间，欧洲电视广告增加了181%（Mattelart，1991，p. 107）。2001年，负责监管商业电视的英国独立电视委员会修改了高峰时段允许播放的广告数量上限的规定。从下午6点到11点，平均每小时从7.5分钟增加到8分钟。增长的30秒的价值进一步累积，在高峰时段，一个受欢迎的节目可以播出比平均水平更多的广告，而在接近下午6点和11点时，播出比平均水平更少的广告。因此，第四频道的《紧急救援》（*ER*，从晚上9点开始）现在有三个广告时段（而不是两个），大约在晚上9点15分、9点30分和9点42分，总共10.5分钟（一个小时内允许的最长时间）。额外的3.5分钟广告时间对广播公司来说价值数百万。地面商业电视监管制度的这一小小改变，不过是公共领域商品化的又一个微小时刻，其结果是观众的观看体验不断被打断，更重要的是，电视广播公司对“流行节目”（注入股东口袋的广告收入数量）的预期门槛又提高了几个档次。

没有任何关于广播方向的公开辩论意味着，在公共服务框架内扩大电视服务的选择从未被考虑过。虽然可以合理地假设人们希望在提供服务方面有更多的选择，但在公共服务框架内，选择适度扩大本可以使得供给更便宜、更普遍，而不是看到普遍供给（体育和高质量电影）被纳入订阅服务。然而，很明显，公共服务的原则和做法与资本完全不相容。商业广播公司对以年轻观众（一个重要的广告群体）为目标受众的英国广播公司三台的敌意充分表明，任何公共服务选择的扩张都会遭到商业部门的强 111
烈抵制，因为这种做法会影响商业部门的财务状况。考虑到自20世纪90年代末以来媒体广告支出的下滑，这种情况尤其严重。这次衰退表明又一次出现了生产过剩的情况，供给（由广告资助的商业媒体，其扩张一直在推动媒体政策）和需求（广告支出）的分化，就像互联网崩溃时一样。与此同时，政府对英国广播公司三台的娱乐输出设置了严格的限制，以保护商业广播公司，但与此同时，商业广播和多个频道的扩张对英国广播公司施加了强大压力，迫使其争夺观众份额，使许可证收费得以实施。然而，在巩固其财务的基础上，英国广播公司通过模仿商业广播公司，削弱了其文化独特性的基础。这种双输局面是英国广播公司的矛盾，最终源于历届政府广播政策的矛盾。自由主义者将国家视为商业和公共服务广播提供商之间的平衡，马克思主义的矛盾概念表明，政策不是在不同的利益之间进行公平的权衡，而是对结构上不可解决的冲突进行不连贯的管理。

民族—国家中有问题的连字符

图4.2总结了前几页关于国家、资本和劳动关系的关系。但我现在想再次回到马克思主义国家理论，讨论它在许多方面的盲点，那就是文化问题及其在获得同意或解开国家与其部分公民之间紧张关系方面的作用。直到最近，在许多关于国家的文章中，人们的盲点一直是假设国家和国家是不可分割地联系在一起的。然而，当代关于民族国家的著作强调，这两个词在很大程度上是脱钩的，既有由于与精英统治的国家相对应的使国家多样化的人口迁移而从“下面”脱钩的，也有由于文化和金融在全球市场上的流动而从“上面”脱钩的。阐明文化与国家关系的一个方法是将民族国家重新塑造为文化与政治之间的纽带。因此，国家就是这样一个文化资源和实践的领域。国家把自己包裹起来，在其机器和公民之间建立一种情感纽带。后者不太可能特 112
别愿意为农业、食品和渔业牺牲，但起伏的青山、潺潺的溪流、黎明的薄雾、放牧的羊和啁啾的鸟类，调动了一种能够形成高度主体性、甚至激烈地忠于国家的资源（Eagleton，2000，p. 61）。作为回报，国家的资源不再仅仅是地方实践、表象和自我

概念的集合；通过把自己与国家联系起来，它们就依附于作为人民意志集中体现的全球普遍的理想。正如特里·伊格尔顿（Terry Eagleton）所说，“部落的成员资格由此让位于世界公民身份”（Eagleton，2000，p. 58）。因此，诗人和电影制作人被视为代表了围绕最高形式的社会和政治联系而组织起来的特定人群的特征。在国际市场上，一系列狭隘和占主导地位的国家形象和与国家认同的联系被动员起来，以促进商品的交换，不管是电影、电视等媒体产品、制造业产品还是旅游业（Wayne，2002a）。所有这一切都反映在国家希望通过联合来提高自己的声望和地位，如果这些陈述不恰当地被予以肯定，国家就可以进入文化生产领域，并“鼓励”这样或那样的支持。国家经过市场过滤后回归自己，然后将一种高度自我选择性和同质化的代表输出给其他国家，这种狭隘性因此得到国家的强化，而国家又总是由种族和阶级集团主导，这并不反映实际生活在国家内部和国家统治下的人民的多样性。由于“民族国家中存在社会利益、文化和领土的不平等代表”（Castells，1997，p. 270），那些边缘化的“被压抑的身份”总是周期性地试图寻求机会来重新谈判国家契约。区域分权（有时是针对被并入较大民族国家的较小国家）和反对种族主义、种族歧视的运动是这种重新谈判的两个迹象。在这两种情况下，媒体表现都成为认知、观念和身份之争的关键场所。

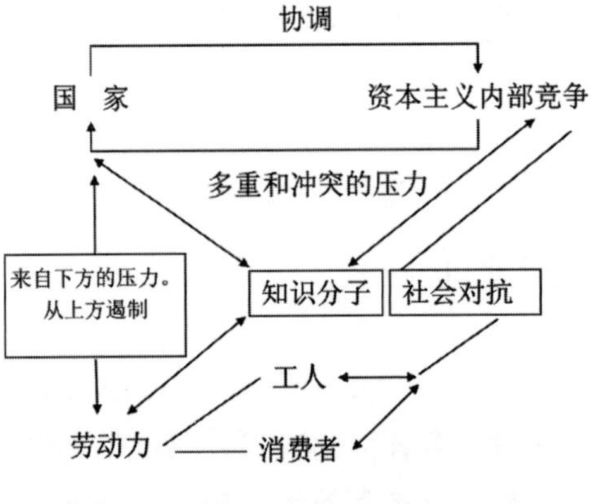

图 4.2　国家的阶级关系

如果权力下放和移民正在从“下面”割裂民族和国家之间的联系的话，那么国家在管理民族融入国际化全球经济中的角色就是从“上面”割裂民族和国家之间的
113 关系。

政治领域和经济领域的分离造成世界资本主义体系内部的紧张关系之一是，政治领域仍然围绕着民族国家进行，而经济领域的范围和运作越来越具有跨国性和全球性。这导致了一种矛盾的发展，即在国家把对经济的控制交给跨国商业公司的同时，它们又参与提供了将国家经济纳入国际经济的体制框架（Jessop，1997，p. 262）。因此，中国政府加入世界贸易组织，以自身的经济和政治利益平衡对好莱坞大电影公司

适度开放电影市场的具体承诺。例如，好莱坞必须与中国政府分享一部电影的大部分收入，不过每年可发行的电影数量有所增加，到2003年将攀升到至少50部。中国还开放了零售基础设施的直接投资市场，允许美国公司持有中国至多49%的视频和发行公司，以及建设和拥有电影院公司的49%股份。[1]随着中国融入好莱坞和西方大众文化的世界电影霸权的形成，从长远来看，中国会受到什么样的政治影响是一个值得思考的问题。封建主义、斯大林主义的“福特主义”和失控的资本主义等矛盾的产生和发展方式的结合，构成了潜在的爆炸性社会鸡尾酒，周晓文的电影《二嫫》（*Ermo*） 114
（1994，Ch）对此进行了有趣的探索。中国可能是一个特别鲜明的例子，说明了一个国家要确保积累的扩大，就需要“特权占有社会生产的财富”，以及维持这种特权占有所依赖的合法性（Habermas，1976，p. 96）。

但是，如果把民族文化和国家与国际市场之间的紧张关系仅仅看作发展中国家的问题，那就完全错了。在欧洲层面上，1993年《关税及贸易总协定》（GATT）谈判结束时，美国和欧洲的谈判代表爆发了著名的地区性电影制作和好莱坞之间的矛盾。在那次谈判中，文化保护问题由法国政府大力推动，得到了全欧洲制片人的支持，但是这一问题有可能会破坏自由贸易议程（Grantham，2000）。文化产业仍然是国家和国际之间最有争议的谈判领域之一。在1999年西雅图世界贸易组织（西雅图世贸组织）的谈判中，反资本主义运动的诞生引人注目。在那次谈判中，欧洲电影和电视行业被排除在市场自由化之外这一悬而未决的问题继续困扰着美国电影业和美国贸易谈判代表。[2]当利奥·基尔希（Leo Kirch）控制的德国媒体帝国崩溃时，民族文化/政治与国际媒体市场之间的紧张关系再次得到了证明。基尔希集团涉足电视、电影和平面媒体等多个领域，它的倒闭为其少数股东抓住德国关键媒体资产的控制权提供了机会。问题是这些少数股东碰巧是意大利总理西尔维奥·贝卢斯科尼和鲁珀特·默多克。德国当局认为贝卢斯科尼作为另一个国家总理的身份可能会损害德国的利益，而默多克则被认为在文化和政治上与德国国情不符。默多克对美国式自由市场资本主义（在英国大肆宣扬他的媒体利益）的拥护，让二战后在社会民主主义或“莱茵兰”市场经济（人性化的资本主义）中培养起来的德国政治、金融和媒体精英们感到非常担忧。[3]据报道，德国总理格哈德·施罗德（Gerhard Schröder）曾参加了一个与德国各银行负责人的秘密会议，他们达成一项协议，使得默多克丧失了对基尔希公司的控股权。[4] 115
与此同时，媒体事务部长朱利安·尼达-吕梅林表示，基尔希危机引发了这样一个问

1 John Hazelton，‘China opens doors to Hollywood’，Screen International，2-8 June 2000，p. 8.
2 Peter Chapman，‘Turn on，tune in，opt out’，Screen International，19 November 1999，p. 14.
3 John Hooper，‘Politicians prepare to pay for Kirch rescue’，Guardian，30 March 2002，p. 20.
4 Mark Milner，‘Murdoch frozen out of Kirch’，Guardian，6 April 2002，p. 25.

题，即“我们可以在媒体领域允许多大程度的全球化，以及只对利润感兴趣的少数几家大公司对媒体领域的日益主导会带来怎样的危险”。[1]国家与资本主义的许多矛盾关系中的一个是，当“他们的”资本家牟取暴利时，他们对媒体集中度和利润取向的担忧就不那么深刻了。

关于文化政策的最后总结

我们已经看到，我们已经看到，由一个狭隘的社会和种族群体统治的国家，在逻辑上往往会导致将这个狭隘的群体投射到国家上。这就是斯蒂芬·克罗夫茨（Stephen Crofts）所谓的“同质化的民族主义小说”（Crofts，1998，p. 386）的来源之一。对于一些作家来说，国家干预所促成的所有形式的文化保护，无论是在国家层面还是在欧洲层面，都容易对“民族文化”的独特性和同质性产生错觉（Collins，1999，p. 165）。如果“国家”的传统观念“作为一种自成体系和仔细划分的经验”（Higson，2000，p. 64）越来越站不住脚，那么政府是否应该把所有权力让给明显更国际化的全球市场呢？正如我们所看到的，对马克思主义者来说，国家是一个有问题的实体，但这并不意味着应该排除与它进行有效的接触。事实上，教师和学生都必须参与到国家最重要的活动之一：教育。国家有可能创造物质条件，扩大文化生产的机会，使各种表现形式多样化，并使这些条件具有一定的稳定性，这是市场条件迅速变化所无法保证的。例如，尽管《东就是东》（*East is East*）（Damien O'Donnell，1999，GB）取得了商业上的成功，但在电影委员会对其进行初步投资之前，古林德·查达（Gurinder Chadha）无法为其电影《我爱贝克汉姆》（*Bend it Like Beckham*）（Chadha，2002，GB）筹集私人资本。[2]作为一名亚洲女性，查达不得不等了将近十年才有机会拍摄她的第一部英国电影《海边的吧唧》（*Bhaji on the Beach*）（Chadha，1993，GB），这并不奇怪，但确实令人感
116 到羞耻。

为了发展一种更激进的、不与民族主义神话相冲突的文化政策，我们需要在不同的地理尺度上考虑文化材料的来源和传播，这些尺度包括地方、国家、地区（例如欧洲）和国际。在思考这些不同尺度之间的文化交流时，很明显地，实现这种交流的关键途径是在国际（由好莱坞媒体——工业综合体主导）和国内之间。我们需要的是文化政策在地方、国家和地区之间，以及三者与国际之间打开更多的大门，而不是简单

1 John Hooper，‘Minister says Kirch should stay German’，Guardian，5 April 2002，p. 24.

2 Gurinder Chadha，‘Call that a melting pot?’，Guardian（2），11 April 2002，p. 11.

地服从国际。需要明确的是，在鼓励空隙度的同时，还应在地方、国家和地区层面上为文化表现力的多样性提供资源，这些地理尺度中的每一个都应与人们的生活相联系，并且在文化上是特定的，接近于他们的思维和行为方式，而这些方式是洛杉矶或美国的一般方式，尽管他们有各种乐趣和可能性，但不可避免地无法穷尽，或在许多情况下无法探索。

本章试图对政治和经济领域之间的关系进行辩证的阐述。也就是说，它描述了不同社会实践之间冲突和变化的关系。如果媒体政策分析把政治从经济中剥离出来，或把经济从政治中剥离出来，它就无法体现这种关系的复杂性。我的解释也是辩证的，一个过程或社会现象在现实的某一层面或一个正在进行的过程中的某一阶段会表现出某些特征，不过表现为内在化，而在资本循环的另一个层面或时刻会发生逆转。因此，政治领域和经济领域都具有从现实关系中产生的相互自治的表象。这种自主性是真实的，且具有重要的作用。如果没有它，人们就不能说国家有任何可能取悦某些资本部门的行动空间。与此同时，政治和经济的分离给国家控制社会生产生活的能力带来了真正的限制。至少在这方面，新自由主义者和马克思主义者都会同意。但是，尽管经济领域内部确实存在着对服从于国家政治领域的抵制，但经济自治的新自由主义幻想与国家作用的社会民主自由主义幻想一样，都是难以置信的，因为这种幻想平衡了外部竞争利益。资本需要国家，它的利益必然是通过这个独特和独立的社会机构来 117
实现的。就媒体政策而言，我们看到国家的角色已经从为资本提供社会和文化义务的角色转变为广泛参与（而不是退出），为加强国际竞争和跨国公司对社会和文化生活的商品化创造条件。这使得国家的表现形式在政治上更加中立，在技术上和行政上也比旧的凯恩斯/福特时代更加中立。但是，延长资本令状在政治上没有任何中立之处。尽管政府显然不再承担纠正市场不平等和混乱的任何实质性责任，使其能够从上一个时代的社团主义中解脱出来，但它为自己作为自由民主国家的合法性奠定了长期基础。从逻辑上讲，自由民主的政治危机源于越来越多的证据，即议程是在选举进程之前、之后和之外制定的。政府是否有能力继续泄露这种合法性，以及这可能对媒体政策和当前机构监管者的行为产生何种影响，仍然是悬而未决的问题。

5

118 基础—上层建筑：重建政治无意识

任何解释都必须保留相互作用的领域之间的所有质的差异，并且必须追溯变化所经历的所有不同阶段……一个从基础开始出现的过程……直至在上层建筑中完成。

——沃洛希诺夫，《马克思主义与语言哲学》

具体分析意味着：与社会总体的关系。

——卢卡奇，《历史与阶级意识》

如今，许多马克思主义者不愿意捍卫“基础—上层建筑”这一隐喻，因为它与一种粗糙的决定模型有着不可磨灭的联系。社会分为两个领域，使得建筑隐喻不可避免地处于一种失修的不良状态，从而被复杂的现代社会所抛弃。在现代社会中，上层建筑并不能囊括无处不在的文化，因为文化还存在于基础中，当然不仅限于基础。也许放弃“基础—上层建筑”模型（如图5.1所示）可能是诱人的，但事实上，这只是推迟并非解决决定的关键问题：社会整体的不同部分（总体）如何相互关联，且如何由社会进行生产的一般社会形式或方式构成。但如果要保留这个模型，所做的工作就不

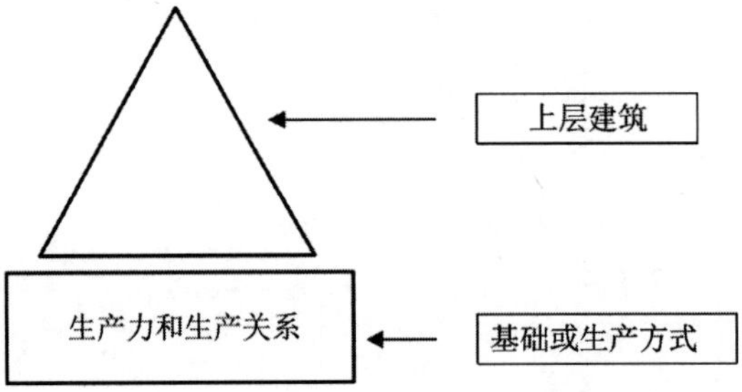

图5.1　“庸俗的”基础—上层建筑模型

只是装饰，而必须从头开始重建。

最简单地说，这个隐喻的命题是“基础”，但它通常被错误地缩写为“经济”。“基础”决定“上层建筑”，即社会生活的政治、文化和公民领域。在试图建立一个复杂的基础和上层建筑之间的关系的过程中，我们需要花一些时间将基础构建成一个适当复杂的范畴，其中第一个条件是放弃“基础”等同于“经济”的概念，坚持更具活力、以过程为导向、最重要的矛盾的基本概念：生产方式。我们已经在研究一种与媒 119
体技术、媒体公司和国家相关的复杂生产方式模型。我试图使生产方式范畴充分复杂化的方法是，将发展方式范畴“置于”其中，从而使其对历史变化的敏感度比从生产方式的野蛮抽象中得到的更大。本章的任务是将生产方式/发展方式应用于媒体生产的文化产品。最后，本章将介绍重建的基础—上层建筑模型在电视和国际真人秀节目《老大哥》中的应用。

雷蒙德·威廉姆斯（Raymond Williams）指出，在许多基础—上层建筑模型的使用中，基础“实际上被视为一个物体，或者在不太粗糙的情况下，它被视为基本一致的，通常是静态的”（Williams, 1980, p. 33）。他认为，我们对基础的理解必须从“固定的经济或技术抽象”转向“真正的社会和经济关系，包含基本的矛盾和变化，因此总是处于动态过程的状态”（Williams，1980，p. 34）。在技术和其他生产力的使用上，如果把相互冲突的社会关系的基础去除的话，那么就会使基础成为经济或技术的“东西”；同时基础表现为固定的、惰性的并强加给人类，好像它从来都存在于人类活动和实践之外一样。

在关于国家的一章中，我认为，一方面，马克思主义国家理论把国家“简化”为资本的傀儡（“粗糙的”马克思主义），另一方面，又把国家看作独立于资本的，因此它能够公平地容纳不同社会力量的利益。后一种立场当然是自由主义者所青睐的。 120
在整个社会及其他方面，我们都面临着同样的困境和方法选择。社会作为一个整体，是否应该被理解为由多种社会力量组成，而不像自由主义让我们相信的那样，它是由系统的、有结构的和重复的权力等级构成的。托尼·贝内特呼吁用文化来分析：

> 研究由多种历史条件和力量的相互作用而产生的社会生活和行为的形式，相互作用的形式不受制于任何一般形式的决定……而是产生于潜在因果机制的影响而不要让它们的相互作用受制于由潜在的因果机制的影响而产生的一般形式的决定（1997，p. 53）。

现在，这很大程度上取决于一个人如何构思“决定一般形式的”，以及一个人在实践中如何通过任何“潜在的因果机制”工作（尽管“机制”这个术语让我们精确地回到那个“东西”——比如我们需要重新评估基础的自动结构）。但自由主义者拒绝社会经济决定的矛盾后果之一是，它通常会通过后门引入另一种形式的决定。而这个决定就是文化，正如我们将看到的，它在崩溃后回到了基础—上层建筑隐喻试图逃避的理想主义（idealism）。与此同时，贝内特坚持认为根本没有“潜在的因果机制”。当他认为文化已经完全“政府化”（1997，p. 54）（注意不是商品化），而知识分子又开始需要与国家接触时，他才引用了听起来可疑的潜在因果机制。

对于像多米尼克·斯特里纳蒂（Dominic Strinati）这样的人来说，马克思主义陷入一个无法摆脱的困境。如果它试图真正探索所谓的“经济”（又一次从社会关系中抽象出来）和文化之间的相互关系，那么它就会丧失独特性，也就是它声称的前者在理解后者时所具有的优先权（Strinati，1995，p. 143）。但是如果它强调“基础”的优先权，那么它就注定是“还原论”。这是当代文化理论的一大罪过，尽管很少有人研究 x 影响 y（如果没有它，我们几乎不得不放弃解释任何东西）和 y 已经“简化”为 x 之间的区别，如果我们要完全理解 x 和 y，这是不可接受的（McLennan，1996，
121 pp. 53-61）。毕竟，所有主流记者都想知道能源公司对小布什2000年总统竞选的财政捐助是如何影响他的环境政策的，而不是夸夸其谈的“还原论”马克思主义者。斯特里纳蒂和其他人为马克思主义设下一个陷阱——如果拥抱多元化，你就失去了马克思主义；如果拥抱对经济的独特强调，你就会失去先进性——然而，这不一定会出现。事实上，在保持生产方式的优先地位的同时。我们有可能会形成一种思考文化生活和生产方式之间关系的方式，以探索它们的相互渗透，如果没有生产方式，解释的任务就只能由其他因素来承担，这些因素如果被夸大且超负荷运行的话，那么结果就是取代被压抑的社会原因。正如许多马克思主义者所说，生产方式是一种政治无意识。

唯物主义与唯心主义

马克思主义的方法论有时被称为历史唯物主义。唯物主义（materialism）这个词特别容易引起误解，因此需要理解它的含义，还有它与生产方式和上层建筑的关系，以及思想和意识在唯物主义哲学中的作用。因为唯物主义与唯心主义的哲学传统是相对立的。

我们可能会问，为什么生产方式范畴是马克思主义的基础？它的基本论点是，生产是人类生活的基础；劳动活动是生产为了满足需要的手段（吃、喝、保暖、居住、艺术、游戏、人类生殖等），这些需要随着我们生产能力的发展而扩大。理解唯物主义的基本观点可以分为两个层面。一是简单物理意义上的唯物主义，它强调人的生理需

求、与自然的关系（人体自身的自然要求和对作为满足需求的原材料的自然要求）以及满足需要的工具和手段。然而，就其本身而言，这种在资产阶级社会科学中广泛存在的唯物主义定义，仅仅是一种粗糙的或机械的唯物主义。除了纯粹的物质性之外，唯物主义概念还有第二层含义，不过它经常被遗忘或没有被深入理解。马克思认为，资本不仅仅是一种赤裸裸的物质实体，例如大量的货币、原材料、机器、技术或设备 122
（固定资本）。“这些物质要素……不会把资本变成资本”（Marx，1973，p. 98）。使资本成为资本的是它所嵌入的社会关系。因此，唯物主义在马克思主义意义上有双重含义，它意味着纯粹的物质加上社会关系。对于生产来说，劳动是社会性的。在阶级社会下，它要求个体之间的对立合作。然而，这种合作不是偶然的；它不接受日常基础上的自愿改变。这种合作在特定的社会和时代有特定的方式。对我们来说，这种方式就是资本主义生产方式，它描绘了一个完整的历史时期，具有鲜明的特点和可能性。我们必须要记住唯物主义的双重定义，因为它将成为本章及后续章节争论的中心。

19世纪40年代，马克思和弗里德里希·恩格斯（Friedrich Engels）在《德意志意识形态》（*German Ideology*）中首次系统地阐述了他们的唯物主义方法。所谓意识形态是一种思维传统，认为思想、意识是独立于上述物质条件（物质和社会）而发展的。这种思想方式被马克思和恩格斯认为是意识形态，在这里指的是由于社会原因而压抑其真实社会生存条件的思想和价值观。基础—上层建筑模型试图通过回到我们对意义和实践真实性的认识来对抗这种压抑。它迫使我们去追问媒体文本的社会条件是什么？生产文本的条件制作人和制作公司的社会条件是什么？

马克思、恩格斯在《德意志意识形态》中所针对的对社会条件的压抑，是由德国伟大的思想家黑格尔创立的哲学传统所实践的。在德国大学读书的时候，马克思和恩格斯就深受主导大学的黑格尔哲学传统的影响，但在这篇文章中，他们却与黑格尔哲学的唯心主义彻底决裂了。这是马克思主义内部的一个争论点，不过在后来的著作中，马克思仍然在很大程度上受到黑格尔的影响。《德意志意识形态》很难想象哲学可以从物质条件中自主发展。文中也一度提出，“哲学和对现实世界的研究这两者的关系就像手淫和性爱的关系一样”[1]（Marx and Engels，1989，p. 103）。尽管如此，有 123
大量证据表明，马克思并没有放弃哲学且把它看成手淫者的专利，而是仍然从哲学方法中受益良多，尤其体现在他的代表作《资本论》中。如果历史唯物主义要对世界做出足够灵活和复杂的反应，那么就需要诸如中介、辩证法和矛盾之类的范畴。马克思所做的与其说是拒绝哲学，不如说是拒绝它的唯心主义。因此，他试图将哲学的一些范畴与唯物主义范畴结合起来，以理解作为思想条件的现实世界。黑格尔的唯心主义

---

1 此处翻译参考《马克思恩格斯全集》第3卷，人民出版社，1956年，第262页。——译者注

以观念和思想范畴为出发点，把历史和社会的变化理解为源于观念的发展，而唯物主义则从生活的物质生产和社会生产出发。

> 道德、宗教、形而上学和其他意识形态，以及与它们相适应的意识形态便失去独立性的外观。它们没有历史，没有发展；那些发展着自己的物质生产和物质交往的人们，在改变自己的这个现实的同时也改变着自己的思维和思维的产物[1]（Marx and Engels，1989，p. 47）。

调和政治经济学和哲学

显然，这一方案对媒体研究有影响，因为媒体一方面是价值观、思想、理想、身份和意识形态的产物，另一方面它本身也产生这些价值观、思想和理想。但是在今天的媒体研究中，唯心主义依然盛行，其主要原因有两方面。首先，唯心主义不仅仅是一个容易纠正的学术错误。正如前面所提出的，基础—上层建筑模型的研究方法是它把（社会）部分和（社会）整体联系起来的一种方法。唯心主义（它将意识从社会整体中分离出来）是由社会产生的，而资本主义的物质实践倾向于鼓励我们更多地从局部思考问题而不是整体。例如，生产的私有性和竞争性产生了一种对世界的不完整体验。在那里，人们很难辨别表面上遥远的、甚至是全球性的力量和更地方性的、甚至是私人实践之间的隐藏联系（Murdock，1997，p. 90）。思想的自主性也可能被知识
124 分子视为一种阶级幻想，阿多诺认为这是对他们真正边缘化的一种准现实补偿（Best and Kellner，1991，p. 231），但它为知识分子提供了一种文化资本，以弥补他们缺乏真正资产阶级所拥有的经济资本的不足。其次，我们还必须承认，为研究文化和意识建立唯物主义前提仅是一个问题的开始，而不是解决问题的方案。意识的世界，或就媒体而言的符号商品，究竟是如何与物质世界相关联的；或者更辩证地说，我们如何把握文化的物质构成和物质世界的文化构成，同时又保住后者的优先地位？

最近，文化研究重新进行物质化的一种方法是借鉴政治经济学的传统（基本上是经济和制度分析），为文化研究提供“基础”。例如，加纳姆指出，文化研究在很大程度上排除了物质因素，而只关注文本的符号世界（Garnham，1997）。文化研究拒绝基础—上层建筑模型的背后，是其对所谓的还原论的方法上的反对，以及对性别、种族和性的政治兴趣，而阶级当然是生产方式的中心范畴。不得不说，政治经济学和文

1 此处翻译参考《马克思恩格斯全集》第3卷，人民出版社，1956年，第30页。——译者注

化研究都还没有真正探索社会身份与阶级的联系方式。道格拉斯·凯尔纳（Douglas Kellner，1997）认为，政治经济学和文化研究方法的结合可能是未来的方向，特别是作为调和阶级观点和批评性别、种族和性别统治的分析工具。然而，如果只是简单地将方法结合在一起，而不是通过概念上的不相容性和它们之间的矛盾来产生一个新的综合，这种做法是很危险的。

默多克展示了文化作为文化研究的终极视野的主导地位是如何影响像雷蒙德·威廉姆斯这样的马克思主义文化批评家的。尽管威廉姆斯有自己的唯物主义方法论，但他未能“对当代文化的经济和象征动力之间不断变化的相互作用做持续的调查”（Murdock，1997，p. 86）。这里争论的是缺失的中介，即文本与其更广泛的社会和文化背景之间的社会层次。正如默多克所说，马克思主义文学理论和文化分析可以把文本解读为： 125

> 社会和经济条件变化产生新的思维和感觉方式的典范。但是在这一连串的争论中缺少一个环节。对在“远程转换”和情境实践之间进行调节的机构，文本没有一个持续的描述。而且关系是在文本和语境之间建立的，而不是在实践和条件之间（Murdock，1997，p. 89）。

默多克所说的实践是指创造意义的直接活动，他所说的条件是使意义创造成为可能的制度和经济基础。然而，当代政治经济学的一个问题是，它已经发展成为社会科学的一个专门部分，因此往往不愿意涉及辩证法、矛盾、表象和中介等哲学概念。例如，政治经济学通常是相当功能主义的，对矛盾概念没有适当的重视。它还经常看不到研究领域本身是一个更大的社会整体的中介或产物。这种总体性能够解释社会和文化趋势，而且比政治经济学认为的具有决定性的媒体的直接制度和经济（默多克的条件）更有说服力。

中介范畴与表象范畴相对立，我们已经讨论过的表象形式与媒体资本的多元性和多样性（第3章）以及国家与资本的明显独立性（第4章）有关。作为一种重要的工具，中介概念具有深刻的颠覆性，因为它打破了社会现象明显的孤立和独立。

> 如果人们不理解社会生活在其根本现实中是一个整体且不可分割的网络，那么这种短暂的统一将仍然是象征性的。在这个网络中，没有必要发明将语言事件与社会动乱或经济矛盾联系起来的方法，因为在这个层面上，它们从来都是彼此独立的，分离的领域……仅仅是表象的现实（Jameson，1989，p. 40）。

在黑格尔哲学中，中介概念被用来加深我们对直接事物的感觉和认知。当我们研
126 究或观察一个特定的事物时，比如一个文本或制度，它的直接性给我们留下了最深刻的印象。在直接性中，我们将文本或制度作为一个独立的事物来观察和研究，在时间和空间上与其他文本和制度分离开来。因此，就产生关于对象的知识而言，如果只是停留在对象直接出现的层面上，那么所产生的知识也不过是对对象相当贫乏的理解。中介则涉及联系，它重建了隐藏在对象外观背后不那么直接和可见的关系。对象的出现，在第一次（立即）的情况下就如此强烈地冲击我们的感官，一旦它作为中介，就会被看作“意识和总体运动中的一个时刻”（Aronowitz, 1981, p. 13）。像拓印技艺一样，中介使构成完整画面的（社会）方式和联系变得可见。正如贝斯特和凯尔纳所言：

> 真正的问题——如果要避免将社会层面与其他层面和经济过程相分离——在于使用适当的中介，并构建一个足够复杂的框架，以非还原的方式描绘出文化文本和社会实践的全部复杂性（Best and Kellner，1991，p. 187）。

接下来还是要回到中介概念，因为我们需要阐明中介概念是如何构建这些复杂联系的。目前，先简单地确定我所认为的社会过程中的七个层次是有用的。我们先通过分析这七个层次对其加以区分，不过在使用它们分析媒体时还是需要中介的。这七个层次分别是：

> 媒体文本。它本身必须要被看作现存文化材料的产物，我们在后面会继续讨论这一点。
>
> 生产过程。文本是特定人群在一定时间内从事特定生产活动的产物。
>
> 生产环境。指生产过程中涉及的公司或组织，以及生产过程之前的历
> 127 史、战略和理念。
>
> 行业背景。它指公司或组织所处的行业（电影、电视、广告等）。显然，正如我们在第3章中所看到的，在垄断、子公司和分包商资本主义的时代，跨行业的联系越来越紧密。
>
> 《老大哥》的后续分析将展示电视如何不再被视为一个孤立或独立的行业。
>
> 国家。正如我们在第4章中看到的，国家通过其政策和所建立的监管制度对媒体产生重大影响。虽然这里没有讨论国家在塑造媒体监管环境中的作用，但我将在分析《老大哥》和资产阶级国家危机时提出一些讽喻性的联系。
>
> 发展方式。这是我从卡斯特那里借用并在前面章节中已使用过的范畴。

然而，与卡斯特不同的是，我倾向于将这一范畴作为生产方式和上层建筑之间的有效中介。发展方式是指技术和社会文化关系的特定形态。例如，卡斯特使用“信息主义”一词来描述通信和信息技术对资本主义来说日益增长的重要性及其产生的社会、文化和政治影响（Casteus，1996，p. 17）。

生产方式。它当然是一个主要范畴，其描绘了一个时代的基本社会和技术对立及优先事项。就像这个范畴所包含的发展方式一样，我们也可以用相互共存的多种生产方式来研究。事实上，源自路易·阿尔都塞（Louis Althusser）和艾蒂安·巴里巴尔（Etienne Balibar）著作的一个有影响力的马克思主义传统坚持认为，在任何具体的社会形态中，主导的生产方式总是与其他从属的生产方式共存（Anderson，1980，pp. 67-68）。这一论点被视为使马克思主义足以适应任何社会复杂性的一种手段，也是解释一种生产方式与另一种生产方式之间变化的一种手段（Jameson，1989，pp. 91-95）。不过我要说的是，虽然不同的生产方式确实彼此共存（例如古希腊和罗马的农民和奴隶生产方式），但资本主义的扩张性需求或多或少地逐渐肢解和 128
吸收了所有竞争的生产方式。另外一种生产方式的文化资源，可以很好地以非常变通的形式存在，因为它们现在已经与资本主义的生产方式相联系了，但是我们应该绝对清楚地区分文化资源和生产方式。特别是在西方资本主义内部，实际上只有一种生产方式。从全球的角度来看，这种趋势是明显的：封建的和以农民为基础的生产方式的残余力量在所谓的第三世界中正在衰落。

显而易见，这七个层次是根据一系列越来越广泛的背景来定义的。前五个层次通常居于上层建筑中，而最后两个层次属于生产方式及其内部转变（发展方式）。图5.2
使用这七个层次来重组和解构基础—上层建筑模型。生产方式和发展方式分别构成基 129
础一和基础二。其他层次表示上层建筑的各个层次，但正如我们下面将要看到的，这只是一个示意图，不能代表诸如国家和媒体等跨领域的复杂情况，在某种程度上，它们既是基础又是上层建筑。然而，基础—上层建筑模型的价值在于它所总结的问题，即我们如何通过阶级关系和阶级划分的决定来思考问题。如果没有这个问题，对生产过程和生产环境等不同层次的分析，就可以很容易地从马克思主义的阶级冲突和商品化等核心范畴中抽离出来。

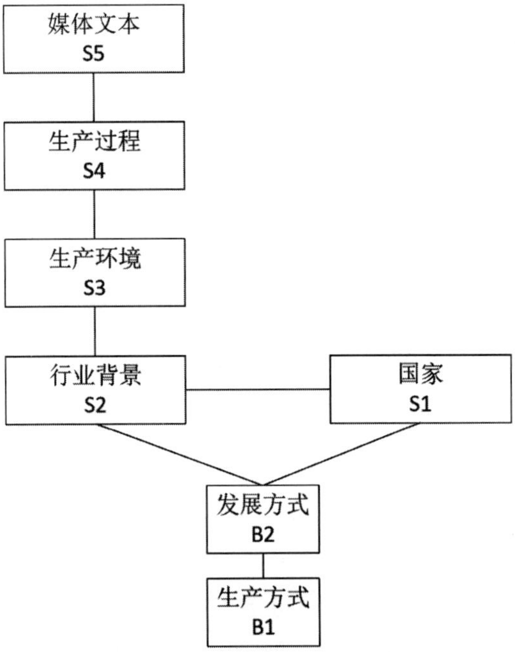

图 5.2 解构的“基础—上层建筑”模型

回到生产方式

在马克思主义文化理论中，许多试图使基础—上层建筑模型发挥作用的问题和错误是跳过基础，以不同程度的自主性一步步往上走，并以独立于基础的方式来建构上层建筑。相反，我认为必须从基础开始，然后一步步往上走。正如我们在前面几章中所看到的，生产方式范畴是由生产的社会关系和生产力这对概念组合构成的。资本主义社会关系的特点是劳动与资本的根本对立和矛盾。当然，这种对立并没有穷尽社会上所有其他的对立或阶级，更不用说社会群体了。但是，这个命题是，所有其他阶级（知识分子、小资产阶级）和群体以及对立（地理、性别、种族等）都不能孤立地存在，不得不与这种根本的对立建立某种关系（要通过具体分析来辨别，而不是事先假定）。我们也已经看到了社会关系与生产力发展的矛盾（见第2章）。由此可知，生产方式范畴是指既充满矛盾又高度动态的现实。

生产方式的矛盾也来源于它不是统一的和同质的；正如我们将要看到的那样，在内部，它的发展是不均衡的，但是一种生产方式也与其他生产方式在时间和空间上相
130 互联系。在历史上（现在仍然如此），资本主义生产方式在全球范围内以及在国家内

部，与其他生产方式特别是封建所有制方式并存。然而，资本主义的扩张动力意味着，随着时间的推移，资本主义会分解、吸收和重建它从其他生产方式中使用的东西，并消除那些它不能利用的做法、价值观和表现形式。因此，早期生产方式的许多痕迹都被作为文化资源保留在资本主义生产方式中。

在文化层面，与早期生产方式（封建或准封建）相关的形象和价值观往往被嫁接或融合到现存的资本主义生产方式中。因此，自18世纪以来，英国一直是一个完全发达的资本主义社会（Thompson, 1978, p. 253），但它仍然保持了旧封建社会的形象，并保持了一些旧的封建社会的价值观，这些价值观有时被包含在有机共同体这一概念中（Wayne，2002b）。尽管一系列的意义和意象首先需要一组生产方式，但是，这些意义和意象也同样可以被整合到完全不同的生产方式中，就像《哈利·波特与魔法石》（*Harry Potter and the Philosopher's Stone*）（Chris Columbus，2001，US）这样的准封建幻想场景也能深深地被刻上中产阶级主导的资本主义社会的结构和价值观。因此，巫师的世界也变得像现实世界一样乏味，包括银行、货币兑换、阶级划分、竞争、等级制度、劳动分工，甚至巫师知识中的专门学科。更重要的是，邪恶只体现在个人身上，没有系统性和结构性的根源。在政治上，区分可能与资本主义共存（现在频率越来越低）的生产方式和早期生产方式的文化残余是至关重要的。因为许多政治策略都是在混淆两者的基础上提出的，结果是，就英国而言，政治批评者认为"封建"的前因（君主政体、上议院，城市的主导地位）是导致经济或政治衰落的原因，而不是资本主义自身的矛盾。记住这个区别，我们就可以赞同詹姆逊的观点：

> 事实上，每一种社会形态或历史上存在的社会，都是由几种生产方式的叠加和结构共存所组成的，包括旧生产方式的残余和存在。这些旧生产方式现在被置于新的结构依赖的位置和潜在的预期趋势，但这种潜在的预期趋势与现有制度不一致，尚未产生自己的自主空间（Jameson's，1989，p. 95）。 131

詹姆逊在这里提出了一个重要的观点，即文化可以预测未来的生产方式，事实上，古老的和未来的愿景可能会趋同，或者会被映射成另一种生产方式的愿景。资本主义萌芽时期所孕育的一种生产方式的文化轮廓，可以在乌托邦式的形象和表现中窥见一斑。这些形象和表现超越了不必要的限制，调和了社会分裂，成功地表达了欲望，摆脱了统治束缚，重新产生了创造力……这种对另一种生活方式的预期不仅表现为"文本"，而且正如我们在第2章中所看到的，即使它们仍然被用于当前的生产方式中，也依然被新技术所表达。然而这种"预期倾向"并不等同于一种成熟的生产方式，这种区别在上面詹姆逊的话中有所暗示，但没有得到充分承认。没有这样的幻想和预期，社会主义生产方式就不能创造出来，而社会主义生产方式本身就是这些主观力量和零星的反实践作为生产方式被实现的条件，而不是仅仅被消费资本主义开发和利用。而消费资本主义不仅向我们出售解决方案（从私人医疗保健到瓶装水），还把它造成的问题也卖给我们（Wayne，2002c）。

正如发展方式共存的观点所表明的那样，生产方式内部也是矛盾的，因为它（资本主义尤其如此）并不是以线性和一致的方式发展。资本和劳动之间的对立与资本自身主导结构的不均衡发展是密不可分的。这表现在资产阶级经济与文化、政治的矛盾上。换言之，基础和上层建筑不需要紧密地结合在一起，但在不同基础上的发展可能会与上层建筑的不同方面产生矛盾。

当英国《金融时报》（*Financial Times*）的电视评论家克里斯托弗·邓克利（Christopher Dunkley）抱怨英国电视节目的糟糕状况时，我们就有了一个很好的例
132 子，即基础（《金融时报》服务和拥护的资本主义经济优先权）和上层建筑（中上层阶级的文化价值观）作为死敌相互对抗：

> 《老大哥》体现了新千年英国电视的许多重要特征。例如参与者要拥有一种名人身份，或者是世界级的小提琴家或者是获得诺贝尔奖的科学家。如今的电视制作人，怀着对相对主义的恐惧，将名人以及随之而来的体面归因于曾经的黑帮老大——疯狂的弗兰基·弗雷泽，或者名誉扫地的前国会议员尼尔·哈弥尔顿和他的妻子，就像上一代人留给阿尔贝特·施韦泽的那样。事实上，在电视节目上就像在生活的其他领域一样，坚守某些价值观的想法，无论是道德的还是艺术的，正在让位于焦点群体的喜好和收视率数字的支配。只要受欢迎，那就是好的。[1]

在这里，我们看到了两种不同价值模式之间的冲突：一种是名人价值（celebrity value），它完全来自媒体的表现；另一种是古典资产阶级主体（subject）的旧模式，它的价值不是来自媒体，媒体只是把人和事件带给更广泛的受众，而是来自人们和事件在媒体之外对社会和文化生活的贡献，我们可以将这些不同的价值模式分别与两种相互冲突的发展方式联系起来：信息主义和工业主义。如果说后现代（postmodernism）对媒体表现和奇观的重视有一个“基础”的话，那就是在后福特主义的发展方式中，资本渗透进文化产业、传播和信息产业，并推动了广泛的以债务为

1 Christopher Dunkley，‘It’s downhill from here：Christopher Dunkley despairs as he surveys the increasingly populist schedules’，Financial Times，20 September 2000，p. 20.

基础的“过度消费”。这就形成了一种特定的主体（社会化个体）模型，它是围绕一个“没有伦理物质和精神内在性、囊括了各种消费行为的短暂功能、媒体体验、性关系、潮流或时尚”而构建的（Eagleton，1986a，p. 145）。特里·伊格尔顿是为数不多的没有受到基础—上层建筑模型困扰的马克思主义批评家之一，他用这个模型探索了资产阶级经济和文化之间的紧张关系（Eagleton，1997）。他指出，这种主体模式和旧的资产阶级主体模型之间存在着某种矛盾。旧的资产阶级主体模型需要一些理性 133
的决策意识、权利和责任意识（例如作为父母或政治公民）以及连续性意识（今天的你和昨天的你没有根本的不同）才能在工作场所有效率，渴望有一份职业，按时支付账单，或被要求做陪审团、在犯罪或事故现场做证人，从而成为一个好的法律主体。

人们发现，在政治代表领域的财富下降（西方选民投票率急剧下降）和受企业驱动的媒体代表参与日益增加之间的辩证关系中，可以找到古典理性资产阶级主体和非理性且分散的资产阶级消费者之间的矛盾。资产阶级民主危机在越来越小的范围内运行，出现越来越多的失败（而不是消费世界的自我实现），并且被边缘化的群体和精英所定义，而媒体代表则尽力抵消这一危机。媒体代表的表现似乎提供了一种更真实的参与和无代表性的代表（即精英调解）。在这些承诺中，民粹主义媒体使自己的生产、控制和操纵机制消失了［尽管这种压抑并不是完全成功的，正如我们将看到的《老大哥》（*Big Brother*）］。同样，我们的《金融时报》评论家邓克利先生不是支持大众的出现，而是指责电视大众造成了媒体的文化堕落，从而使制作机构消失。观众是一个方便的替代品，因为它证实了邓克利的价值观（那些无产者真的没有品位），而不是挑战了它们（为什么要写一篇文章去倡导破坏我珍视的文化价值观呢）。在批判性话语中，这其实就是弗雷德里克·詹姆逊针对文化产品本身所说的遏制战略的一个例子。遏制战略指的是管理、遏制并最终抑制矛盾（生产方式）的战略。

上层建筑

如果生产方式主要是指与经济价值生产有关的活动，那么上层建筑就是指那些其“产品”或结果是非经济的、但在不同程度上对生产方式的再生产至关重要的活动。上层建筑是在生产方式所描绘的社会经济关系范围内运作的。因此，上层建筑活动经 134
常被描述为“调节”或“再生产”，是进一步促进生产方式延续的条件，尽管正如我们所看到的，这并不意味着生产方式和上层建筑的不同部分不会相互冲突。上层建筑活动通常分为两种类型：首先，调节和再生产并通过强制手段（警察、司法、军队）实现；其次，再生产（即使是在独裁国家）也是通过更为一致的文化方式实现的，即通过价值观、思想、知识、习惯、身份等。这里上层建筑的主要机构是政治、教育、媒体、家庭和宗教。然而，在区分经济价值的产生和上层建筑的实践时，我们可以立即清楚地看到，一些机构属于跨类别。媒体既是企业和资本投资、积累、就业日益重要的场所，也是思想、价值观等的生产者。正是经济和文化运作的分裂以及大众对二者关系的理解，造成了政治经济学和文化研究方法之间的紧张关系。

一旦开始思考媒体的上层建筑和经济文化层面，我们显然需要区分生产方式这一基本范畴的两个层面。例如，我们可以认为生产方式（B1）是一个没有特定内容的一般范畴，也就是说，它并不指特定种类的生产、工业、服务或任何其他东西。在这个非常抽象的层次上谈论资本主义生产方式，是指在一个特定的社会中，所有或至少几乎所有的生产都必须采取的社会形式。在这个抽象的层次上，生产方式和上层建筑之间的区别是牢固的。但是我们也可以更具体地谈论生产方式，指的是实际行业（S2）、实际公司（S3）、实际的生产（S4），等等。显然，在一般社会形态中可以有相当多的具体生产安排或实践。生产方式作为一种普遍的社会形态，如何对媒体生产者和产品设置限制和施加压力（Williams，1980，p. 32），我们不能从一般抽象的生
135 产方式范畴中去理解，而是需要分析一般社会形态和特定媒体之间的中介、它们的制度和经济关系或“基础”以及文化形式。

然而，马克思主义确实期望特定媒体的制度和社会经济形式以特定的方式体现一般生产方式（在我们的研究中是资本主义）的社会经济关系。此外，占主导地位的社会和经济关系将体现在媒体所产生的文化价值中，因此媒体将在总体上促进生产关系的再生产（尽管这几乎总是涉及关于确保再生产的最佳方式的争论）。在《德意志意识形态》中，马克思和恩格斯写道：“统治阶级的思想在每一个时代都是占统治地位的思想。这就是说，一个阶级是社会上占统治地位的物质力量，同时也是社会上占统治地位的精神力量”[1]（Marx and Engels，1989，p. 64）。现在，事情无疑比这个简单的陈述所暗示的更加复杂和多变。例如，统治思想总是统治阶级的思想吗？这种说法似乎消除了为“知识生产”服务的知识分子的特殊而矛盾的阶级地位。人们可能想这样重新表述：统治思想大体上与统治阶级的思想或（一个重要的区别）利益相兼容，或者至少不公开对抗。

这就引出了霸权（hegemony），即争夺道德和智力领导权的斗争。威廉姆斯在基础—上层建筑模型中引入了一个重要的时间维度，其中包含了与主流文化竞争的“新兴”和“残余”的概念。然后他跨越了时间维度，用对立文化和替代文化的价值这两个术语来评价它们的政治特征（Williams，1980，p. 39）。对立文化，如新兴的反资

1 此处翻译参考《马克思恩格斯全集》第3卷，人民出版社，1956年，第52页。——译者注

本主义运动，是一种对抗占主导地位的社会关系的价值观，但是，因为它们积极寻求改变那些社会关系，或者至少是改变其中的一些重要方面，因此它们也对抗占主导地位的社会力量的利益。相比之下，替代文化在不同程度上提供了与主导价值观相冲突的价值体系，但是，由于它们的野心往往局限于开辟自己的自主空间，因此它们不会对主导阶层的社会经济利益构成威胁（青年文化往往是解释替代文化的一个很好的例子）。显然，必须辩证地看待支配、残余、新兴、替代和对立的关系。它们不是现实世界中相互排斥的力量，而是在一定程度上动态地相互作用和重叠。换句话说，关于 136
统治物质的力量与统治智力的力量有很强的相关性的命题，是媒体分析的合理起点吗？如果这不是一个合理的命题和出发点，那么人们会期望看到主流新闻媒体经常质疑资本主义；人们可能会发现它们经常攻击利润动机，指出资本主义优先事项的非理性，强调其浪费，攻击控制大量资源的富裕少数群体而不是穷人和弱势群体（如寻求庇护者），并将它们在世界上发现的各种悲剧、不满和危机与资本主义生产关系联系起来。但没有人会相信主流媒体（甚至是它的自由派）会这样做，所以在我看来，马克思和恩格斯关于统治思想和统治阶级之间联系的命题确实是一个合理的起点。

至关重要的是，我们不要把前面关于唯物主义和唯心主义区别的讨论映射到生产方式和上层建筑上。如果这样做，我们就把生产世界从思想和意识的世界中分离出来了，分别归属于生产方式和上层建筑。这就把生产方式变成了野蛮的物质（这确实是为什么基础被认为是人类意识之外的技术或经济目标的原因之一）。不过，我们稍做反思就能清楚地认识到，意识、知识、思想和价值观对于任何真正的生产活动都是不可或缺的，当然也包括媒体生产。在对黑格尔和马克思的直言不讳的批判中，伦纳德·杰克逊（Leonard Jackson）认为，“没有概念，工具是无用的，但如果把这一点看得太重，你还不如回到黑格尔时代，让思想成为历史的驱动力”（Jackson，1994，p. 86）。事实可能不完全是这样的。观念、意识等对劳动过程至关重要，但只有那些与劳动过程相联系的观念才能成为“生产力”，只有那些在任何时候都被视为与占主导地位的社会生产关系相适应的观念，才有可能在劳动过程中以系统的、占主导地位的方式得到发展。当然这并不排除矛盾，例如第2章讨论的数字文件交换的增长，这种矛盾显然是对资本积累的威胁，如果要成为生产方式制度化和合法化的一部分， 137
就必须加以控制。在这一表述中，唯物主义学说被保留下来，而没有将社会和经济力量与思想分开。在一个值得重复的提法中，由社会和经济力量决定的那些观念将反过来决定社会和经济力量。

但是，正如我所说的，物质力量不应等同于生产方式，思想也不应等同于上层建筑。这不仅会使基础变得贫瘠（把它变成了野蛮的物质），而且通过“去物质化”将上层建筑变成了一个纯粹意识的领域而使其变得贫瘠（Eagleton，1989，p.

168）。如果你把上层建筑看作意识形态、价值观、意识的领域（正如马克思的一些论述所暗示的那样），那么就更容易把上层建筑看作一个次要领域，这样它的运动和特征可以从对“基础”的分析中得出。不仅媒体机构和组织有物质存在，甚至文化、语言（language）和意识也有。俄罗斯马克思主义语言学家沃洛希诺夫认为，符号是现实世界的“物质部分”，需要“某种物质的体现”（Vo1shinow，1996，p. 11）。马克思和恩格斯在《德意志意识形态》中把语言所表达的意识的物质性与其人际的、社会的特征联系起来：

> “精神”从一开始就很倒霉，注定要受物质的“纠缠”，物质在这里表现为震动着的空气层、声音，简言之，即语言。语言和意识具有同样长久的历史；语言是一种实践的、既为别人存在也为自己存在的、现实的意识。语言和意识一样，只是由于需要，由于和他人交往的迫切需要才产生的[1]（Marx and Engels，1989，pp. 50-51）。

在这里，我们清楚地看到了上面讨论的唯物主义的两个定义之间的联系：纯粹的物质性和社会关系是联系在一起的，因为只有通过社会关系，操纵物质世界的能力才能增长。

上层建筑是物质的，就像文化和意识一样。然而，在这种表述中存在一种危险，即所有这些物质性的内容都被视为同等的决定因素。雷蒙德·威廉姆斯曾抱怨说，
138 “将‘生产’‘工业’与‘国防’‘法律与秩序’‘福利’‘娱乐’‘公众舆论’等相对应的物质生产隔离开来是完全不恰当的”（Williams，1988，p. 93）。他反对把上层建筑简化为生产方式或基础的“庸俗的马克思主义”思潮，认为我们需要把生产和物质性的概念扩展到所有社会活动中。如果我们这样做的话，其结果将是，这些活动将获得一种需要自身研究的影响力和效力：“从城堡、宫殿、教堂到监狱、济贫院和学校，从战争武器到受控制的媒体，任何统治阶级都以不变的方式（尽管始终在物质上）产生社会和政治秩序”（Williams，1988，p. 93）。这是一种肤浅且非常深刻的唯物主义。正如特里·伊格尔顿指出的那样，城堡、教堂、学校等的纯粹物质性并不是争论的焦点（Eagleton，1989，p. 168）。如果没有深刻的生产方式的唯物主义，除了统治阶级的“意图”外，就没有任何东西能将这些看似分散的组织实质性地编织在一起（Eagleton，1989，p. 170；Williams，1980，p. 36）。但是我们必须问他们为什么有这样的意图，以及不管他们的意图如何会出现什么样的后果（如经济危机）。唯物

1 此处翻译参考《马克思恩格斯全集》（第3卷），人民出版社，1956年，第34页。——译者注

主义在两种意义上对所有社会活动的延伸并没有否定基础—上层建筑模型，它只是表明，对马克思主义来说，一个起决定性作用的等级制度统治着资本主义世界。因此，在第4章中，我们看到，国家是社会和经济关系的强有力的决定因素，但如前所述，正是资本的社会和经济关系决定了国家可以决定它的方式。

路易斯·阿尔都塞：多元决定还是中介？

对社会秩序的任何分析都必须在两个陷阱之间徘徊：一方面，生产方式概念能否避免陷入对社会秩序原因的单一解释。在这种解释中，起决定因素的等级制度得到了肯定，但却要以将世界的复杂性简化为单一的本质为代价；它能在避免这种陷阱的同时避免纯粹的多元自由模式吗？在这种模式中，各种因素都被认为具有强大的影响力，但任何系统构建的社会等级力量的感觉都会消失，取而代之的是或多或少平等的多元性。法国共产党理论家路易斯·阿尔都塞试图解决这一难题。在20世纪60年代末到70年代中期，阿尔都塞的马克思主义在文化、电影和媒体研究中非常流行（Clarke，1980）。它的迅速衰落证明了未能解决基础—上层建筑（of base and superstructure）模 139
型所带来的困境。但这一失败值得简要说明一下，因为它有助于澄清我们需要什么样的中介概念，以便能够将生产方式与上层建筑联系起来，而不是将后者简化为前者的表达。虽然威廉姆斯的决定概念，即设定限制和施加压力是有用的，但它并没有告诉我们在被决定的过程中发生了什么。因此，我们有必要回到中介概念。

然而，阿尔都塞在其著名的文章《矛盾与多元决定》中试图将这种黑格尔式的概念从马克思主义中根除，这是他将黑格尔的所有影响从“科学的”马克思主义中分离出来的更广泛计划的一部分。让我们从阿尔都塞的目的地说起，慢慢重建他的路线。在文章的最后，他提出一个著名的基础—上层建筑模型：

> 马克思已经给我们提供了“链条的两端”：一方面，生产方式（经济因素）归根到底是决定性因素；另一方面，上层建筑及其特殊效能具有相对独立性。他要求我们在这两端之间去寻找……[1]（Althusser，1996，p. 111）

在这里，我们试图调和生产方式范畴与多元因果性（上层建筑及其“特殊效能”）。离开了公式，调和几乎没法进行。生产方式要么是决定性的力量，要么不是；

1 此处翻译参考［法］路易·阿尔都塞，顾良译，保卫马克思，商务印书馆，1984年，第89页。——译者注将生产方式的决定作用看成是“归根到底”的作用，这种认识是非常不明智的，因为它强调的不再是相互依赖，而是一种刚性的时间外部性。即便如此，“归根到底”的公式只是让阿尔都塞回到他试图逃避的还原论（斯大林主义）马克思主义，因此他被迫得出结论，“无论在开始还是在结尾，‘归根到底’从来都不是单独起作用的”（Althusser，1996，p. 113）。阿尔都塞的马克思主义为后马克思主义和话语理论奠定了基础。这就是阿尔都塞的目的地，与标准的自由主义将经济领域降级到一个狭隘的、专业化的、非决定性的角色几乎没有什么不同。但是阿尔都塞是怎么做到的呢？

从概念上来说，阿尔都塞的起点是很有希望的。他认为马克思与黑格尔的关系比
140 人们通常想象的要复杂得多。他说，“马克思曾反复指出，黑格尔用意识的辩证法来说明各民族的物质生活和具体历史”[1]（Althusser，1996，p. 107）。马克思与这一解释的关系常常被描述为一个简单的颠倒，因此，社会的生产生活（正如我们所见，这常常被抽象为“经济”）成为历史的“本质”，而所有其他社会力量则成为历史的简单表达。阿尔都塞认为，马克思的这种贫困和简化版本源自黑格尔的中介范畴，不过他反对这一范畴，并主张自己的多元决定概念。阿尔都塞认为，在黑格尔关于不同部分如何联系在一个整体的模型中，我们并没有发现多元决定因素（多元决定），而是一般矛盾的“内在化的积累”[2]（Althusser，1996，p. 101）。这是一个至关重要的概念：内在化。很明显，如果整个社会的各个部分只是普遍矛盾的内在化（庸俗马克思主义的经济基础），那么我们需要做的就是把批判和实践的精力投入这个普遍矛盾上，而把其他一切都放在次要的位置上。然而，如果没有某种内在化的概念，上层建筑就完全脱离了生产方式，我们就只剩下阿尔都塞的多元决定概念。在这一概念中，所有其他非经济因素都从完全不同的来源汇聚在一起，且显然与社会经济关系无关，而社会经济关系仍然严格地处于其他决定的外部（而不是内部）。我们似乎陷入了一个不可能的困境，夹在原始还原论和自由多元主义之间。

事实上，阿尔都塞在中介问题上只说对了一半。如果内在化是中介过程的一个方面，将特殊与一般联系起来，那么另一个方面就需要一个必要的重构过程（这是必要的，因为物质——从这个词的双重意义上来说——是整个社会形态的特征）。生产方式不会畅通无阻地以统一的和同质的方式进入社会形态的其他层面。中介包括一个内在化和重构的双重过程，因此生产方式的逻辑——其本身必须通过社会阶级、生产力、商品化、使用价值（use-value）等不同的范畴加以区分——进入了社会形态，但

1 此处翻译参考［法］路易·阿尔都塞，顾良译，保卫马克思，商务印书馆，1984年，第85页。——译者注

2 此处翻译参考［法］路易·阿尔都塞，顾良译，保卫马克思，商务印书馆，1984年，第79页。——译者注

通过不同社会整体的实践、代理、制度和技术而被改造。举一个小例子，电视直播网络流媒体服务的成本随着登录使用人数的增多而增加，这与单个电影消费者的成本下 141 降形成鲜明对比。在这里，互联网和网络广播技术重组了它内在化的生产方式的一般逻辑，从而反过来引起了相关社会主体的特殊反应。生产方式范畴所坚持的是，所有社会现象都与生产的社会经济对立有某种关系，但并不认为所有现象都与生产的社会经济对立具有相同的关系。事实上，任何真正的唯物主义哲学都会期望实践的具体物质性产生细微的改变，比如说，积累的必要性。只有资本才怀有幻想，认为它可以消除社会实践和使用价值的具体物质性。随着对重构和内在化的重视，马克思主义者可能会对他们的发现再次感到惊讶。

詹姆逊对盖格计数器的解码：从文本到生产方式

在下一节中，我将阐述基础—上层建筑模型在流行电视文本《老大哥》中的运用。不过，在这里，我想简单地说明一下如何从对单一文本的分析上升到对生产方式的一般范畴的分析。毫无疑问，正是马克思主义文学理论，特别是它在20世纪60年代末和70年代对形式主义和结构主义语言理论的融合，导致了我们对文本生产及其与生产方式的关系的深刻理解（Macherey，1978；Eagleton，1986b；Jameson，1974b，1989）。这种融合给马克思主义文学批评带来了新的复杂性，因为它对形式属性、形式策略以及文学语言的特殊性给予了新的关注，同时超越了形式主义和结构主义（structuralism）的历史主义和唯心主义倾向。然而，这种超越只是局部的。马克思主义文学理论是默多克抱怨政治经济学所关注的媒体缺失的一个典型例子。文学理论的空白源于这样一个事实，即文学生产虽然需要出版公司和营销策略，但仍然涉及个人作者和文本之间的直接关系，不过这种关系现在被文化产业内部所取代。在文化产业内部，资本的社会关系和技术下的集体生产更直接地介入文学生产中。因此，当 142 涉及与新技术和媒体—工业联合体的公司联盟时，《老大哥》的案例研究仍将描绘出文本中直接起作用的制度和经济中介。弗雷德里克·詹姆森经常因为没有考虑这些和其他中介而被批评，这一点确实需要注意。因为我将介绍他的历史化文本生产方式，这一方式首先在他的《政治无意识》（*Political Unconscious*）一书中出现。我选择詹姆逊是因为他提供了一个全面的模型（在文本主义的范围内），也因为他凭借对《老大哥》所处的文化趋势的判断而闻名，即后现代主义。

詹姆逊确定了文本分析的三个维度，他称之为解释视阈，其中每一个维度都会指向一个更广泛的参照框架。首先，分析将文本视为一种“象征性行为”（Jameson，

1989，p. 76），即强调文本是预先存在的文化和意识形态的产物（另见Eagleton，1986b，pp. 64-101）。如果我们要摆脱只是“反映”更广泛社会的更被动的文本概念，那么把文本视为“产品”是至关重要的。如果它是一个产品，任务就是将其作为现有材料的重组来研究，无论其材料和操作如何通用化或公式化，这些材料的组合均具有某种“独特性”的因素。文本产生的东西之一是它对现实社会矛盾的想象性解决。正如詹姆逊所说，

> 艺术与社会语境之间的关系可以借助一个命题以更普遍的方式从反映的惰性概念中解脱出来，这个命题就是社会语境（包括形式本身的历史以及白话语言的条件），可以理解为特定的环境（situation）——困难、困境、矛盾、“问题”——艺术作品最终成为它们一种想象的解决之道、应对办法或“答案”[1]（Jameson，1992，p. 164）。

这来自詹姆逊的《可见的签名》（*Signatures of the Visible*）与《政治无意识》中的描绘方式完全一致。这种解决是虚构的，因为文本所诊断的社会问题实际上只能通过社会实践来解决。当这种实际的解决方案被（占主导地位的社会关系）阻碍时，文化就会执行一种神话般的和解。文化文本使用正式的策略，如叙事对立、意象、特定
143 的“切入点”或聚焦于行动，以管理和包含有问题的社会内容。这意味着遏制策略是一个复杂的过程，在这个过程中，有问题的社会内容同时浮出水面，然后才被正式的策略所抑制（Jameson，1989，pp. 213-214）。詹姆逊的解释模型就像一个盖革计数器在文本上传递；在这里，盖革计数器的独特点击不仅能捕捉到发出的信息，而且还能捕捉到文本中遗漏的以及被压抑的内容（Jameson，1989，p. 215）。詹姆逊试图破解困扰文本并在文本的形式和内容上留下印记的政治无意识（本质上是被压抑的生产方式）。正如我们将要看到的，《老大哥》现象（“文本”这个词实在太窄了）受到资本主义不可或缺的价值、权力和道德不平等交换的困扰。

在分析的第二个维度中，离散文本对真实社会矛盾的虚构解决被视为更大的社会“对话”的一部分，特别是阶级之间的“对抗性对话”。如果第一个维度强调文本形式的完整性，强调它成功地以一种能够执行其解决方案和遏制策略的方式安排其材料，那么第二个层次的分析就去除了明显的封闭性，将文本置于一个更加开放的过程中。在这个过程中，各种符号变成了沃洛希诺夫的“多重重音”，在“阶级斗争的舞台”上被拉向了不同的方向（Vol ŏ shinov，1996，p. 23）。要用特殊符号来识别阶级斗争，

1 此处翻译参考［美］弗雷德里克·詹姆逊，王逢振、余莉、陈静译，可见的签名，南京大学出版社，2012年，第233页。——译者注

就必须指定进行阶级斗争的最小符号单位。詹姆逊称这些单位为意识形态素。一种意识形态素，比如“自然”或“新技术”，是一种“双重特性的结构”[1]，它可以被发展为一种概念、哲学体系或学说，也可以被发展为一种体现基本主题的人物或其他表征的叙事和故事（Jameson，1989，p. 87）。关于《老大哥》，我们需要考虑的意识形态素是“监视”；基于意识形态素是一个最小的单位，我们可以把《老大哥》定位为“阶级之间意识形态对抗”的一种“行动”或战略（Jameson，1989，p. 85）。

最终的解释视阈要更大，不亚于生产方式本身。在这里，阶级之间的对话，因为它是针对一个特定的文本而组织的，被重新定义为实现一场完整的文化革命斗争中的一个时刻，也就是说，为一个时代的文化霸权（领导权）而斗争。然而，这个最终的解释视阈存在一些问题。詹姆逊认为，每一种生产方式都有一种“文化主导” *144*
和最适合“指引”（用詹姆逊的功能主义术语）的文化范式，这样它们就适合生活在资本主义中（几乎没有问题）。詹姆逊曾将先进资本主义的文化主导称为后现代主义（Jameson，1991，p. 4）。这个问题在于，它相当于预先判断了后现代文化生产在多大程度上可以被视为“占主导地位”，并在使用术语“后现代”时鼓励一定程度的膨胀，以至于它最终覆盖并包含了一切。当然，在《老大哥》案例中，人们很有可能将其置于后现代“文化革命”中。该节目因为受到了广泛的评论，被看作更广泛的文化和经济趋势的象征，也是当代电视正在往某些方向发展的征兆。然而，电视是一种异质性的媒介，它的商业化影响是不均衡的，并且呈现出多种方向，因此并非所有这些都可以归为后现代主义。我们应该谨慎地说，只有一种文化资源最能反映主流文化，那就是后现代主义。事实上，各种各样的文化形式都可以用来管理和遏制社会矛盾。

另一个问题是詹姆逊对生产方式范畴的表述。我先前曾提出，一种生产方式与另一种实际存在的生产方式并存，另一种生产方式沿用了一种早期但现在已被消灭的生产方式的文化残余，或是对未来（社会主义）但尚未实现的生产方式的预期文化利用，两者之间应加以区分。然而，对于詹姆逊来说，这一层次的“形式矛盾”是在生产方式之间（Jameson，1989，p. 94）。詹姆逊正是在不同实际存在的生产方式之间的冲突和矛盾中找到了社会变革和政治希望的动力。这种提法是有问题的，因为在先进资本主义的中心地带，很明显地，不同生产方式之间事实上不存在共存的情况。所谓的“西方”只有一种生产方式，那就是资本主义。如果我们要讨论不同方式的共存，那么把《老大哥》放在发展方式的断层线上更有意义，正如我在讨论邓克利先生捍卫旧方式时指出的那样，现在残余的（用威廉姆斯的范畴）高级资产阶级主体反对消费

1 此处翻译参考［美］弗雷德里克·詹姆逊，王逢振、陈永国译，政治无意识，中国社会科学文献出版社，1999年，第75页。——译者注

145 主义和先进资本主义的中介主体。詹姆逊坚持认为生产方式之间会产生矛盾，其结果是，考虑到“资本向迄今为止未经修改的领域的巨大扩张”（Jameson，1991，p. 36），这种矛盾在逻辑上消失了，这就是后现代主义的特征。这使得詹姆逊将目光转向非资本主义或资本化程度较低的发展中国家寻求阻力或希望。我们这些生活在先进资本主义生产方式中的人，需要恢复资本主义生产方式的矛盾意识，包括资本与劳动的矛盾、交换价值与使用价值的矛盾、不必要的异化和必要的普遍解放之间的矛盾。

基础—上层建筑模型与《老大哥》的相遇

确切地说，这是分解成七个层次的基础—上层建筑模型与《老大哥》的相遇。我将从S2和S3两个层次，即电视的行业背景和相关公司的生产环境开始分析。《老大哥》是由荷兰恩德莫尔娱乐公司（Endemol Entertainment）设计的一档节目。恩德莫尔娱乐公司是欧洲最大的独立制作公司之一，到20世纪90年代末，它在超过15个国家的20多家制作公司都拥有股份。该节目将参赛者关在一所房子里，并切断他们与外界的联系，活动时间持续一周7天，每天24小时。在英国版的节目中，参赛者每周都会被“室友”提名而淘汰。获得最多提名的两位选手将通过公开投票决定他们的命运。最后留在房子的人将获得现金奖励。荷兰版《老大哥》于1999年首次发行，随后被出售或分包给德国、西班牙和美国的本地生产商。该节目的英国版本（2000年首次播出）由彼得·巴扎尔盖特经营的制作公司巴扎尔制作，这个公司的部分股权归荷兰母公司的英国子公司GMG·恩德莫尔所有。GMG指的是卫报媒体集团，它也拥有英国分支机构的部分股权。《老大哥》并不是凭空产生的，因为在它之前确实已经有《幸存者》（*Survivor*）（其制作人在声称《老大哥》是他们想法的虚拟复制品后，确实起诉了恩德莫尔）和其他跟踪执法人员和公共服务机构日常活动的真人秀节目（Dovey，2000，pp. 80-81）。

这类节目在欧洲和美国的成功引发了大量广播公司对制作人创意的需求。制作人必须就普通人参与的所谓“无脚本”节目提出自己的想法。值得注意的是电视真人
146 秀与电视政治经济学的一致性。就给定费用所能制作的此类节目的版本数量，以及所能填补的播出时间而言，真人秀节目比其他主要节目（情景喜剧和戏剧）要便宜得多。[1]此外，真人秀节目有助于“连续原创”（以及随之产生的所有宣传），而不需要重复播放。

1 Ed Martin，‘Toss out the script’，Advertising Age，vol. 71，no. 21，15 May 2000，p. 26.

在英国电视业内，资本主义生产方式的一般逻辑并不是一成不变地展开，而是由不同的广播机构（英国广播公司、英国独立电视台、第四频道、第五频道、英国天空广播公司）进行了不同的重组。因此，任何特定文本存在的物质条件都取决于广播公司的身份、公共服务职权范围（如果有的话）、主要受众群体或目标以及节目旨在填补哪个时间段。因此，在英国的地面电视中，《老大哥》只授权给一家广播公司，那就是第四频道。它拥有合适的观众群体（比独立电视年轻的观众群更年长的受众），并正在努力争取让独立电视台取得惊人成功的节目《谁想成为百万富翁？》（*Who Wants To Be A Millionare*?），不过这个节目已经从整个时间表中被划掉（Wayne，2000）。该计划在欧洲的成功，已经让它变得高端且昂贵，并同时由五家公司拥有特许经营权。同时，该节目的竞争性因素也使其容易受到剥削性的指控，而且它已经在其他欧洲国家引起了争议，这使它明显不像是英国广播公司的节目［相反，英国广播公司开发了更多面向公共服务、合作和理想主义的节目，如《被抛弃者》（*Castaway*）］。

《老大哥》的一个重要特点是，它已成为一个不断发展的多媒体、跨平台和交互式“体验”的展示平台。《老大哥》网站的“24-7”的现场直播，强化了监视主题，超越了第四频道播出的编辑集锦的限制（该频道的数字频道E4也播放了数小时的现场录像）。因此，《老大哥》见证了电视和互联网之间第一次真正的融合，以及旧技术的内容和新的发行技术之间的融合。将互联网和网站纳入电视节目对相关公司有着深远的吸引力，因为它制造了全球营销机会。《老大哥》网站不仅销售常见的书籍、杂志、帽子和T恤，还链接到博彩公司和《老大哥》品牌的赌博游戏。第一季的荷兰网站获得了5,300万的点击率。[1]英国《老大哥1》网站即使在哑剧反派“坏尼克”与室友 147
撞见的那晚，都产生了740万次的浏览量。[2]与此同时，英国的《老大哥3》（2002）平均每天的点击率为400万。[3]《老大哥3》在从24小时免费网络流媒体转向每月10英镑的订阅服务方面也发挥了重要作用。重要的是，需要打破互联网分发免费的文化期望。恩德莫尔互动服务主管克里斯·肖特指出：“我们一直知道互联网社区会有一点反弹。问题是他们已经习惯了免费上网……到明年，人们将会习惯付费，这不会是什么大不了的问题。”[4]

《老大哥》的连续性使得报纸每天都有副本，而公共场所影院大小的屏幕上

---

1 Peter Thal Larsen，‘Spanish were watching as Big Brother stole the show’，Financial Times，18 March 2000，p. 10.

2 Paul McGann，‘Web reaps the benefits of TV’，Media Week，25 August 2000，p. 8.

3 Kate Watson-Smyth，‘Would you pay to watch TV on your computer?’，Guardian（New Media），15 July 2002，p. 40.

4 Kate Watson-Smyth，‘Would you pay to watch TV on your computer?’

的直播把《老大哥》的文本不可避免地传播到了公共领域的每个角落。该节目的另一个“互动”是电话投票，这为第四频道、恩德莫尔和英国电信带来了更多的收入（第二季大约有400万英镑）。该节目的衍生节目《老大哥的小兄弟》（*Big Brother's Little Brother*）使用讨论的形式鼓励无休止的迷你投票和电话聊天。在第三季（由手机公司O2赞助）中，观众可以使用手机短信进行投票。除此之外，观众还可以在手机上以短信提醒的方式接收新闻更新，这需要另外花费5英镑（即36条“提醒”的费用）。互动电视本质上意味着各种公司与你的钱包互动。《老大哥》观众的监视和操纵水平都是精心培养的。正如克里斯·肖特所承认的：“我们正在试图越来越巧妙地将观众从一个平台转移到另一个平台。”[1]所有这些互动的累积逻辑被紧密地编织到反馈机制中，这增加了对《老大哥》观众的监视和操纵水平。例如，对《老大哥的小兄弟》的电话投票不仅能带来收入，还能为参赛者和《老大哥》本身提供关于观众态度的数据。节目制作人可以在每一季节目展开时，灵活地掌握观众的态度和关注度。该节目的多媒体和互动部分完全符合当代企业的战略，即互联网公司和内容提供商的合并，如美国在线和时代华纳正在合并。人们发现恩德莫尔
148 随后被西班牙电信巨头西班牙电信公司（Telefonica）以35亿英镑收购，高于《老大哥》之前7亿英镑的估值。[2]这种企业反过来又支撑了多平台的技术建设以及至关重要的国家共同体。盖伊·德波（Guy Debord）写道，景观社会“不是图像的集合，而是一种以图像为媒介的人与人之间的社会关系”（Debord，1983，p. 4）。

媒体的政治经济学分析可以告诉我们，为什么电视真人秀与商业压力和策略是一致的，它甚至可以解释一些特征的发展，如节目的多媒体和互动成分。在对真人秀的文本/意识形态分析中，比尔·尼科尔斯（Bill Nichols）指出，它“有一种既得利益，那就是把超越自身的一切都纳入自己的流通交换价值支持系统中”（Nichols，1996，p. 396）。我们已经看到，有一个真正的经济基础设施和一个环环相扣的金融利益网络，支撑着这种类型的封闭性。与此同时，这只是我们必须注意的一个尺度。媒体的政治经济学是一种直截了当的工具，它可以用来理解为什么这个特殊的模式发展到现在，而不是其他一些符合行业的经济形式；换言之，它不能解释真人秀节目的文化起源，也不能将特定的节目作为文化环境的产物加以探索（Dovey，2000，p. 85）。为此，我们必须（如果我们使用七个层次的中介）“向下”进入媒体机构正在调节的更广泛的社会、政治和文化环境中，如S1（尽管我在这里很少谈到作为政策机构的国家）、B2（发展方式）和B1（生产方式），以及“向上”进入生产过程和文本本身的策略中

1 Kate Watson-Smyth，‘Would you pay to watch TV on your computer?’.

2 Paul McGann，‘Web reaps the benefits of TV’.

（S4和S5）。

我之前在对詹姆逊方法论的总结中提到，我们需要选择一种意识形态，以此作为分析阶级斗争的场所和利害所在。《老大哥》这个名字本身就暗示了一个相关的意识形态：监视。这将是我们将B1和B2链接到S5（媒体文本）的关键范畴。图像、通信和信息技术的发展，如视频、互联网、移动电话、计算机软件程序、全球定位系统等，大大扩展了整个社会生成、存储、访问和分析数据的能力。卡斯特称之为信息主义（B2），监视与最先进的发展方式之间有着密不可分的联系。通信技术力量再次 149
成为阶级斗争的场所和利害所在（B1）。新技术允许你前所未有地访问过多的信息、数据和通信渠道，但它也允许公司和国家机关前所未有地访问你。因此，监视的含义——比如，想想围绕公共空间闭路视频监控的争论，不论它本质上是仁慈的和有保护性的，还是恶意的，是由对被观察和被分类的人不利的利益所引导的——获得了一个符号的多重强调，这个符号被阶级分裂和阶级斗争的冲突和矛盾拉向不同的方向。

对《老大哥》的全面分析将会展示出它是如何从两个方向挖掘这种文化元素的。关于室友，它产生了一些与一个遥远的机构相关的消极的能指（房子的布景设计、机械相机眼睛的图案、《老大哥》为参赛者设置的反复无常的测试和惊喜），以产生某种戏剧性的刺激；但是就观众而言，该计划非常努力地制定战略，目的是遏制和管理任何可能导致他们不信任《老大哥》机构的焦虑情绪。例如，包容的策略（公众对参赛者的意见，驱逐之夜聚集在房子周围的“粉丝”）和展示的策略［戴维娜·迈克考的表演，甚至叙述者马库斯·本特利（Marcus Bentley）的北方口音］；对呼叫中心的市场调查发现，北方口音意味着可信赖和诚实，这有助于抑制对这类消费者的焦虑）。在监视的意识形态中，代表公共利益和观察私人（或国家）利益之间的紧张关系，可以追溯到真人秀本身的美学起源。纪录片或社会现实主义电影对普通人的再现曾经是对专业再现准则的颠覆和批判，而现在普通人被增选为专业真实性的代表，标志着包括明星和名人在内的专业人士接近本地人和平民。这是一个主要的遏制策略，普通人被重视正是因为他与精英的不同，但我们发现，由于媒体精英和他们代表的代码可以 150
随意采用普通的风格，这就显得没有任何阶级差异。真人秀节目产生这种文化张力的根源在于摄像机革命，它使普通人闯入坚固的广播堡垒在经济上成为可能，在美学上也是合法的（Wayne，1997）。视频技术显然是《老大哥》24小时全天候监视可行性的核心，但它也是这种形式的基本原理，即真人秀的审美的核心。因为最纯粹的真人秀节目（《老大哥》是最纯粹的真人秀节目）是以实时神话为前提的，在这种情况下，动作和表现之间的差距被摄像机的存在所弥合，而记录和观众消费（以及反馈）之间的差距则通过快速组装（数字编辑）和传播（互联网、卫星、广播）技术而缩小。

《老大哥》使得对20世纪70年代早期有关主流视听话语的幻觉和伪透明度的辩论产生了令人惊讶的转折。在《老大哥》中，事件的真实性和自发性被表征装置的可见性所证实。当节目切换到控制室内时，或者当戴维娜在双向镜头后面静静地观察囚犯时，我们看到的所有记录着房子里正在发生的事件的监视器，都是在奔跑中捕捉现实的标志，这是执行制片人露丝·瑞格利明确而有意识的意图，她告诉我们，“我想让观众……看到控制室，了解所有幕后工作……我们是真实拍摄的，让观众理解这一点是节目的一大优点”（Ritchie，2000，pp.10-11）。但是，监视意识形态的矛盾——及其背后的阶级划分——仍然通过同样的遏制策略重新浮出水面。这个节目在炫耀其精心制作的设备和试图说服我们“他们并没有在真正控制局面”之间进退两难。在《老大哥》系列的第一季中，作者煞费苦心地传达了制片人无法控制房子里发生的事情的感觉。但是，就像基础与上层建筑的关系一样，生产者已经确定了他们不能控制的范围。将设备显示为与普通人真实联系的标志，与将其展示为设备控制和操纵能力的标志之间的矛盾是内部化，即将已经围绕监视的意识形态讨论过的更普遍的矛盾重新配置。

当前参赛者抱怨《老大哥》的编辑决定代表了他们的形象时，这种矛盾就浮出水面了。在《老大哥》一书的一段话中，用来记录和检索参赛者动作的计算机软件（S4）出现了一个矛盾：

> 例如，如果一个制作人试图把两个参赛者的电影包装在一起，他/她把他们的名字输入电脑，当他们一起被拍摄时，电脑就会把他们的每一个实例都传送出去。通过添加关键词“触摸”，这将被细化到他们彼此身体接触的任何序列（Ritchie，2000，p.12）。

这些在形式层面——普通的真实性和操纵之间的矛盾，也在与节目内容的关系中表现出来。尽管《老大哥》具有后现代特质，但它激发出了强大的乌托邦欲望，而这种欲望都被保留在一个更彻底的后现代神器中没有被开发（鉴于乌托邦主义暗示了一些后现代主义倾向于回避的概念，即超越现实的进步和超越）。在普通人的乌托邦式的承诺中，存在着一种在我们与个人和机构的关系中实现透明的愿望，这是资本主义生产方式及其文化景观在结构上无法实现的（Dyer，1985）。因此，本来希望通过全天候24小时观察情感的启示、忏悔和行动来揭示这种透明性，为观众提供评判参考和给参赛者提供投票的真实依据，但是这种希望早被节目的结构和前提所消解了。参赛者之间的竞争关系，加上对他们每一个动作的监视，意味着他们必须用工具来计算他们对彼此和对观众的表现。在这种情况下，每一个行为、姿态和忏悔都会沾染上某种公共关系行业所称的感知管理。因此，这场演出的选举元素现在看来是一个寓言，表明资产阶级民主正处于合法性危机之中。

《老大哥》的世界在许多方面也与工作世界非常相似：除了对同事和上司表演的工具性计算之外，还有合作和竞争、已经强加的规则和条件、徒劳的任务和无聊之 152
间的紧张关系。《老大哥》和《哈利·波特与魔法石》一样铭刻在我们所熟知的世界中。另外，真实的表面只是为了重新获得潜在的令人不安的对抗，尤其是通过它们给观众控制的幻想提供了补偿。此外，尽管在选拔选手时存在阶级、种族、性别和性别的多样性，但这只会转化为他们在媒体表现的元素（工人阶级选手获胜是因为他看起来不够聪明，不善于掩饰；同性恋者获胜是因为他体现了情感上的诚实）。对观众来说，这种社会多样性以一种矛盾的方式在发挥作用。一方面，它提供了多个认同点；另一方面，文本鼓励这种认同的社会或政治基础转化为个人的媒体表现。事实上，如果《老大哥》参赛者真的来自一个更同质的群体，比如白人男性，那么这个节目将会更具政治性，更明显地是关注社会群体。参赛选手的社会多样性在编辑过程中剔除了政治因素，忽略了参赛选手所处的社会现实的任何参考点，部分原因是害怕诽谤行为（即使是网络反馈也有10秒的延迟，以便在诽谤性材料出现时，控制人员有足够的时间停止广播），但这主要是因为节目的性质（前提是将该群体与外界的任何接触或刺激隔离开来）以及选中的自恋选手。这种伪装成社会缩影的奇怪抽象的社会单位被技术奇观投射为工作间隙中相对无风险的“全民对话”（所谓的水冷视）的原材料。对该节目的接受情况进行民族志研究，很可能会发现，在表面上将意见简化为个人意见的背后，存在着判断和评价的社会和政治基础的痕迹，但很难说节目本身鼓励这样做。同样，民族志研究很可能会在这样的对话中发现一种间歇性的意识，即《老大哥》的生产设备是如何操纵和控制事件的，并保证其角色的道德判断。但是，也难说该方案本身鼓励这样做。

相反，《老大哥》显示出某些公共领域中一些倒退趋势的症状，在这种趋势下，其对社会构成的让个人和群体作出理性决定的基础被一大堆中介的利益（包括公司和 153
个人）所侵蚀。至少有一位报纸评论员将《老大哥》与“一个媒体巫术和对‘普通’人的机会主义剥削、虚假的亲密关系和下意识的情感流露的季节”联系起来。[1]当一切都被简化为感知管理时，后现代主体就像詹姆逊所说的那样，被分解成一系列支离破碎的强烈体验（Jameson，1991，p. 6），几乎没有理性的连续性，容易产生强烈的兴奋或恐惧、爱或恨的感觉。因此，《老大哥》的公开叙事以一系列的替换为特征，其中大多数参赛者最终——尤其是一度处于被驱逐的风口浪尖的选手——成为媒体策划

1 Kathryn Flett，‘Only a gameshow? TV’s theatre of cruelty’，Observer，20 August 2000，p. 15.

的厌恶和公开谴责的焦点。《老大哥3》中杰德·古迪（Jade Goody）的例子仅仅是普遍诽谤倾向的最极端的例子。在詹姆逊的方法论中，《老大哥》绝不是无害的娱乐，而是一场文化革命的短暂瞬间，它对这个主题进行了重新编程，使之融入先进资本主义生产方式的主题（詹姆逊的第三个、也是最广泛的解释视阈）。然而，詹姆逊在这一解释层面提出的彻底文化革命的概念，往往抵消了在第二解释层面发现的对文化斗争和矛盾的强调，即意识形态（记录在“监视”中的对话，展现出的紧张关系）；文化支配者的概念倾向于消除文化支配和抵抗的矛盾和多重资源，并使问题复杂化，即面对资本的“巨大扩张”，旧的生产方式迅速衰落，反过来又使资本主义生产方式不那么矛盾，也不容易受到替代文化资源的挑战。

在《老大哥》中，我们看到了未来电视的一个可能方向，即商品化的信息和通信技术彻底渗透到我们迅速萎缩的公共空间和公共服务中。这种公共空间也许最能被理解为一种古老的、仍然存在的但四面楚歌的发展方式的残余痕迹，这种发展方式的特点是民族国家管理国家市场和资本（福特主义）。新的信息和通信技术是资本全球化
154 的一个重要因素，而资本全球化已经打破了旧秩序。媒体的新政治经济学显然与总体上的经济全球化有相似之处。这就是真人秀的现实。在《老大哥》中，我们看到这种政治经济学的文化矛盾围绕着密切相关的监视问题而表现出来。接触普通人和被媒体表演“欺骗”之间的紧张关系，再现的真实性和技术控制者对再现的操纵之间的紧张关系，参与一个事件和仅仅是一个被控制和被利用的对象之间的紧张关系，都在围绕着这个节目，重组了资本和劳动之间的阶级斗争。在对所有这些问题进行唯物主义分析时，我试图解开有点单一且不可动摇的基础—上层建筑模型，并认为其存在的问题对媒体分析仍然具有重要意义。

6

符号、意识形态和霸权 155

那些使对象具体化的界说，仅仅是强加在对象上的，这一规则只适用于对主观性、首要性的信念未动摇的地方。

——阿多诺，《否定的辩证法》

本章将集中讨论表征的内部结构问题，也就是符号的问题。符号如何表示？某些铭文是如何产生意义的？在前一章中，我们讨论了如何将表征置于社会环境中进行思考的概念问题。在这里，我们更关心的是表征的过程，或者说是实践本身。这并不意味着我们放弃了符号和社会之间关系的关键问题，只是我们从过程的另一端开始，即从“文本”本身开始。事实上，如何思考符号与社会之间的关系，仍然是马克思主义符号理论与弗迪南·德·索绪尔（Ferdinand de Saussure）（1857—1913）和后索绪尔语言学理论之间的一个重要分歧点。马克思主义和其他有争议的符指活动理论之间有一些联系，但是，正如我们将要看到的，它们之间有重要且根本的区别。然而，最初由瑞士语言学家弗迪南·德·索绪尔发展起来的探索符号世界的概念基础，已经开始在媒介表征的研究中占主导地位，尽管其形式有所改变。如果我们要理解符号世界和周围世界之间的关系，需要挑战这种主导地位。这种理解还要求我们思考符号和意识形态之间的关系。在这里，意识形态是指那些有助于社会秩序再生产的价值观和信仰，这些价值和信仰对那些已经在资本主义中占据强大地位的人最为有利。从奈杰尔·劳森（Nigella Lawson）的电视烹饪系列（包括中上阶层的烹饪）到西方是否应该在发展中国家的这个或那个地区投下炸弹的讨论，在一系列广泛的问题和现象中，维持这种信仰体系模式的斗争是维持霸权斗争的关键部分。我的例子将集中在来自英国每日国家新闻社 156
的书面语言，但关于符号、意识形态和霸权的原则则与其他媒体相关。

符号的世界

19世纪下半叶，资产阶级经济在工厂中发展的任务的分散化和专业化也渗透到了哲学和社会科学领域。生产线成了一个社会整体的象征性形象。社会整体被精细地分解成不同的任务，这一原则在整个资本主义社会和文化结构中得到了概括。因此，分裂有一种特殊的辩证法——世界作为一个整体被分成不同的领域（经济、法律、政治、科学、文化等）——以及形式的统一——因为每个领域发展出高度精细的封闭系统，其中所有的部分都无缝地被嵌入到特定领域内，即使这个领域与其他领域的关系变得越来越不透明和难以理解。正如资本主义作为一个整体发展一样，这个支离破碎的世界是一个矛盾的世界，在这个世界中，进步和倒退并行不悖。在工厂（以及今天的服务行业），生产率得到了极大的提高，但同时也给个人的精神和物质生活带来了巨大的损失。在理论的世界里，专业化极大地发展了形式上的严谨性和知识探索"生产力"，同时人文和社会科学则因丧失了与其他领域和社会世界的联系而分裂（Lukács，1971，pp. 229-30）。例如，文学研究通常与历史、政治和经济研究分开。这个过程不仅影响了资产阶级社会科学，也影响了19世纪末20世纪初的马克思主义。卡尔·柯尔施（Karl Korsch）批判了这一时期的马克思主义，他认为：

> 一个统一的关于社会革命的一般理论被变成对资产阶级的经济秩序、国家、教育体系、宗教、艺术、科学和文化的批判。这些批判按其本性来说，不再发展为革命的实践；它们同样能够发展为各种各样的改良企图，
> 157 这些企图基本上仍保持在资产阶级社会和资产阶级国家的界限之内，并且在实际的实践中也确实如此[1]（Korsch，1972，p. 57）。

如果这就是马克思主义的真理，那么像索绪尔及其追随者发展起来的对语言"内在"规律剖析的资产阶级语言学科学，岂不是更正确吗？就目前而言，我们需要欣赏索绪尔理论体系的生产力。索绪尔认为，语言法则构成了客观的、无意识的语法或语言，每个人的话语或"言语"都必须运用这些语法或语言。言语符号由两部分组成。第一部分是能指，感官（眼睛、耳朵）必须记录的物理表现，无论是声音还是文字；第二部分是所指，它是附属于能指的概念。一旦结合起来，能指和所指就构成了一个符号。索绪尔的论点是，我们周围的世界被划分为能指，因为它们彼此不同（猫，垫

1　此处翻译参考［德］卡尔·柯尔施著，王南湜、荣新海译，马克思主义和哲学，重庆出版社，1989年，第28页。——译者注

子，帽子，坐着），而能指和所指之间的关系或联系（四足、毛茸茸的宠物，地板装饰物或擦脚的工具，戴在头上的布，休息）是纯粹约定俗成的。这一点的重要性将在索绪尔衍生文化理论的后期发展中得到说明，在这些理论中，符号的含义被视为社会衍生的惯例，而不是自然事实。目前我们需要注意的是，不仅能指需要与其他能指区分开来，而且所指也因其与其他所指的不同而产生意义。例如，帽子在概念上不同于外套、手套、套头衫等。这样的物品可以说是属于一个聚合体和一个相似符号的集合，另一个例子就是衣服（猫可以说是属于另一个聚合体，即宠物）。词汇从不同的聚合体中挑选出来，并组合成组合体（根据语言规则排列成图形或线性关系）。

托尼·布莱尔（Tony Blair）在危机谈话中修复与工会的裂痕

《泰晤士报》（*Times*）[1]的这个标题从“布莱尔”所属的聚合体中选择了其他符号，如“首相”——但标题的形式与标题试图传达的紧迫性相冲突。类似地，如果“谈话”被同一个聚合体中的另一个词所取代，比如“讨论”， 158
句子的共鸣就会再次被改变、弱化，双方之间的“交流”感会比单音节“谈话”更强。符号的选择是一个包含和排除的过程，它对符号产生整体意义至关重要。如果去除形容词聚合体，标题会变成：

布莱尔在谈话中修复与工会的裂痕

这一选择大大降低了标题的热度。然而，符号的选择不仅对意义的产生很重要，符号的特殊组合和组合方式也很重要。考虑这个标题：

布莱尔与工会进行危机谈话来修复裂痕

相同的符号选择在这里以不同的组合重新排序，再次产生了相当不同的感觉。现在布莱尔（主体）和工会（对象）不再像原来的标题那样占据句子对立的两端，而是在词序上更加紧密地联系在一起，给人一种他们正在共同努力修复裂痕的感觉，似乎这种裂痕已经在愈合，已经不再是他们之间的中心和分裂的鸿沟了。

结构主义（源自索绪尔对符号结构的分析方法）最大价值在于它告诉我们语言是一个结构，也是一个系统。在索绪尔之后，人们很难认同这样一种观点：意义来源于符号与现实世界之间某种单纯的一对一的关系。正如我们所见，语言不是被动地反映

---

1 The Times，19 July 2002，p. 1。

世界，而是主动地塑造我们对世界的理解和接受。语言需要关于符号选择和组合的选择和决定，不同的选择和决定产生不同的效果，尽管语言使用者可能不会意识到或预期到他们的选择会产生不同的意义模式。然而，现实世界——现在被称为指称——对索绪尔语言学并不感兴趣。匈牙利马克思主义者格奥尔格·卢卡奇（Georg Lukács）在《历史与阶级意识》（*History and Class Consciousness*）中指出，在垄断资本主义下，科学如何"背离了概念结构的物质基础"（Lukács，1971，p. 109），没有比这更
159 能恰当地描述结构主义了。结构主义强调符号的"物理"物质性，但这是以牺牲社会关系为代价的，正如我们在前一章所看到的，社会关系也成了一种真正的唯物主义哲学。索绪尔语言学将语言从社会物质世界中分离出来，使其不受其需求、偶然性和冲突的影响，而是将语言投射为一个自给自足的形式法则体系（语言/言语、能指/所指、符号/指称、聚合/组合）。脱离了物质基础，语言自由地漂浮在自己的自主领域中。尽管文化理论后来对索绪尔语言学进行了修改，但这个关于符号和指称（一个将真实还原为被动对象的术语）之间关系的基本问题从未得到充分解决。

索绪尔于1913年去世，但当苏联理论家沃洛希诺夫在20世纪20年代开始写他的著作《马克思主义与语言哲学》（*Marxism and the Philosophy of Language*）时，索绪尔语言学已经在该领域占据主导地位。像卢卡奇追踪了资产阶级哲学（主体与客体、自然与文化）中的一系列分裂和裂缝一样，沃洛希诺夫认为资产阶级语言学已经分裂成两个阵营。一方面，有些语言哲学被沃洛希诺夫描述为个人主义的主观主义（Vol ŏ shinov，1996，p. 48），其中个人的心理被视为语言意义的来源。虽然这种哲学强调了语言使用者的创造力和能动性，但它们不能将这种使用置于一个随着时间积累而形成的更大的语言规则和惯例体系中。另一方面，结构主义是另一种语言哲学思潮的最高典范，沃洛希诺夫称之为抽象客观主义。它强调的正是一种超个体的语言结构，在这种结构中，规则支配系统（语言）决定话语（言语），而言语对语言没有任何交互作用（Vol ŏ shinov，1996，p. 53）。如果说个人主义的主观主义无法解释语言的共有性（语言不可避免地是一种个体间的结构），索绪尔语言学将语言理解为一种结构，但却使其不仅丧失了个人创造力，而且剥夺了社会冲突。它是一种脱离社会结构的语言结构，"被特定语言本质的法则所渗透"，仅此而已（Vol ŏ shinov，1996，p. 54）。索绪尔倡导语言共时性研究。在索绪尔之前，语言的历时性研究，即
160 语言的历史发展研究，一直占主导地位。但为了真正了解语言的内在结构及其建构性，索绪尔主张在语言的历史演变之外研究语言，这是从语言脱离社会关系和政治的逻辑出发的。沃洛希诺夫将抽象客观主义的根源追溯到17世纪和18世纪的理性主义。这种语言学理论传统关注的是"封闭系统中符号与符号的关系……他们只关心符号系统本身的内在逻辑"（Vol ŏ shinov，1996，p. 58）。这绝非巧合，正是这种传统以其

索绪尔式的表现形式在20世纪取得了胜利，理性主义被整合到工业、科学和技术等主导力量中。在这种语言理论如此彻底地遮蔽了个体能动性的同时，垄断资本主义以其福特主义的发展方式将资本主义早期自由放任阶段的个体企业家扫地出门，也就不足为奇了。当代文化理论对意义产生的分析仍然受制于一个封闭的符号系统，尽管它在索绪尔语言学中的表现方式并非如此。同样，这种转变和差异可能与更广泛的资本主义背景有关，目前资本主义处于后福特主义发展方式。

如果说20世纪20年代，索绪尔的理论只是在语言学中占主导地位的话，那么到了20世纪下半叶，支撑符号理论的原则和概念已经扩展到了大众文化、文学、人类学和精神分析领域。结构主义（寻找不同话语的深层结构或“语言”）和符号学，即符号科学，改变了学界对文化和意义的研究。人类学家克劳德·列维-施特劳斯（Claude Lévi-Strauss）利用结构主义原理分析部落社区的神话，而弗拉基米尔·普罗普（Vladimir Propp）则使用类似的方法研究俄罗斯民间故事。两者都是电影研究中新的电影解读方法的重要来源（Caughie，1990；Wollen，1970）。罗兰·巴特（Roland Barrthes）在《神话》一书中运用了一种松散的结构主义和符号学来分析大众文化，这也许是新批评工具最具影响力的一次展示。巴特神话中的左派符号学强调了结构主义与马克思主义之间形式上的亲和力，结构主义描绘了编纂和组织文化表现的基本原则的“深层结构”（或语言），而马克思主义，正如我们在基础和上层建筑中所看到的，也是以“深层结构”运作的模型。但是，尽管有这种形式上的亲和力，从实质上讲，结构主义对历史和非语言唯物主义的抵制最终使其与马克思主义格格不入。然 160
而，正如索绪尔语言学本身一样，这些发展具有很大的教学价值，它们带来一种新的严格的词汇和指称方法表示实践（尽管声称它们代表了一种文化分析的“科学”方法是不恰当的），以及一种令人耳目一新的精英主义以判断什么是值得研究的（尽管在文学研究中，符号分析通常只是简单地集中在同一个旧经典上）。同样重要的是，因为结构主义分析的基本原则可以在教育系统中教授和学习，这也是一场削弱批判实践本身的精英主义的运动。批评不再是少数特权人士的专利，因为他们可以表现出对文本的“先天”敏感性（事实上，这是一种在成长过程中习得的、由阶级决定的文化资本的获得），而是一种任何人可以很快获得并在基本但具启发性的层面上运用的方法。这种新的关键工具的水平维度依然是教学环境中有价值的组成部分。

结构主义和符号学随后被后结构主义（post-structuralism）语言哲学修正。后结构主义打破了结构主义和符号学的科学主张，将索绪尔语言学中隐含的逻辑推向了极限。如果能指和所指之间的联系是传统的，而不是像索绪尔所说的那样是自然的，那么它就不再被认为是安全的和固定的了。如果语言和所有的符指活动都是通过差异产生意义的，那么任何特定的符号，以及任何创造意义的符号组合，都将被其他能指和所指的相互作用所遮蔽，这些符号和所指不断地威胁着意义的固定性、统一性或坚定性。20世纪60年代后期后结构主义的兴起当然是由1968年的政治失败所促成的。正如伊格尔顿所说，“由于无法打破国家权力结构，后结构主义反而有可能颠覆语言结构”（Eagleton，1993，p. 142）。但后结构主义方法的兴起也有着更深的本体论根源。同样，资本主义开始把垄断力量发展成一种新的方式，它既是一种克服福特主义公司和市场结构僵化的方式，也是一种通过利润中心和公司间关系的子公司和分包商模式
162 发展而来的灵活积累和明显分散的新方式，与此同时，语言和意义创造的新范式也出现了。它也强调变化和可变性，在分散语言系统的同时仍然保留着强烈的系统语感，当然这都绝非巧合。

哲学家雅克·德里达（Jacques Derrida）的著作提供了一种语言观，这种语言观比索绪尔语言学所设想的更加不稳定和多变。德里达的目标是西方的真实性形而上学，他认为，这种形而上学不断地寻求固定意义，限制能指的发挥，将其与所指联系起来，并提出符号和指称之间的“真实”联系。这种对意义的固定（德里达称之为“逻各斯中心主义”）实际上变成了许多文化理论中对意识形态的定义，而差异和意义的潜在的无止境的扩散或延迟则成了一种有待推广的伦理理想。以我们之前的标题为例：

> **布莱尔在危机谈话中修复与工会的裂痕**
>
> 德里达对这篇迷你文本的解读，一开始就把它当作文学作品来对待。德里达式的解码打破了诸如事实/信息性话语和小说之间的体裁差异。解构主义致力于“揭示20世纪90年代文本中被压抑的多余修辞意义——违背它们的明显意义”（Habermas，1987，p. 191）。甚至在这个简短的、明显不复杂的句子中，也有过多的能指和所指，这破坏了试图使布莱尔和工会不和的企图。围绕身体和自然也有一个不断变化的意象游戏。“危机”的一个标志是指疾病发展过程中的决定性转折点。然而，这个转折点可能是好的，也可能是坏的。一场危机可以用不同的方式来解决。能指“heal”和它的词源“repair”似乎证实了这一意象，但这表明布莱尔/工党和工会是一个不可分割的整体，而句子结构把它们放在了相反的两端。“裂痕”（rift）保留了自然意象，但由于其地质意义，它从身体之外转移到了布莱尔和工会所立足的基础上，这再次表明了其共同立场和分歧，同时也将危机定位在身体之外，这或
> 163 许暗示了《泰晤士报》及其读者愿望的实现，即布莱尔和工会都将崩溃。因此，即使在这短短的一句话里，布莱尔和工会之间的关系也存在某种“不确定性”。布莱尔和工会之间的冲突与所采用的模糊形象不一致。

如果说德里达的解构有点像学术游戏，那么米歇尔·福柯（Michel Foucault）的话语研究则是一种更为明确的政治化的方式。话语是一种语言，在社会制度中被编织成特定的概念集合。对话语“语言”的挖掘，福柯称之为考古学，而其历史发展，他称之为谱系学。对于福柯来说，话语是权力在社会秩序中循环的方式，是主体构建、分类、定义和产生关于自己和他人的知识（即权力）的手段。在疯癫、犯罪和性方面，身体话语的历史发展（谱系学）是福柯研究工作的关键。爱德华·赛义德（Edward Said）对东方主义的论述进行了著名的分析，即西方其他国家（尤其是法国和英国的殖民主义）的著作和表现方式是产生关于东方知识和东方权威的不可或缺的一部分。东方主义是“一种西方主导的风格”；是“后启蒙时期欧洲文化能够在政治、社会、军事、思想、科学和想象上管理甚至生产东方”的系统方法（Said，1978，p. 3）。

尤其是话语分析方面，我们似乎打破了索绪尔语言学、结构主义和符号学的狭隘论断。话语分析可以强调语言调动物质力量的方式。然而，正如哈贝马斯所指出的，福柯不清楚话语和物质实践之间的关系是如何被概念化的（Habermas，1987，p. 243）。他只会强化话语理论，不愿意在更大的社会整体中调解实践。例如，在报道社会冲突时，新闻和信息媒体中的“平衡”（balance）被铭刻在媒体的实践和程序中。然而，“平衡”也是资产阶级政治实践的中介。民主国家有弱点也有长处，通过被剥夺权利者的斗争，已经变得更加民主（更加“平衡”）。然而，话语理论（discourse theory）抵制制度、政治、劳动和资本之间的这种中介，因为它们不可避免地将分析引向对社会整体性的理解，而话语理论认为这是马克思主义“还原 164
论”的主要案例。

随着话语理论的出现，历史、制度和权力进入语言，但代价是符号的自主性在索绪尔语言学中没有被真正正视。雅克·拉康（Jacques Lacan）在一个著名的例子中，阐述了后来被称为“语言学转向”的新趋势，他宣称弗洛伊德的无意识可以理解为像语言一样的结构。正如在德里达的体系中，意义总是被推迟，无意识的欲望总是沿着能指的链条向下移动，永远不会完成和呈现给自己，因为它总是由它在任何时候都不是的东西所定义（就像早期标题中的“危机”的能指和所指被一系列其他符号所定义和遮蔽一样）。文化理论家认为“现实”实际上就像语言一样有结构，这只是时间问题。在一个封闭的系统中，符号与符号的关系已经专横地扩展到吸收政治、社会、历史、文化，甚至经济。话语理论的支持者对这一论点的含义的解释是这样的。当然，在语言之外存在一个现实的世界，但是我们只有通过语言才能了解它。然而，索绪尔语言学和后索绪尔语言学的概念结构是这样的，在实践中，由于我们不能通过语言来认识现实，所以现实对语言和符号的影响，无论是书面的还是视觉的，基本上都消失了，取而代之的是对语言命名、分类、排序、定义、映射和表示现实的能力进行或多或少的单向研究。索绪尔和后索绪尔意义生成理论的概念基础很少受到挑战，相反却经常被重复使用。

以斯图亚特·霍尔（Stuart Hall）主编的开放大学教材《表征：文化表象与意指实践》为例。在这里，我们发现了一个在文化和媒体分析中占主导地位的经典表述："意义并不存在于事物中，也不存在于这个世界中。它是构建和生产的。它是意指实践的结果——一种产生意义，使事物有意义的实践"（Hall，1997，p. 24）。理解"世界"还有另一种方式，但首先我们必须从事物的角度来看待世界；也就是说，惰性的、被动的、孤立的物体（或指称物）等待着语言的力量来赋予它们意义。话语理论无法
165 把握世界，真实只能作为我们自身社会活动积累起来的、集体的、相互依赖的结果。

在霍尔的文章中，世界被描述成各种各样的被动事物，而语言则是一种实践，也就是一种创造性的、积极的意义产生过程。但语言不是唯一的系统。事实上，世界不是由自然或社会的离散事物组成的，而是由关系或实践组成的，这些关系或实践就像语言是物质一样，但它们有着更深层次的物质性，因为它们构成了我们的生产方式，即我们与自然和我们彼此之间的物质交换和再生产方式。语言是这种交换的一部分，但是交换本身不能被特权语言所理解。

一个很流行的关于雪的例子启发了索绪尔关于语言的首要地位的争论。据估计，因纽特人（Inuit）的语言中有22个表示雪的词和12个表示冰的词。他们对于同一现象似乎有着比其他群体更多的理解。在这里，我们似乎有了一个完美的例子，借助符号"雪"我们"看到"的白色，变成了一种被语言的名字赋予了微妙的、高度分化的、分级的和有序的现象（Hall，1997，p. 23）。事实上，作为语言相对主义的一个例子——不同的语言系统"产生"不同的世界概念——因纽特人的例子在近年来已经被认为是一个都市传奇（Pinker，1994，pp. 44-82）。当我们翻阅霍尔的因纽特术语表（Hall，1997，p. 23）时，我们就能清楚地看到这个问题。不同的因纽特词可以被翻译成不同的形容词来描述雪（水、湿、轻、软、吹等）。实际上，他们并没有一个不同的语言世界以及用不同的方式"看"雪，他们也没有对雪的不同体验。比起在曼彻斯特甚至莫斯科的人，他们确实有更大的必要来区分每天的降雪。这反过来破坏了许多当代文化理论的语言决定论。根据语言决定论，语言产生意义。事实上，这个例子——即使是基于确凿的证据——恰恰证明了索绪尔理论和后索绪尔理论所压制的东西。爱斯基摩人的生产方式需要人与自然，以及人与人的交流，这使得雪和冰的不同性质以及它们被认为是必要的和必不可少的用途得到更细致的阐述。有关例子表明，语言不是天生具有某种自由浮动的自主分类能力，而是由既定的自然条件下以既定的
166 生产力水平确定的一系列社会关系所决定的。其中，这些自然条件塑造了语言，并由语言调节。在因纽特语中，决定其意义的不是孤立的"指称物"的雪（过去和现在已

被怀疑的反思主义语言），但同样，也不是因纽特人的语言系统，而是一套自主的约定俗成决定了雪的含义。相反，这种约定俗成是一种社会存在，是一种实践和社会关系系统。语言通过它将意义和语言压入特定的分化模式。

我们需要做一个简单而有效的区分，即语言是约定俗成的（一种社会结构），而不是武断的，在某种意义上，语言可以自由地决定自己的意义。顺便说一句，马克思在货币问题上也作了类似的区分，货币既是一种传统的符号，又是一种现实世界物质关系的标志，由此从外部决定了这个符号（Mars，1983，p. 94）。所有符号的约定俗成性表明，符指活动构成了一个创造性和灵活实践的领域，在这种实践中，人们可以在受更广泛文化模式影响的不同表达形式之间作出选择。但是这种创造性的实践与社会需求交织在一起。意义必须对社会存在的结构冲突和重叠模式（重叠是因为阶级地位总是被性别化和种族化的例子）有实际作用。意义作为一个整体的社会阶级群体维持和繁殖的手段而交织在一起。

历史唯物主义的挑战

当然，这并不是说索绪尔和后索绪尔理论在文化分析领域没有生产好的作品。但是总有一股逆流，将这些作品从历史唯物主义者对象征性生产和意义的理解中抽离出来。这在最近的时间里已经加速成为一种真正的话语下降（Palmer，1990）。然而，还有其他一些理论资源，其前提不是语言与现实的隔绝，也不是语言对现实的扩展和吸收。诀窍是要掌握修辞学（说服、理解、分类的语言象征性策略）与真实的交集，即现实不是我们的外在事物，而是我们作为社会存在活动的产物。沃洛希诺夫这样描述这类情况，“意识是一个有组织的群体在其社会交往过程中形成并作为一种符号物 167
质的存在”（Vol ŏ shinov，1996，p. 13）。符号与社会交往是一种辩证关系，也是一种相互影响的关系，尽管社会存在（强调不应沦为“经济”）占据首要地位。

在这个概念中，我们当然可以赋予语言的结构性应有的重视。在福柯或德里达之前，意大利马克思主义者葛兰西坚持认为语言“总是隐喻性的”（Gramsci，1967，p. 111），由一系列无穷无尽的比较构成。

> 东西方社会结构对事物的理解既是任意的也是约定俗成的，可以从两个角度来看，第一个角度是历史的角度，另一个角度是构建的角度来看。从一个显而易见的事实当中我们可以看出，术语的得出并不是简单地从一般人的观点出发，而是从欧洲文化阶层及文化霸权的角度来出发，使得不断进化的

> 术语能够被世界各地所接受（Gramsci，1967，p. 108）。

像其他学者一样，葛兰西认为语言是既是约定俗成的又是武断的，而且这些术语可以互换使用，但事实上它们是相反的意思。我已经说过，语言的约定俗成性指的是语言使用及其意义的社会范围、语境和历史相对性，而武断性的概念表明，语言逃避了它的社会决定，因为它意味着任何其他的符号约定也可以在相同的语境中被开发和使用，并且对符号使用者具有同等的效力。武断性的概念压制了我们面前的符号（作为历史学家或当代场景的观察者）存在而其他符号不存在的历史原因。然而，我们很容易同意葛兰西的主要观点："东方"和"西方"这两种想象的结构，是权力的反映。但如果不讨论这个问题，葛兰西的论点和福柯的论点是无法区分的。然而，葛兰西接着说（这也违背了语言仅仅是"武断"的观念），尽管它们是约定俗成的，但东西方都是。

> 东方和西方符合现实的事实，它们允许一个人穿越陆地和海洋到达一个已知的目的地，"预见"未来，反对现实，理解外部世界的客观性。理性和
> 168 现实是同一的（Gramsci，1967，p. 109）。

因此，语言（language）是我们在世界上导航时不可或缺的工具（这里既有字面意思，也有隐喻意义）。它允许我们在其内部运作，塑造世界，并利用它的客观性进行谈判。它独立于我们的理解方式。这种客观性意味着世界不能被简化成我们所想象的那样。如果可以，那么统治阶级总是可以用语言解决任何威胁它的危机或反抗。葛兰西援引黑格尔的话指出"理性和现实是同一的"。他的意思是语言想要有效，就必须与现实有某种对应。这是因为为了发展和改变我们社会活动的生产力和质量及其结果（发展生产关系和生产力），我们的语言活动和社会实践之间的某种对应是必要的。话语理性的种子是在我们必要的相互合作和日益增长的相互依赖中播下的。然而，现实是冲突和对立的社会关系的结果，而不仅仅是合作关系的结果，因此，现实的意识是争论的场所。只要社会关系发展了生产力，并从这种发展中赢得了普遍的进步，现实就是理性的，同时意识与之相对应。由于社会关系是建立在统治和剥削关系上的，这种关系阻碍了合作，否定了我们的相互依存性，并把普遍的进步扭曲为普遍的破坏或私人利益，因此它的现实和意识被非理性所渗透。当播下理性种子的生产必需品与人类自由和需求的伦理结合在一起时，理性的条件和压力以及对现实和我们符指活动中的非理性（或意识形态）的批判就会增长，而人类自由和需求的伦理不是来自阶级斗争之外或之上的，而是来自从属阶级和集团的斗争。

想想《每日邮报》(*Daily Mail*) 头版标题中理性和非理性之间的辩证关系，正如《泰晤士报》的标题已经分析过的那样：

工会武装分子又回来了，下一个目标是你的假期

空气混乱的夏天

> 在这里，理性和现实之间有一些对应关系，因为行李搬运工和机场工作
> 人员准备罢工（这不仅仅是报纸上的一个幻想，一个很容易被反驳的幻想）， 169
> 这确实会扰乱假期。但在那之后，理性和现实开始发生冲突。工人们的特殊要求和不易成为系统运动的一部分，实际上是一场有目标的战争（“武装分子”是一个与军队密切相关的词，在这里表现为侵略性暴力的意思）。受到威胁的是报纸的读者们（“你的假期”），而“回来了”这个词有双重作用，一方面暗示着对这些体面的公民进行近乎个人的报复，另一方面也与“空气混乱的夏天”有关。因为这加强了“回来了”这个词。它与另一个著名的季节性定义“非法”罢工活动和普遍的全国不安的“不满的冬天”联系在一起，而这一切可以一直追溯到1979年，就在《每日邮报》的女主人公玛格丽特·撒切尔（Margaret Thatcher）赢得那年大选之前。如果融合是意识形态典型的修辞手段之一，那么我们在这里就可以明确地看到融合，机场工作人员的特殊要求与来自“武装分子”的威胁感相融合，反过来又与1979年的事件相融合。

本文结尾揭示了所有秩序和理性的崩溃（“混乱”）与工人完全合理的要求之间的不匹配。在这里，读者发现罢工行动的威胁在于雇主提供的1.5%的微薄工资，而工人们生活在该国最昂贵的地区。文章觉得有必要在这里与工人们进行对话，这是一种“平衡”的软弱姿态。在这篇文章试图尽可能负面地定义工人的反应之后，对雇主的报价规模等信息就出现，表明了该文章对如此重要的理性参与的极不情愿。我们这里有一个哈贝马斯所说的施为性矛盾（1987）的例子，在这个例子中，语言作为意义交换的共享资源的交际合理性被施为性矛盾（报纸的实现“平衡”和严重反工会立场之间的紧张关系）所挫败。此外，读者也可能是一名工人，其利益可能与其他努力提高年薪标准的工人一致，但这一事实受到了压制。如果融合是意识形态的一种比喻，
那么压制联系（在读者和潜在的罢工工人之间）则是另一种比喻。 170

《每日邮报》的头版无疑是罗兰·巴特称为“神话”的一个例子，神话实际上是意识形态的一个虚拟同义词，至少是其众多的伪装或定义之一。巴特认为，神话是一个符号，即一个能指和所指的总和，并把它转换成另一个符号系统。因此，机场工作

人员可能进行的罢工被一个二级符号系统（神话）劫持，这个系统将罢工纠缠在从资产阶级恐惧和幻想的无底洞中挖掘出来的一系列内涵中。

> 从历史到自然，神话不浪费地运作：它废除了人类行为的复杂性，它给予它们本质的简单，它远离了所有的论证，而回到任何立即可见的情况，它组织了一个没有矛盾的世界，因为它没有深度，这个开敞的世界沉迷于鲜明的现象中，它建设了一种极为幸福的明晰状况：事件似乎是自动意味着什么[1]（Barthes，1986，p. 143）。

当然，在另一个话语中，所有的标示被动员起来表示这种或任何其他罢工的符号集合可能有非常不同的含义。甚至单个的符号或能指也可以向不同的方向变化。举例来说，好战可能不是一个因为扰乱公众而喜欢罢工的愤愤不公的人的符号，而是一个聪明的、组织良好的、准备与资本利益抗衡的人的符号。沃洛希诺夫把符号在不同方向上变化的能力称为“多重重音”（Vol ŏ shinov，1996，p. 23）。与我们对这种符号性质的理解最有关联的理论家是沃洛希诺夫（Vol ŏ shinov）的同事米哈伊尔·巴赫金（Mikhail Bakhtin）。在他的理论体系中，对符号多重强调的概念是对话。在某些方面，对话的概念类似于哈贝马斯的观点，即语言的本质是交流，这大概是因为，正如沃洛希诺夫所说，它是一个连接“个体意识到个体意识”的符号链（Vol ŏ shinov，1996，p. 11）。然而，巴赫金强调，个体意识和构成它的文字或符号不是一个统一的整体，而是像迈克尔·加德纳所说的那样，存在“一种紧张的、充满冲突的关系以及自我和他人之间的不断变化中”（Gardiner，1992，p. 28）。对巴赫金来说，没有一个
171 话语和词是自我同一的；它总是由它与其他语篇或话语中的其他词（或同一个词的不同用法和含义）的关系来塑造和定义。正是在这个意义上，符号是对话的，这当然包括一个强烈冲突之间的对话。我们已经看到，对于结构主义和后结构主义理论来说，这个词本身总是不完整的，总是依赖于它周围的其他词来定义自身的意义，而这个意义仍然部分地依赖于它不是什么。巴赫金对此有着更为“人道主义”和“唯物主义”的观点，将人的话语之间的关系建立在具体环境中，而不是建立在一种语言“系统”中。

> 这个词，指向它的对象，进入了一个充满不安和紧张的对话环境中，里面充斥着陌生的词语、价值判断和口音，交织在复杂的相互关系中，或

1 此处翻译参考［法］罗兰·巴特著，许蔷蔷、许绮玲译，神话——大众文化诠释，上海人民出版社，1999年，第203-204页。——译者注

与一些人融合，或与另一些人疏远，或与第三个群体有重合。（Bakhtin，1992，p. 276）

对巴赫金来说，这个符号在任何历史背景下，“都不能不与成千上万条鲜活的对话线索擦肩而过，而这些线索是由社会意识形态围绕着特定的话语对象编织的”（Bakhtin，1992，p. 276）。让我们以美国黑人高尔夫球手泰格·伍兹（Tiger Woods）作为一个符号为例。2002年7月，伍兹以世界头号选手的身份参加了在穆尔菲尔德举行的苏格兰高尔夫公开赛。伍兹非常富有，才华横溢，还是个黑人。在一次新闻发布会上，他被问到关于穆尔菲尔德高尔夫俱乐部禁止女性会员规定的问题。他回答说，如果每个人都有机会参加，那将是“好”的，但他认为俱乐部有权制定自己的规则，“对此你无能为力”。“事情就是这样，”突然，作为一个符号，伍兹发现自己正在梳理一些“活的对话线索”，进入一个“对话激动”的环境。在这个环境中，财富、黑暗、运动、性别的意义突然从神话般的简单和归化中被释放出来，并浮出水面。伍兹因为冷漠遭到严厉的批评，尤其是美国媒体，《纽约邮报》（*New York Post*）称他是一个没有勇气的伪君子（据推测，如果伍兹曾讽刺性地思考过穆尔菲尔德是否应该以女性解放的名义被美国空军轰炸，这是为轰炸阿富汗提出的论据之一，他会在美国新闻界 *172*
激起另一种高潮）。伍兹的财富突然间不再是魅力的符号，而是与世隔绝的符号（他那封闭的或“堡垒式”的家经常被提及）；他的黑色不再是黑人群体榜样的符号，而是一个与过去美国黑人的民权斗争断绝关系的人；与将政治信念放在首位的穆罕默德·阿里相比，他的名气不再是普遍流行的符号，而是一种温和、安全、管理良好的非政治化商品（例如，他与耐克有商业赞助协议）。

然而，我们如何判断和评估伍兹的明星形象带来的这种象征性的骚动？巴赫金在这里的用处不大。他的确提出了另一个反对对话主义的概念，他称之为“独白”。这与巴特的神话或德里达的逻各斯中心主义非常相似。在他那里，意义的固定、包含以及通过压抑矛盾、差异或对话来简化意义，都被视为值得批判的东西，也是权力者的特殊起源。然而，以伍兹为例，媒体对伍兹对性别歧视漠不关心态度的回应恰恰构成了与这位高尔夫球手明星形象的对话，开启了其安全的独白。事实上，人们可以说，围绕各种符号进行对话，例如从名人到战争，是媒体的例行公事。但如果是这样的话，我们怎么才能在媒体上获得批判性的观众呢？因为有一些假设支撑着媒体对伍兹（或战争）的反应，这需要比对话和独白概念更敏感的分析工具。一名记者在报道伍兹事件时写道，“自穆罕默德·阿里（Muhammad Ali）以来，体育界还没有一个冠军有足够的勇气敢于大声反对全球不公正现象”。[1]这里发生了某种位移。媒体当然也有

1 Kevin Mitchell，Observer（sport），21 July 2002，p. 3.

责任对不公正大声疾呼，但事实上，它觉得必须通过代理人（媒体人物）来实现，而这只不过是证实了媒体与体育产业紧密相连。在体育产业中，这种不公正的拥护者出现的可能性事实上非常小。对一个黑人来说，如果能看到民权斗争和其他形式的歧视之间的相似之处，他就会认为种族与阶级是孤立存在的（Ferguson，1998），同时也忘记了问为什么这样的期望同样不能适用于白人运动员。当然，有人可能会说，这里
173 起作用的是对话（开放伍兹的明星形象作为争论的场所）和独白（围绕一个人提出这样的问题，而媒体自身与系统的共谋角色未被承认）之间的相互作用。然而，即使这样，对符号和社会关系之间的关系仍然缺乏精确、彻底的分析。为此，我们必须借助于意识形态和霸权概念。

意识形态和霸权

意识形态本身就是一个多重重音符号，它在历史过程中被拉向了许多不同的方向，需要比我所能提供的更大空间来公正地对待它。人们普遍认为，这个术语指的是思想、价值观、信仰、意象和假设，但意识形态的地位更具争议。正如我所指出的，有一种思想将意识形态与某种意义的固定以及社会和文化习俗向自然的转化（神话、逻各斯中心主义、独白）消极地联系在一起。对意识形态还有另一个更为中性的定义，它扩展了这个术语，使之等同于一般意义的产生或意识本身（沃洛希诺夫和巴赫金有时在这个意义上使用意识形态）。意识形态的另一个版本将其扩展的意义与符号/意指实践联系在一起，但现在它在某种程度上就认识和理解世界而言是无效的（Althusser，1971），在这种情况下，很难知道如何能摆脱意识形态。

意识形态有许多定义（Eagleton，1991，pp. 1-2），但我们没有必要局限于一个单一的定义，不过我接下来将集中讨论一个版本，这个版本对于马克思主义者使用这个术语来说是相当重要的。这个版本具有批判和否定的意识形态意识，我们已经在“意义的固定/归化”批判中看到了这一点，但更确切地说，它集中于将意识形态与统治的社会关系联系起来。对约翰·汤普森（John Thompson）来说，当意指实践指“建立和维持系统不对称的权力关系……广义地说，意识形态是为权力服务的意义”时，意识形态就会起作用了（Thompson，1990，p. 7）。特里·洛弗尔（Terry Lovell）给出了一个类似的定义，但它强调了当思想被迫维持不对称的权力关系时，对其有效性的影响，“意识形态……可以被定义为错误信仰的产生和传播，其不足之处是由社会
174 驱动的”（Lovell，1983，p. 51）。

意识形态不同于错误，或不同于由于缺乏信息或用于生成知识的工具（方法论或

技术）而导致的错误。意识形态本身并不等同于假设，尽管它经常使用毫无疑问的假设作为策略的一部分。假设明天太阳就要落山不是意识形态上的，但是如果我说只要太阳还在天上，穷人就会永远和我们在一起，那么这就是意识形态，因为它利用自然的意象错误地归化了社会和历史的关系。意识形态是当符号被迫为维持剥削性的社会关系服务时会发生的事情，由于这些社会动机，这种意识形态符号在产生关于世界的知识方面是贫乏的。意识形态在大众媒体中通过移动图像和迷你叙事发挥作用，在恐惧、感觉和欲望的“本能”层面激发我们。从定义上讲，这是不合理的。然而，它仍然需要一定的系统性，因为它提供了一个网格或框架或一套组织原则和价值观（记住索绪尔的语言概念），以此来回应和解释新的数据和现象，从而有助于再生产剥削性的社会关系。《每日邮报》关于机场罢工可能性的“话语”的例子，与它看到工人们维护自己的集体权利和力量时的反应非常一致。这并不是说在第二天或接下来的一周，我们将阅读一篇支持受压迫工人事业的《每日邮报》的文章。

然而，有趣的是，《每日邮报》确实报道了斯蒂芬·劳伦斯（Stephen Lawrence）的案件，这位黑人少年在伦敦南部被一群白人种族主义者杀害。警方随后进行了公开调查。《每日邮报》在一个令人难忘的头版刊登了嫌疑杀手的名字，并说如果调查结果错了，他们可以提出上诉。支持黑人的事业并不是人们从20世纪30年代欢迎莫斯利的黑衣法西斯的文章中所期望的那样。如果说该报报道劳伦斯崩溃事件比报道罢工事件更能说明理性与现实之间的联系，那么它仍在一定的意识形态范围内运作，并试图在某些范围内界定和塑造劳伦斯案（以及有关该案的公众辩论）的意义，这些范围对该报的核心价值观和对警察等机构的信仰的威胁要小于其他（非常）可能的解释。作为一个有争议的对话符号，劳伦斯案是警察无能的一个令人震惊的案例。在这 175
里，英国司法部门让一个有着“体面”父母的有抱负的年轻人失望了。这是《每日邮报》的首选解释，他们在陈述案件的主要目标是被指控的白人青年。然而，公众（由麦克弗森勋爵领导）对拙劣的调查指出，他们未能将案件提交法庭的原因不是警察无能，而是制度化的种族主义。在这里，劳伦斯案作为一个多重重音的符号，朝着警察作为一个整体公共机构受到审查的方向发展。这大体上是较自由的当权派及其媒体的立场。围绕劳伦斯案的对话斗争中还有第三个立场，这与《每日邮报》的解释相去甚远。这一条将把拙劣的调查过程中发生的事情置于黑人死亡的更大背景下，不是放在白人种族主义“暴徒”之手，而是放在穿着酷似警察制服的白人种族主义者之手。例如，电影《非正义》（Ken Fero and Tariq Mehmood，2001，GB）提醒我们，自20世纪50年代以来，英国有一千多名黑人在警察羁押期间死亡，而涉案警察没有被提出任何指控。《每日邮报》话语中意识形态和符指活动之间的关系，不仅可以通过它所说的来揭示，还可以通过它遗漏的内容来揭示，也就是说，通过探索它所能承认或探索的差距和局限来揭示。正如伊格尔顿所指出的，“意识形态的存在是因为有些东西是绝对不能谈论的”（Eagleton，1986b，p. 90）。

到目前为止，我一直强调，符号或话语远远不是固定的、僵化的和同质的，而是一个充满竞争和对话斗争的流动场所。但与此同时，这种流动性在某些参数和模式内发生；仍然有可能确定与统治阶级的利益和价值观（不一定记得同一件事）相对应的主导意识形态。要说存在诸如主导意识形态之类的东西，并不意味着这些意识形态无缝地结合在一起，也不意味着它们没有真正的差异。一个真正的马克思主义者总是对
176 符号领域和现实世界中的矛盾同样敏感。例如，葛兰西认为，即使在天主教会内部，

> 在其表面的统一之下，实际上也存在着多种不同的、常常相互矛盾的宗教：有农民的天主教、小资产阶级的天主教和城镇工人的天主教，妇女的天主教和知识分子的天主教，这些宗教也是多种多样、相互脱节的。（Gramsci，1967，p. 91）

然而，尽管存在（或许也正是因为）内部分化和矛盾，教会仍然可以在足够程度的制度协调下运作，使其日常繁衍成为可能。社会也是如此。不仅占统治地位的意识形态相互矛盾，而且从属阶级的价值观、信仰和观点也相互矛盾。人们常常认为，为了使社会实现再生产，必须就价值观达成共识，将人们纳入维持主导社会关系的规范和信仰体系中。然而，人们越来越认识到，发达资本主义社会的特征与其说是价值共识，不如说是分歧（Gardiner，1992，p. 149）；例如，一个人在阶级体系中走得越远，就越不容易融入主导意识形态的规范和价值观（Abercrombie et al. 1980，pp. 147-8），事实上，“价值观和信仰的多样性以及个人和群体之间分裂的扩散，在对立态度可能转化为政治行动的这一点上缺乏共识”（Thompson，1990，p. 8），这反而有利于社会秩序的再生产。

这似乎与葛兰西的大众阶层概念很接近，他认为大众阶层有一种由各种信仰体系拼凑而成的“矛盾意识”，他们的观点和价值观往往来源不一致，革命理论的任务是发展成资产阶级哲学所达到的系统和连贯的世界观（Gramsci，1967，pp. 58-66）。葛兰西在大众意识中区分了常识或“民俗学”，常识或民俗学最有可能与过去和现在占主导地位的意识形态交织在一起，而好的意识形态则代表了大众意识中那些对占主导地位的秩序的主张和价值持强烈怀疑、质疑或不屑一顾的元素。像《每日镜报》（*Daily Mirror*）这样的报纸就是一个很好的例子，它是常识与理智、理性批判与意识形态的矛盾融合体。在“9·11”恐怖袭击后，它重新成为一家严肃的中间偏左的报
177 纸，并重新邀请约翰·皮尔格和保罗·富特等竞选记者，而他们在之前的右倾运动中

被解雇。该报在头版用通俗易懂的语言对英国首相托尼·布莱尔进行了攻击，而用正式、含蓄语言的大报纸则避免使用这种攻击方式。布莱尔在“反恐战争”中对美国总统乔治·布什政策的跟随一直受到批评。因为布莱尔支持武器贸易，包括英国向以色列（尽管它对巴勒斯坦人发动了战争）以及巴基斯坦和印度（尽管这两个核大国有可能在有争议的克什米尔领土上开战）出售武器。然而，除了这些立场之外，该报继续将许多版面用于报道名人的娱乐活动。这份材料充斥着常识的落后和意识形态的线索。例如，《每日镜报》发起了一场反对《老大哥3》（2002）的运动，主要依据是房子里的人都是“笨蛋”。这很难说是对这个节目和其他剥削性的电视真人秀节目机构的批评。

统治阶级在道德和智识的领导权，即葛兰西所说的霸权，显然是不平衡和矛盾的。葛兰西在贝尼托·墨索里尼（Benito Mussolini）的监狱里度过了生命的最后几年，他关心的是为什么第一次世界大战后工人阶级的好战没有转化为社会的革命性变革。尽管发生了政治和经济危机，尽管工人们在工业上具有战斗力，特别是在都灵，但工人阶级还是无法发展成为一支能够说服足够多的人的力量，使他们相信有一个可以替代资本主义的可行的政治选择。葛兰西认为，社会有机网络使得资本主义社会秩序免受短期经济和政治危机的影响，因为它发展了统治阶级的文化统治地位，以至于仅凭经济和政治危机并不会自动导致人们打破资本主义秩序。但是葛兰西并不认为霸权只是一种自上而下强化价值观和思想的过程。葛兰西是一位深刻的对话思想家，他清楚地意识到捍卫和维持霸权地位需要统治阶级不断适应变化的环境，在必要时要吸收外部的思想和价值观，并将其引向符合自身利益和资本主义制度结构要求的方向。 178

目前尚不清楚葛兰西是否认为意识形态和霸权这两个词可以互换。我个人认为区分它们更合理。我已经说过，符号和意识形态这两个术语不能混为一谈，意识形态批判恰恰在于通过它们的趋同和差异进行思考。霸权和意识形态在分析上是不同的（尽管可能经常紧密地交织在一起），原因是霸权的斗争也要求统治阶级对从属阶级的主张作出真正的让步。只要作出这些的让步，例如扩大人民投票权或形成福利国家，就可以证明这些主张可以与资本主义生产关系相适应，从而强化统治阶级在道德和智识上的领导。然而，减少对意识形态的让步本身似乎意味着，为这种进步变革而斗争的从属阶级和团体正在形成他们自己的意识形态统治。妇女和黑人（在美国）为争取普遍选举权而进行的斗争本身并不是意识形态的，尽管它的妥协确实有助于维持统治阶级的霸权。当政治民主的局限性（今天变得越来越明显）被认为是理性本身的局限性时，它就变成了意识形态，这一立场当然支持了生产过程中非民选权力的暴政。

霸权包括赢得对社会秩序和社会秩序可能采取的特定方向的认同。就赢得认同而言，这是一场文化之战（也就是说，这不仅仅是一场文化之战），它涉及一系列社会机构，包括选举政治、媒体、慈善机构、消费者团体、学校和大学以及宗教团体。然而，我们需要注意的是，不要忘记观念和价值观对统治关系的结构性作用并不是社会秩序自我复制的唯一原因。认同可能涉及非常广泛的范围，不应与统一的、无矛盾的共识混为一谈。务实地接受社会秩序，而不是狂热地信仰社会秩序，是对社会变革的有力制约。可能缺乏改变原有制度的可行想法，也可能对试图实现重大社会变革所涉及的风险进行精明的评估，而在个人政策上，每4～5年投票一次的政治家往往会
179 坚决忽视公众意愿和变革运动对社会秩序的重大威胁，这些威胁不是通过口头策略而是通过传统的强制和武力就能击退。或许更重要的是，人们每周工作40～50个小时，还要照顾家庭（family），受到马克思所称的“经济关系的无声的强制”，这种冲动消耗了参与对立政治所需的时间和精力。这种考虑为高估统治阶级“道德的和智识的领导权”倾向提供了有益的纠正。阿伯克罗姆比尔（Abercrombie）等人（Abercrombie et al.，1980，pp. 153-154）提出了这一观点，他们指出激进的理论家对意识形态的要求太多，他们希望解释社会秩序的再生产。康纳德·沃齐亚克（Conrad Lodziak，1995）提出并发展了一种观点，即“我们必须考虑到一个根本不需要意识形态的经济体的极端情况，而我们的论点是，晚期资本主义几乎就是这种情况”（Abercrombie et al. 1980，p. 173）。因为很难用这样的观点来解释为什么在一系列的问题和冲突的地点，人们可以找到系统的模式和限制，并且发现被激烈捍卫和扩展的立场，而这些立场在一系列冲突中恰好具有支持主导社会关系的便利性质。沃齐亚克则认为，意识形态一般不会激发人们的积极性（Lodziak，1995，p. 40），换言之，它们的动机更多是日常现实的，而不是抽象的、明确表达的教义，如撒切尔主义、社会主义、基督教等。很多人根据这种哲学（至少部分地）来塑造自己的行为，但意识形态在这种明确的框架之外将自己的思想和行动编织起来，并依附于一系列流行的（而不仅仅是学术的）表达方式，在情感的“本能”层面上激励自己，虽然他们的哲学或教义根源（如种族主义或性别歧视）仍然是默契的和未阐明的。

以家庭问题为例。家庭的表象就像其他事物一样，是一个对话激荡的场所。家庭的性别、组成、规模、成年人（已婚或未婚）的法律地位、家庭与国家的关系、家庭成员之间的内部权力关系［打儿童（children）是对的吗？］——所有这些问题和其他问题都是潜在的和实际的对话激荡的场所。但在现实循环中也有很强的意义等级模
180 式，而正是这些意义模式需要对作为社会结构不平等的缩影的家庭结构进行研究。例如，在好莱坞电影界，这是一个非常受欢迎的表现形式。看到家庭被外部的威胁（红印第安人、外星人、心理保姆等）所包围。关于儿童死亡的新闻媒体报道也转载了这一点。报纸和电视新闻广泛报道了孩子被陌生人杀害的情况。如果孩子失踪了，那么

媒体就设立一个新闻系列，连续几天甚至几周来跟踪事件。另一个关于凶手身份的谜团由此产生，而警方调查的进展以及由此产生的对证人的所有呼吁，则成为媒体的一个重要主题。作为凶手的陌生人不仅在叙事上对媒体有吸引力，而且在意识形态上也具有吸引力。当看到关于杀害儿童的实际统计数据时，我们开始看到这种媒体表现的意识形态含义。这种性质的谋杀很少（在英国，每年约有五起）是由黑暗、邪恶、未知的陌生人或怪物从外面入侵家庭生活的。事实上，凶手通常不是爸爸就是妈妈：

> 每年有70—80名儿童被其父母杀害，10%的谋杀案是由受害者的父母所为。大多数的死亡是无法预测的；只有事后才给我们提供了许多家庭中痛苦的线索。但我们对它们的反应并非不可预测。只不过是冷漠和沉默罢了。[1]

媒体会悄悄地报道这些故事并继续跟进。因为凶手是已知的，所以他们没有任何谜团或叙事来构建他们的故事。当父母把自己的生活和孩子的生活放在一起时，这就进一步限制了媒体以个性化的方式进行新闻报道的可能性。从意识形态上讲，这样的故事是爆炸性的。因为他们在家庭内部制造暴力和威胁，这就引发了社会结构和导致这种行为的价值观的问题。将经济竞争和危机、专制关系以及随意和常规的暴力（比如打孩子）内在化，家庭可以向各种方向内爆，杀人显然是这个机构多重危机的一种变体。最好的办法是给这个奇怪的杀手赋予一个巨大的媒体形象，比如陌生人或者孤独的怪物，因为社会和家庭都逃脱了任何持续的调查。上述引文确实来自一家全国性报纸，它对儿童凶手的描述中所包含的价值观和假设提出了质疑。然而，这样的文章经常以个人评论而非“新闻”形式发表，且在数量和质量上都与这个问题的主流表述模式无关。这篇文章比较了被陌生人谋杀的小女孩莎拉·佩恩（Sarah Payne）与杰德和凯琳的情况，杰德和凯琳（Jade and Keiren）（以及他们的母亲）是在佩恩故事发生的同一时间被他们的父亲杀死并被发现的。然而，莎拉·佩恩的父母成了全国的“名人”，接受了来自皇室和政治家的哀悼，收到了远在俄罗斯的数千张卡片，会见媒体名人并与内政大臣讨论恋童癖者的登记问题，还为莎拉制作了纪念碑，等等；而另一方面，对于杰德和凯琳的亲属来说，情况就大不相同了。祖母卡罗尔·奎恩（Carol Quinn）， 181

> 失去了三个亲人，只收到一封信，没有花的悼念。当她提出用女儿照

1 Dea Birkett, ‘Remember Jade and Keiren?’, Guardian（2）, 13 December 2001, pp. 6-7.

> 顾过的老人筹集的钱，在当地村庄的绿地上种一棵纪念树时，她的请求被拒绝了。[1]

因此，意识形态确实对精英和普通人的行为都有影响。它确实能够根据与社会秩序的兼容性，围绕特定焦点而不是其他焦点组织情感能量和强度。

本章认为，索绪尔语言学的主要弱点在于其语言结构理论和产生意义的能力完全是语言内部的，而语言与社会的决定和关系是脱节的。后结构主义语言学并没有从根本上挑战这一点，而是通过将社会世界融入语言和话语中，发展了一些隐含的“内在主义”逻辑。我认为语言对现实的单向决定必须重新设置，因为语言是通过社会而存在的。我借鉴了葛兰西、沃洛希诺夫和巴赫金的作品，展示了符号是如何被建构的
182 （后索绪尔理论也可以展示这一点），而且，符号世界必须与现实世界有某种对应关系——即使是有限的——因为社会生活和生产中的相互依存迫使人类必须进行某种合作（尽管是极度有限的）。这种理性的对应是索绪尔理论所不能容纳的。我认为应该这样定义意识形态，它是有社会动机的、系统的、有限制的或片面的、非理性的观念和价值体系，这一观念和思想体系导致了不平等社会关系的再生产。反对意识形态的斗争则包括更加充分地发展理性的对应关系，筛选出与意识形态纠缠不清的表现，以及马克思在描述他与黑格尔的关系时所说的“理性内核”。由于符号意识形态合法性的偏袒和片面性与社会统治关系有着内在的联系，因此，反对意识形态的斗争也是反对这种关系的反霸权（counter-hegemonic）斗争。

1 Dea Birkett，‘Remember Jade and Keiren?’.

7

商品拜物教与物化：世界制造的幽灵

最初一看，商品好像是一种简单而平凡的东西。对商品的分析表明，它却是一种很古怪的东西，充满形而上学的微妙和神学的怪诞。

——马克思，《资本论》[1]

我们在前一章探讨了媒体作为上层建筑的一部分如何产生了世界的意识形态表征，那么本章将反过来探讨社会和经济关系的一般组织如何对意识及其表征方式施加决定性的影响。前一章在开始时就提出，导致工业部门分工和任务分散的社会经济关系已经渗透到哲学和社会科学中，形成了索绪尔语言学的概念结构。在本章中，媒体将作为"从下而来"的动态征兆晴雨表——特别是电影，因为电影的叙事基础、对视觉（一种强有力的拜物教媒介）的重视、叙事画布的规模以及技术和经济基础，似乎都能非常清晰地表达拜物教和物化的轮廓。相比拜物教和物化——两个紧密相连的术语，读者可能对异化更熟悉。异化已成为一个普遍的流行术语，它一方面表示个体主体失去了与自己的情感和欲望的联系，另一方面，外部世界似乎始终充满敌意和深不可测；简而言之，自我和社会都变得与个人格格不入。然而，人们对异化概念的普遍理解是以牺牲解释异化发生的原因为代价的。异化概念似乎已经成为一个概括人类普遍状况的代名词。马克思的商品拜物教理论将异化概念建立在资本主义社会经济关系基础上。然后，通过卢卡奇的工作和物化概念，这种分析扩展到文化和哲学实践中。我认为，商品拜物教理论有助于我们发展一种独特的马克思主义主体理论，从而探索资本主义生活经验的心理学。迈克尔·陶西格（Michael Taussig）认为，拜物教"将生命、自主性、权力甚至统治等属性赋予其他无生命的物体，并预先假定这些属性是

1　此处翻译参考《马克思恩格斯文集》（第5卷），人民出版社，2009年，第88页。——译者注

由人类行为者训练出来的”（Taussig，1980，p. 31）。因此，为了探索从人类行为者或主体上流失的这种本质，我发展了无主体主体概念，它指的是主体通过内在系统的逻辑而获得能动性和自主性的方式，该系统首先清空了它们真正的自主性、权力和自由意志。然而，无主体主体只是物化过程的一个维度；这是资本所追求的理想主体，但由于生物世界和社会世界的物质性所产生的阻力，它永远无法完全实现。我们将会看到，鬼魂、占有和幽灵的形象是资本“非物质化”逻辑（capital’s dematerialising logic）的符号。马克思对黑格尔的批判实际上把世界精神（集体抽象理性）变成了世界市场——一个不可能比物质更残酷的制度，这听起来可能有些奇怪。但是，正如我们将要看到的，资本的非物质化唯物主义是商品拜物教的特征核心。

商品拜物教与主体

人们常说，马克思主义缺乏主体理论，或者说缺乏一个与资产阶级主体完全不同的理论（Soper，1986，pp. 20-21）。阿尔都塞因使用“主体”这个术语解释它的模糊性而闻名。作为一个主体，意味着处于事物的中心，拥有某种自主的能动性，还有相当强烈的内在一致性和自由意志。这是资产阶级哲学、政治学和经济学的理想主体。不过转眼间，这样一个主体就可以变成它的对立面，成为一个客体，也就是说，它受制于某人或某物的意志和力量：大主体（Althusser，1971，pp. 178-80）。这对应于马
185 克思主义对社会的表面形式、现象形式或表象形式的区分。在这种区分中，主体根据这个词的第一积极意义起作用，而在现实关系中，主体根据这个词的第二个从属定义起作用。如果没有主体理论，就无法解释个体和集体在表象形式和现实关系之间的心理、经验世界、文化和意识。马克思主义与精神分析理论的某种结合填补了这一学科理论的明显空白，如法兰克福学派的弗洛伊德-马克思主义或阿尔都塞时期（Coward and Ellis，1977）的马克思主义与拉康主义的结合，或最近左翼的拉康主义者斯拉沃伊·齐泽克（Žižek，1989）。

然而，商品拜物教理论恰好为马克思主义关于主体的独特理论提供了基础，即先进资本主义下，商品是主体，主体也是商品。无论是新自由主义（新右派）还是凯恩斯主义（左/自由主义）主导的经济模型都由一种主体理论支撑：这是一个做出“理性”选择的主体，目的是实现资源最大化（Amariglio and Callari，1996，p. 187）。在凯恩斯主义经济模型中，主体的这一理论，由于指出个体主体并不拥有在市场中做出理性选择的所有信息，或者指出其选择受到自身财政资源的限制，而得到修正。但这种修改基本上保留了主体模式的完整性，从而排除了主体内部和主体之间、主体做出

的选择和整个社会之间的矛盾。图7.1列出了四个需要探索的坐标，以便掌握商品生产条件下主体的竞争动态。我们已经在其他章节尤其在第5章中看到，对生产方式的压制构成了理解资本主义内部文化和理论认同的核心特征。压制、倒置、内在和分裂四个坐标将帮助我们描绘资本主义残缺的主体性。

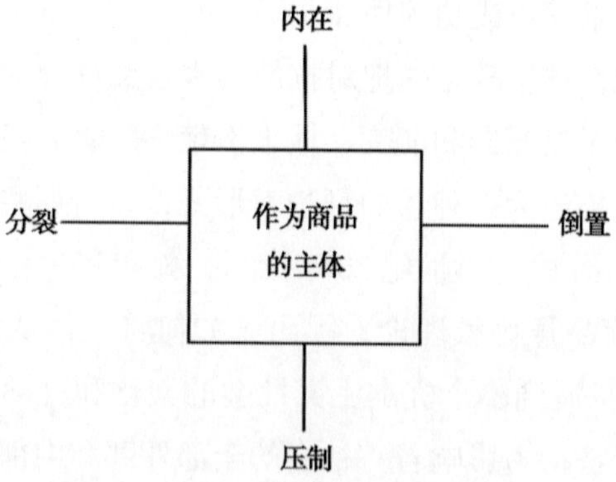

图 7.1　无主体主体

马克思在《资本论》中系统地发展起来的商品拜物教理论，是哲学概念异化的社会和经济对应物，异化是指主体在自主、自由的意志上受制于他人或某物的过程。拜
物教一词的力量在于马克思在欧洲中心主义和新兴的殖民话语中颠覆了其先前的历 186
史。拜物教其实是一个贬义词。欧洲人用它来形容前资本主义社会，随着资本主义从中世纪的封建主义中崛起，他们越来越多地与之进行贸易往来（Pietz，1996，p. 131）。对欧洲人来说，原始的宗教特点是对物质的拜物教崇拜，因此物质被赋予了神奇的力量。对于理性主义的欧洲人来说，原始人无法正确地评估事物的价值。就贸易而言，这意味着原始社会的特点是高估了相对没价值的"小饰物"，而低估了珍贵的自然和矿藏资源（Mulvey，1996，p. 125）。在无数流行文化的例子中，欧洲人和前资本主义社会之间的交流始于一个熟悉的时刻。在那里，部落首领被先进社会的普通商品所征服，而白人商人则紧张地盯着他们想要榨取的财富。在《叛舰喋血记》（*Mutiny on the Bounty*）（Lewis Milestone，1962，US）这一更具批判性的文本中，从部落榨取的被低估的大宗商品在资本主义经济中引发了同步的拜物教式的高估。布莱上尉（特雷弗·霍华德饰）是一名职业的中产阶级船长，带领船员们从大溪地购买"面包树"。在返乡途中，如果船员不服从布莱上尉就会遭到惩罚，就连喝水也是一种惩罚。布莱给船员配给水的目的是为了维持植物生存，而不是保证他们喝水的需求。后来，船员们忍无可忍，集体叛变并流放了布莱上尉。在这过程中，无产阶级船员也
使自身的历史时刻从根本上相对化了，一方面他们在与原始部落（从拜物教的苦役和 187
雇佣劳动的分工中解放出来）的相遇中倒退了一步，另一方面他们通过后来的叛变/

起义，作为社会主义生产方式的雏形在时间上前进了一步。除了资本主义、原始共产主义和社会主义的生产方式（或其预言），这部电影还在布莱的副手弗莱彻·克里斯汀（马龙·白兰度饰）形象中增加了第四个角色——一个不反对享乐的纨绔子弟，他的贵族传统和潜在的反资产阶级价值体系被迫与船员们结成阶级联盟，反对布莱的价值观念——一切为了追求商业成功的使命。

因此，对欧洲来说，拜物教是一把对抗前资本主义社会的潜在双刃剑。马克思利用这一点，谨慎地选择了投石器和箭头。他很清楚，随着人类对金钱和物质的崇拜转化为商品，将资本主义描述为一种新的拜物教形式，是对那些相信资本主义是理性和人类进步的人的挑衅和侮辱。20世纪20年代初，匈牙利马克思主义者格奥尔格·卢卡奇借鉴了马克思的商品拜物教理论，提出了如何将主体从意义和能动性中解放出来变成“物”，并将此扩展到整个资本主义社会的文化和哲学中。他称之为物化。因此，商品生产的社会经济动力影响着“社会的全部外部和内部生活”（Lukács，1971，p. 84）。卢卡奇借鉴马克斯·韦伯（Weber，Max）的合理化概念，将商品拜物教和物化与理性、科学和知识转化为事物的方式联系起来。在形式结构或外观上，理性似乎是理性的，但它逐渐抽象了它所适用的人类内容的多样性。事实上，对于形式理性来说，它对内容的多样性越是漠不关心，就越能证明自己是理性和普遍的，反之，任何试图坚持特定的和地方性的条件、材料和需求（如《叛舰喋血记》中船员对水的需求）的事物或任何人都会与非理性联系在一起，并被指责为“反科学”和反进步（Lukács，1971，p. 126）。这就是为什么布莱船长是当今世界银行、国际货币基金组
188 织等行业和全球性机构的领袖们所期待的人物。

因此，举例来说，如果疫苗接种在特定的时间和地点起作用，那么它“站在（形式理性主义的）理性”的立场，会在所有的时间和地点都起作用；如果它可以预防一种疾病，那么它对其他疾病同样有效；如果对脊髓灰质炎是必要的，那么对麻疹或对水痘也是必要的；如果它对一个孩子有效，那么它对所有孩子同样有效；如果它在单一剂量下有效，那么它在复合剂量下同样有效，甚至更有效。因此，我们转而讨论麻疹流行性腮腺炎和风疹疫苗（MMR）的争论，在这场争论中，任何表明抵抗不断扩张的理性帝国的证据，无论是来自儿童还是来自相关父母的，都被正统科学和主流政治家们斥为“非理性的”。对卢卡奇来说，形式理性与其对“具体内容”的漠不关心（Lukács，1971，p. 137）与资本主义的经济交往有着密切联系，正如我们将看到的，资本主义对人类需求和使用的具体内容同样漠不关心。事实上，疫苗接种政策是制药行业商业战略的核心，这一事实与这种形式上的合理性不无关系。

对卢卡奇来说，资本主义制度的扩张与“物化结构越来越决定性地进入人类的意识”（Lukács，1971，p. 93）密切相关。这听起来有点经济主义，但他的巨著《历史

与阶级意识》的主旨是强调（在文章中重点强调）有意识的人的能动性和政治化的活动是如何打破物化思想和实践的。商品拜物教和物化是从资本主义结构中产生的，但并不构成资本主义内部的一种固定状态，也不是一个不可避免地在所有社会、经济、政治和文化实践中扎根起来的单向对称过程。相反，它们在特定的制度和文化实践中，被社会代理人扩展、肯定和质疑。我们在第3章中看到，文化生产就像药品一样，被企业资本的经济实践强有力地放大了。至少从20世纪20年代开始，特定的产品和品牌搭配已经成为好莱坞电影的常规做法，更普遍的是，好莱坞的魅力和高生产价值已经在乐观、规模、合意和炫酷的光环下覆盖了大量消费品，有效地把好莱坞变成了美国公司在海内外市场的促销分支机构（Wasko，1994；Eckert，1996，p. *189*
98；Doane，1996，p. 121）。然而，正如前面已经说过的，我们不能通过生产过程将文本简化为直接的中介，因为那样就无法解释文化文本不仅在形式和主题层面上被物化，而且常常也是对同一物化过程的评论（尤其是在叙事媒体中）。作为物化的文化文本，对物化的考察必须明显地借鉴阶级斗争的更广泛的文化动力，而不仅仅是直接的生产背景。

拜物教的社会模型

我将把拜物教和物化模型分成两部分，第一部分强调社会维度，第二部分强调经济维度。这样做的部分原因是为了一个更容易理解的阐述。但正如在前面几章中讨论的生产方式一样，我想强调这一理论的社会性质也因为它将商品拜物教（和一般的资本）理论视为经济学的一种纠正。在拜物教的社会和经济维度之间，我想探究社会和经济拜物教所产生的压制、倒置、分裂和内在的文化形象。

按照马克思主义理论，拜物教/物化/异化的基本形式结构如图7.2所示。在形式层面，它与拜物教的精神分析理论颇为相似，后者“集中体现了人类将价值投射到物质对象上的能力，并抑制投射已经发生的事实，然后将对象解释为价值的自主来源”（Mulvey，1996，p. 127）。在过程（a）的第一部分，主体自身的权力被重新分配给客体。在马克思主义模型中，负责这一过程的社会关系构成了商品生产的真正关系，通过这一过程，客体聚集了主体的力量。主体的力量，即客体已经积累或占有的力量（甚至在形式上，马克思主义和拜物教的精神分析模型之间也有不同之处，对于后者来说，这种攫取首先被投射所取代），面对主体的时候，不是被看作自己重新安排的权力，而是作为权力被视为由客体本身发出的。在过程的第二部分（b）中，主体自身的力量作为客体物化的“物”的力量（我称之为内在）回归到主体自身。 *190*

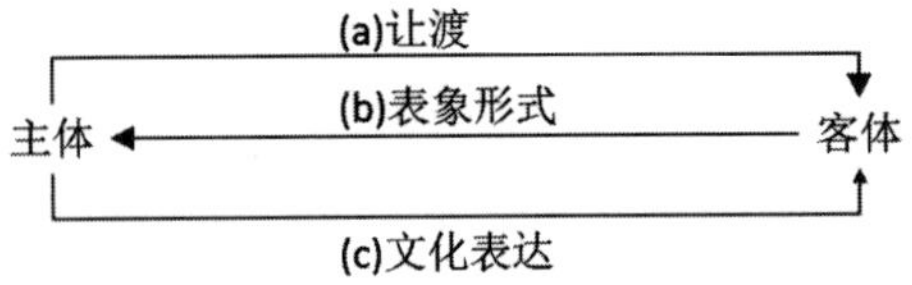

191 图 7.2 商品拜物教模型

正如我在前几章中强调的那样，“表象形式”一词并不仅仅指头脑的幻觉或把戏。这里的“形式”指的是实物，如货币和市场机构。然而，虽然在物理和社会意义上都是真实的，但“表象”这个术语指的是形式的性质和特征，而且这些形式以各种方式抑制了它们所建立的真实关系。因此，作为一个范畴，拜物教指的是真实的实践活动，以及这些实践中隐含的特定意识形态。正是拜物教的两个组成部分在表象形式中起作用。模型的最后一部分（c）代表了主体认同实践的程度，或生产与表象形式一致的表现形式。在这里，实践中隐含的东西在具体的文化活动中被社会行为者详细阐述、扩展和肯定。这并不是说主体赋予客体一种它所没有的力量（拜物教此时仅仅是幻觉或精神分析的投射），而是它没有认识到真正对抗自身的力量基础是自身的集体自我异化（再次压抑）。正是在表象形式及其相应文化阐释的层面上，我们发现主体受制于内在、分裂、倒置和压抑的现实和幻想。

显然，媒介在建构符号商品中起着重要的作用，它内化和促进了某种与表象形式相对应的意识、认同和幻想的模式。商品拜物教理论之所以有用，是因为它解释了为什么媒体的表现可能具有强大的意识形态效应。媒体有很强的表现力，不是因为它们在兜售幻想，而是因为，如果它们真的这样做了，那些幻想将会更容易被打破和消除。事实上，它们的力量来源于当被崇拜成表象形式时，它们与社会关系的对应方式（Mepham，1979，p. 141；Rees，1998，p. 88）。这似乎表明，商品拜物教与其说是意识形态理论，不如说是一种解释意识形态生产（使主导社会关系系统合法化的思想和价值观）的理论。在这一点上，马克思主义文献中有一些模棱两可的地方，这也许是因为物质实践（在这里是表象形式）和思想/表现之间存在严格区别。然而，正如齐泽克所说，构成主体生活世界的形式和表象的实践，确实在它们的经验组织中隐藏着意识形态。意识形态不仅存在于人们的思想中，也存在于人们的行为中（Žižek，1989，p. 31）。商品拜物教的意识形态幻想，就像媒体、宗教、政治、教育、哲学、理论等专业领域产生的意识形态一样（上层建筑的文化阐释），被刻在真实的物质实践中。而商品拜物教是一种非常特殊的意识形态理论，不同于上层建筑的意识形态生产。商品拜物教理论认为意识形态是从生产方式的“下面”产生的。正如我们在第5章中看到的，生产方式范畴解释了资本主义具体生产所采取的社会形式。同样，商品拜物教解释了为什么意识形态生产在完全不同的制度领域中，具有内在、分裂、倒置和压抑的结构特征。

现在让我们回到构成真正关系的过程的第一阶段，用劳动和资本等内容分别填充主体和客体的形式范畴。没有生产资料的劳动者，必须把自己的劳动力卖给拥有生产资料的阶级。正是劳动创造了价值（超过它所获得的工资）。在一部分价值被再投入到生产过程从而实现积累资本之前，资本家在市场上的产品流通过程中将这种剩余转化为货币资本。劳动然后生产资本，这样就把自己当作一个对象生产出来，成为一个可以随意被转移和放弃的生产要素。这是反演过程的一个例子，但同时也是分裂的一个例子。当劳动作为一个客体而被产生时，它既是一个主体又是一个客体，因此，作为一个主体，通过内部分裂产生了它自己的对象化，就像劳动和资本之间存在裂痕一样。不仅如此，资本——这种被崇拜的劳动产物，也成了主体（再次倒置），因为它的形式和表象暗示着它的权力来自自身，就像股票价格的上下浮动似乎与创造财富的人类劳动没有任何关系（内在）一样。然而，资本不可能是一个真正的主体，它是主体自身异化的制度化和外化的表现。因此，在资本结构中占据关键控制地位的个人（资本的人格化）及其作用是促进真正的主体（劳动）服从客体（资本），是资本体系中被空心化的主体和客体。因为资本在本质上是不可控制的，即使少数人从制度中获得了无耻的利益，即使他们在其中占据了权力的位置，制度的必要性也不受人的控制。资本是一种“特殊的无主体控制模式，在这种模式下，控制者实际上是由资本系统的拜物教需求所控制的……因为生产和控制彻底分离”（Mészáros，1995，p. 66）。

《死亡密码 π》（*PI*）和无主体主体

在《资本论》中，马克思发现了世俗的商品拜物教和“迷雾笼罩的宗教世界”之间的相似之处。“在那里，人脑的产物表现为富有生命的、彼此发生关系并同人发生关系的独立存在的东西”[1]（Marx，1983，p. 77）。当面对不再承认是来自自身实践的产品和结果时，意识分裂成一种或另一种特征性反应，以调节其与异化产品的关系。统治商业世界的一个对策是开发正式的理性行为和分析模型（如政治经济学）；另一个明显对立的反应是发展基于信仰和魔法的反理性模型。这两个极点，和所有的极点一样，不仅明显地彼此对立，而且相互联系。资本与宗教并存是达伦·阿伦诺夫斯基的电影《死亡密码 π》（1997，US）的主题，这部影片讲述了主人公的拜物教欲望。故

1 此处翻译参考《马克思恩格斯文集》（第5卷），人民出版社，2009年，第90页。——译者注

事重点介绍了一位数学天才马克斯·科恩，他正在开发一个预测股市走势的公式。与马克思所批判的资产阶级政治经济学的形式理性不同，马克斯·科恩的数学理论是形式理性的缩影，他试图通过无视社会内容的、形式化的、数量化的手段来理解社会关系。马克斯的任何发现都会受到无情的股票市场分析师的追捧，但有趣的是，他被一群犹太卡巴拉神秘主义者追求，因为他们试图用数学理论来解码“托拉”（被认为是上帝的话）的隐藏含义，从而将形式理性和神秘主义结合起来。这部电影明显地将积累之神和上帝的话语进行了类比。这些领域在内容层面上产生了非常不同且相互冲突的意识形态，但它们的意识形态的形式却惊人地相似。对股票市场分析师和犹太卡巴拉主义者这两个群体来说，他们的欲望对象作为自己活动的异化产物，都是神秘的。他们的行动和意义需要通过理性或非理性的框架，或者二者的某种结合来推测。资本家和唯心论者都努力把从他们手中分离出来的东西重新控制起来。因此，形式理性和神秘主义通过将系统的逻辑内在化，将一些权力和代理归还给主体，而正是这些逻辑将主体从控制中分离出来。我们在这里看到的是无主体主体的创造，这些主体内化了社会关系的客观化逻辑，注定要再次成为主体。影片的叙述是通过马克斯的意识过滤出来的，随着马克斯的心理逐渐走向崩溃，叙述变得越来越支离破碎和不和谐。但他的“疯狂”只是世俗和神圣世界客观疯狂的一面镜子。

内　在

内在是指在实践和意识中社会关系网络逐渐被抹去的过程，最终以社会和经济危机的形式回归（作为被压制的）。正是因为构成社会整体的社会网络（真正的关系）
194 确实以危机（如环境危机）的形式回归，我们才可以假设表象为表象。对让·鲍德里亚这样的后现代主义者来说，除了表象形式或者他所说的拟象，什么都没有。这些符号是“每一个指称物的死刑判决”（Baudrillard，1994，p. 6），而且它们不论哪种形式都不涉及真实，真实本身也不能因此而引发危机。异化美学中的拟象问题是我们稍后在分析电影《移魂都市》（*Dark City*）（Alex Proyas，1997，US）时会提到的，历史唯物主义只能赋予这个问题有限的力量，或者至少坚持认为它是矛盾现实的一部分（而不是总和）。但是让我们先回到文本化（一种非物质化的形式）的问题。卢卡奇用一句有用的话来描述物化是如何侵蚀重叠的“现实层次”的（Lukács，1971，p. 127）。商品拜物教抑制、磨掉和去物质化了某种活动或商品的社会关系，只留下了物质性、孤立性或与其他事物的相互依赖性。这种对实践或活动的社会背景只有微弱的可察觉性的感觉，赋予了社会整体某种程度的、幽灵般的性质。正如我们在第6章中所看到的，马克思主义平衡了中介概念与资本主义无情的去文本化/去物质化：

> 因此，中介作为克服经验的纯直接性的方法论杠杆不是什么从外部（主观地）放到客体里去的东西，不是价值判断，而是它们自己的客观具体的结构本身的显现。但这一结构……才能显现出来。因为如果客体的经验存在本身不是一个早已被中介的存在的话，中介也许就是不可能的，这个存在一方面只有在缺乏中介意识时，另一方面只有在客体（正因此）被从真正规定性的联系中拉出来置于一种人为的孤立中时，才能获得直接性的外表[1]（Lukács，1971，pp. 162-163）。

迈克尔·陶西格在谈到“自我封闭的事物”和作为“自我封闭的事物的私有化细胞”时，抓住了去物质化过程的一些东西。在逻辑上，内在是从主体/客体被剥夺的现实的重叠层次的侵蚀而产生的。从上下文的相互依赖中解放出来，主体/客体可以表现得好像其权力和作用主要来自自己的身体和形式（当“事情”出错时，责任可以 *195*
分配到个人而不是系统）一样。在商品拜物教下，“什么是真正的结构性效应，元素之间关系网络的效应表现为其中一个元素的直接属性，好像这个属性与其他元素的关系也属于它”（Žižek，1989，p. 24）。

传统上，社会性的衰退是男性身份和男子气概的核心。男性身份和男子气概在“自我封闭的事物”的内在上投入了大量精力，而女性传统上被描绘成依赖和相互依赖（interdependence continued）的能指，而这往往被认为是对男性气概的威胁。然而，这种威胁也有一种吸引力，就好像传统的男性主义感觉到了纯粹内在的孤独和不可能。不过这又是不可能的，因为价值——无论是作为一个人的价值还是经济价值——都是无法衡量的，也不能有意义的，除非它可以和其他东西相比。在诸如《搏击俱乐部》（*Fight Club*）（David Fincher，1999，US）和《美国丽人》（*American Beauty*）（Sam Mendes，1999，US）两部电影对消费文化的批判中，女性作为救赎和威胁的观念是显而易见的。自相矛盾的是，男性气质的内在版本并没有在消费文化中看到他们自己社会性衰退的镜像，而是将消费主义对物质的依赖与女性的柔弱联系在一起。《搏击俱乐部》和《美国丽人》中的男性主角把装满消费品的家视为陷阱；在《搏击俱乐部》中，杰克（爱德华·诺顿饰）点燃了他的豪华公寓，全身心地展开搏

---

1 此处翻译参考［匈牙利］格奥尔格·卢卡奇著，杜章智、任立、燕宏远译，历史与阶级意识，商务印书馆，1999年，第249-250页。——译者注

斗来锻炼自己，而《美国丽人》中的莱斯特·伯纳姆（凯文·史派西饰）则搬到了更能凸显男子气概的举重车库里。在《搏击俱乐部》中，男性内在的形象有一个集体的表现形式。集体的内在可能听起来像一个矛盾，但“自我封闭的事物”不只是需要个人主义。《搏击俱乐部》中男性的集体主义（除了复制男性间的从属关系，就像消费主义的束缚一样削弱自主性）确实认为自己超越了社会性，这就是搏击俱乐部后来演变为恐怖主义网络的原因。《搏击俱乐部》的反商业暴力在“9·11”事件后是不可想象的；但该片中破坏和恐怖暴力的画面，如同9月11日的暴力场面一样，生动地表明
196 恐怖主义是一种政治内在的行为。恐怖主义者并不认为自己能从内部采取集体和民主的方式改变世界，而是从一个超越世界的立场，一个必然是专制主义或独裁主义的立场，来思考问题？归根结底，内在是一种对世界的宗教概念。

分　裂

主体与客体的分裂成为哲学的主导，但对马克思主义来说，这是一种基于特定历史环境的分裂。在卢卡奇关于中介的论述中，他指出这一概念不是一种价值判断，也不是强加在现实的“是”上的应该。他强调要将自己的立场与其所批判的资产阶级哲学区分开来。他发现“应该”和“是”、价值和事实之间的分裂是典型的资产阶级文化。这是因为资产阶级经济的世界本质是非道德的，除了经济计算和积累之外，无法维持任何价值。因此，价值判断（“应该”）和道德往往用于如政治、艺术、宗教、家庭等领域，从而让人们去思考，将一个超出自身范围的经济体系合法化，并认为它是一个不可改变的事实。人们只能惊讶于意识到“是”和“应该”之间的鸿沟对主体的心理影响。例如，儿童电视节目充斥着“应该”的镜头，即要对人友善、分享资源、照顾他人、不要自私和贪婪、要合作、要宽容和理解等。然而，所有这些都与这样一个事实形成鲜明的对比，即这些价值观在很大程度上已从生产世界中消失，从而对家庭和学校产生影响。对于成人世界来说，儿童成为矛盾的储存库，在这些矛盾中，他们被期望遵从一些理想主义的“应该”，却又不断地落空，从而象征着社会正在走向灭亡，这一点在媒体对儿童的描述沿着天使和恶魔的二分线分裂方式中显而易见。

吉尔莫·德尔·托罗的《鬼童院》（*Devil's Backbone*）（2001，Sp）故事发生在西班牙内战期间的一所孤儿院里，当时共和党/社会党反对弗朗哥的法西斯/君主主义/天主教/资产阶级联盟。孤儿院里有一个叫桑蒂的小男孩，后来被哈森托秘密杀害了。哈森托以前是孤儿院的学生，现在是这儿的看门人。哈森托想要窃取共和党人藏

在孤儿院保险箱里的黄金，目的是资助资产阶级联盟。这部电影以深刻揭示“是”与 197
“应该”之间的鸿沟形象开场。世界上几乎没有一种意识形态（法西斯、自由主义、社会主义）在理论上不重视儿童。然而，这部电影从一次空中轰炸开始，我们的视角从飞机的腹部开始：飞机的舱门打开后，炸弹穿过云层落向地面（和下面的孤儿院）。从形象上讲，这既是对观众的一种谴责，也是对孤儿院里自鸣得意的成年人的谴责，因为他们认为男孩只是逃跑了。因为西班牙内战是第一场平民百姓——当然也包括儿童——遭受空袭的战争，这一恐怖事件启发巴勃罗·毕加索创作了著名的油画《格尔尼卡》。在考察冷战后时代的残骸时，应提醒人们，空中轰炸的可怕根源在于法西斯认为死亡技术的使用是有益的。

然而，当社会主义者关于人们应该喜欢什么和应该做什么的理性主义学说被反复出现的非理性事实所混淆时，他们也可能倾向于“是/应该”的二律背反。孤儿院的卡萨雷斯医生不相信鬼魂或超自然力量。这部电影的英文名字是指在分娩中死去的婴儿的脊柱。迷信的当地人用魔鬼的诅咒来解释这一点。卡萨雷斯指出贫困当然是正确的，但不考虑对非理性的需要和助长贫困的欲望，这是一种自满和高压的表现。经营孤儿院的老妇人卡门比较自卑，屈从于对哈森托的性欲，而哈森托与她同床共枕，只是为了拿到打开保险箱的钥匙。像所有人一样，独腿的卡门和伤心的哈森托的心理被社会秩序深深铭刻上了压抑和绝望。正如让-保罗·萨特在谈到热内特时所写的那样，“我们必须揭露这个主体——那个有罪的主体和随时都可能变成的可怕的可怜虫”（Taussig，1996，p. 217）。

商品拜物教的悖论在于，它在一个层面上是一种物质实践，且是自主的实践；但它也是一种否认更深层次的唯物主义实践，即卢卡奇所描述的决定因素的复杂性。因此，物质实践和活动具有典型的拜物教分裂结构，即“好像”。在通俗的话语中，“好
像”一词表示对某些主张的冷淡怀疑。它意味着主体模型能够识别表象/主张和现实 198
之间的差距，即主体位于自身之外的鸿沟。但事实上，在资本主义制度下，这种差距已经深入到主体内部。实际上，在日常生活中，我们总是以“好像”的方式行事。回想一下第2章中那句发人深省的话：当时，互联网上的一名评论员称，好像20家公司都认为自己将占据30%的市场份额。似乎拜物教的结构包括对证据或知识的抑制——或者至少是同时并存的——这与正在从事或消费的行为中隐含的内容相矛盾。

在《破釜沉舟》（*Last Resort*）（Pawel Pawlikowski，2000，GB）中，蒂娜·高逊扮演一名俄罗斯移民坦尼娅，当她的英国男友没有出现在机场时，她申请了政治避难，然后被当局遗弃在一个阴暗的海滨度假胜地。后来她在那里经历了一段美好的时光，并且被一个肮脏的网络色情商人招募为色情表演人员。在第一次网络表演中，她因为崩溃而停止了表演。然而，色情商人还是恳求她回来。显然，在“哭泣的女学

生”表演中她很受欢迎。虽然有证据表明，这种行为是痛苦的，因为它是在强制的条件下进行的，但消费者否认这种认识，并将行为的崩溃重新解释为行为的一部分。在日益美国化的服务业中，消费者希望员工表现得好像他们真的很幸福，并忠实于自己的职责。即使我们很清楚他们并非这样，但这不正是消费的真实写照吗？当消费者占据了其他的社会身份时，他们是否会像剧中的演员一样，继续扮演着一个自己无法控制的角色呢？例如，英国那些坐在教堂长椅上的游手好闲的中产阶级，表现得好像是出于宗教和精神上的原因而来，但实际上，他们在那里很大程度上是为了确保自己的孩子能上著名的教堂学校。当然，英国圣公会和天主教教会，清楚地知道为什么这些人突然找到了信仰，其实他们自己就像《破釜沉舟》中的嫖客一样，也不太相信这个原因。消费文化中普遍存在的绩效原则和对绩效条件的否认，将发达资本主义的主体一分为二：一方面是最容易轻信的怀疑者，另一方面是最偏执的愤世嫉俗者，他们
199 不相信任何人。正如我们在第5章中看到的，这个分裂的观众/主体准确地捕捉到了《老大哥》的说话方式，在这种方式中，情感和关系的真实性不断地被肯定和揭露。

倒　置

资本主义的特点是特有的社会性衰退（去物质化）出现了反常的辩论颠倒。马克思指出，社会关系“似乎……表现为人们之间的物质关系和事物之间的社会关系”（Marx，1983，p. 78）。马克思在这里写的是拜物教过程，通过这一过程，物质性从其所嵌入的社会关系中分离出来。历史唯物主义通过重新融合已经支离破碎的物质物质性和社会物质性来对抗商品拜物教。在大众文化中，这种分裂过程的一个非常明显的例子就是广告将事物拟人化。广告赋予商品生命以及代理、能动性和价值（马克思的“事物之间的社会关系”）的人类品质，即资本主义正在稳步地通过物质（仅仅是物理意义上的）对象（主要是金钱）不断地与社会关系脱离。在对19世纪巴黎消费主义起源的考古发掘中，沃尔特·本雅明对保罗·西乌丁发表了评论。在剧院活跃多年后，他开了一家糖果店，“从和平街的大橱窗里……糖杏仁、糖果、蜜饯和甜饼干好像在皇家宫殿里一样，以单幕戏剧小品的形式向公众提供”（Benjamin，1999a，p. 178）。这一消费资本主义化石在当代现象中找到了它的尽头，比如公司的商标受到一系列法律权利和执行机制的保护，而工人和人权却不断遭到贬低和忽视。商标甚至可以拥有（就像Siaudin的糖果一样）戏剧性的生活或职业生涯，甚至独立于最初创建它们的公司，比如破产的独立电视数字公司发现它最有价值的资产之一是用来做宣传广告的备受欢迎的毛绒猴。当公司的员工收到裁员通知时，独立电视数字公司和创造

它的广告公司之间爆发了毛绒猴所有权之争。生活就是这样，当事物获得了社会中介时，人就变成了纯粹的物质。200

接下来我们讨论商品化的媒体和消费文化是如何颠覆女权主义（Feminism）的政治挑战的。作为女权主义者对女性平等更广泛主张的一部分，女权主义文化剖析了性物化女性的表征策略，从而使他们丧失了能动性。复杂的社会变革确实带来了新的男女平等，但这是对象化的平等，而不是解放的平等（MacKinnon，1998）。在电视连续剧《欲望都市》（*Sex and the City*）中，四个主要的女性角色是性猎手，而对她们而言，男性成了凝视和欲望的可互换对象（尽管对长期承诺不感兴趣的性活跃女性的场景也可以作为男性的幻想）。因此，先前的性对象通过占有对象化机制而成为主体。但这种主体性并不比主体试图利用形式理性来获得社会代理权更令人满足。与形式理性一样，物化的欲望与人类无关。在这两种情况下，主体都变成了系统逻辑的载体或人格化，而不是一个真实的代理，它们变成了无主体主体，就像在《死亡密码 π》中一样。阿多诺在其作品中描述了一种类似于无主体主体的动态，"主体的真正无能在其精神上的无所不能中得到了回应。自我原则模仿它的否定"（Adonor，1973，p. 179）。

《欲望都市》中的女性属于职业中产阶级，她们在社会上总是处于更有利的位置来接受和适应社会制度的要求，这绝非偶然。主人公嘉莉对每一个人物事件的叙述都减少了叙述性的阐述，使得场景和女性的爱情生活之间迅速地交替，这突出了对象化的男性来去匆匆的轨迹。然而，由于对象化的平等本质上把人际关系简化为商品和形式理性的机械的、可互换的世界，性活跃的女性解放形象被分裂，并不断倾向于退回过去更传统的性别角色。因此，正如一位评论家在《欲望都市》中指出的，"除了巨大的器官和可怕的高潮，女孩们想要的和她们的母亲完全一样：嫁给白马王子"。[1]这是因为通过逆向投射，可以想象出人类持续承诺和联系的幻想假象。201

压　抑

另一个思考社会性衰落、非物质化含义的方法是压抑。在探索资产阶级对自身生存条件的压抑时，马克思在《共产党宣言》开篇引用了著名的"共产主义的幽灵"。他认为，这个幽灵一直困扰着资产阶级。马克思想强调资产阶级对尚未实现的东西是多么地恐惧。随着幽灵的到来，马克思"宣布并呼吁未来的存在"（Derrida，1994，p. 101）来预言一个尚未发生的未来，而不是像幽灵通常那样，总是预测业已过去的

1 Yvonne Roberts，Observer，5 May 2002，p. 30。

东西的踪迹。资产阶级压抑了另一种历史轨迹，也压抑了隐藏着另一种未来的集体力量。就像所有的压抑一样，这源自不想承认一些伤害你的东西，一些质疑你存在的基础和价值观的东西。处在资产阶级世界边缘和中心的是工人阶级，马克思的共产主义幽灵想要进入并占有这个“身体”，以便在真正的革命生活中把精神（或理论）和肉体（或实践）结合在一起。工人阶级的身体在资产阶级的工厂里劳作，伤痕累累，四分五裂，仅仅被看作生产要素，他们在精神上和物质上同样贫乏。资产阶级工厂里有无数的社会罪行，共产主义幽灵想要纠正的正是这些罪行。

《共产党宣言》有当代电影中许多幽灵的基本模板。一种主导的、常常自满的社会秩序压抑着挑战其存在和价值的事物，排斥反对派，略过其所实施的暴力痕迹，同时一些幽灵的出现要求承认过去的不公正，要求挽回它的记忆，或者要求进行老式的血腥复仇。至少在《糖果人》（*Candyman*）（Bernard Rose，1992，US）、《午夜凶铃》（*Ring*）（Hideo Nakata，1998，Japan）、《午夜凶铃2》（*Ring 2*）（Hideo Nakata，1998，Japan）以及《鬼童院》中都如此。亚历桑德罗·阿曼巴的《小岛惊魂》（*Others*）（2001，US）并非以同样的方式表现，但它也是一个对压抑的有趣沉思。事实上这里有三重压抑。首先，妮可·基德曼扮演的格蕾丝并不知道自己是个幽灵，而她压抑了对自己两个孩子的谋杀和随后自杀的记忆。其次，这部电影激发了战时
202 合作的棘手问题，故事发生在纳粹占领结束不久的泽西岛。和许多人一样，格蕾丝把自己从与法西斯主义斗争的历史关头中孤立出来，躲在家里愤怒地反对投身战争的丈夫。尽管格蕾丝在某种程度上为自己的孤立主义找了一个合理的借口——孩子们对光线很敏感——但其中的教训无疑是，在危机时刻——当今的永久状态——任何对私人领域的真正保护都需要公众参与。最后，还有一种阶级压迫。格蕾丝没有认识到在20世纪，尤其是在战争期间，阶级关系的轨迹已经改变了她自己的阶级和工人的阶级。

她的“庄园夫人”态度给人一种与历史和阶级不符合的感觉。当三个人上门来找工作时，人们立即怀疑，她是19世纪的复古幽灵。在第二次世界大战中，大众的出现加速了他们对政治和社会生活的影响，使得有限的机会和顺从“楼上/楼下”的场景成为过去。随着电影的发展，这些幽灵般的佣人明显地表现出某种幽灵般的反抗，他们有着自己的设计和越来越公开的反抗。但是这种反抗并不是表面上看起来的那样，当然也不是马克思所设想的那种；它甚至没有亨利·詹姆斯的《螺丝在拧紧》（*Turn of the Screw*）（Jameson，1999，p. 39）那样的阶级怨恨。他们并不想告诉统治阶级，代表她的时代已经过去，而最终只让她知道一个更温和的信息。他们想提醒她注意她的新身份和改变了的生存状态，同时维持雇主和雇员之间的基本关系。他们反抗的局限性在于，他们只是想继续他们的旧角色，在他们被结核病夺去后一直出

没的房子找一个新的情妇。这就是这部电影隐秘而无意识的信息。尽管战争给生者之地带来了种种变化，但幽灵般的延续仍然存在。电影的叙事结构使得最终揭示格蕾丝真实的幽灵状态成为电影中最重要和最能宣泄情绪的时刻，在这一刻，我们对事件的了解和关于格蕾丝的信息最终汇聚到了一直都了解一切的佣人身上。在这之后，就没有别的地方可去了，当然也不能再次进入阶级斗争的领域。然而，就在一切被揭露之 *203*
前，关于那个令人震惊的时刻仍然有话要说，当观众翻转到活人的土地上时，我们第一次看到了格蕾丝对新资产阶级所有者产生幽灵般的影响。因为在秘密安慰观众的同时，连续性实际上是工人阶级的全部愿望，而我们在这一场景中看到的事实是在一代人取代另一代人的过程中统治阶级的时间延续性已经褪色，这一事实暗示了对连续性的不同评估，马克思在《路易·波拿巴的雾月十八日》（*Eighteenth Brumaire of Louis Bonaparte*）中把这一点描述为“所有死去的一代人的传统就像活着的人头脑中的噩梦”（Marx，1984，p. 10）。

商品拜物教的经济学

我们接下来要建立商品拜物教的经济维度。马克思在《资本论》特别是开篇章节中，对其做了系统的阐述。马克思以对商品的解剖开启了对资本主义的分析，商品是资产阶级社会的“经济细胞”（Marx，1983，p. 19）。这种商品——显然如此地普通和平庸——是一个缩影，它清晰地勾勒出资本主义内部一些基本矛盾的轮廓。马克思对商品形式的批判也是对伴随商品形式的意识的批判。

马克思认为，商品是使用价值和交换价值的统一体。商品的使用价值是通过其用途（潜在的多重性和变化性）实现的，而不是商品本身的本质和固定性决定的。正如托马斯·基南所说，“这个公式并不意味着使用的无限性——一个人不可能用一个东西做所有事情——而是一种不可预测性，一种对新环境的结构性开放”（Marx，1996，p. 160）。使用价值不仅具有潜在的开放性，而且种类是多样的，在满足人类需求的特殊性方面也是具体的。然而，使用价值的异质性只是商品的一极，它的另一个主导极是马克思所说的价值和交换价值。这些范畴代表了资本的“商业优先”逻辑，它们渗透并构建了使用价值，阻断了它的“结构性开放”（例如，我们在第2章中看到的纳普斯特和P2P技术的情况），并且只维持那些在任何特定时间可以与价值共存 *204*
的使用价值。

价值赋予了商品经济价值或在社会中的分量。对马克思来说，劳动创造了剩余价值（比劳动再生产自身的价值更大，当然也比它所获得的工资还高），因而创造了社会财富，因此可以说，商品的价值实质是凝结的劳动，即转换材料、应用技术和工艺的能力。劳动是所有商品的公分母，是万物之母（当然，自然是另一个万物之母）。但是在资本下，劳动的多样性和特殊性并不是用价值来表示的。“作为使用价值的上衣和麻布是有一定目的的生产活动同布和纱的结合，而作为价值的上衣和麻布不过是同种劳动的凝结”[1]（Marx，1983，p. 52）。正如形式理性对人的内容不感兴趣，资本对人类劳动及其结果的特殊性也不感兴趣。“要造这样一面反映价值的镜子，劳动本身就必须只是反映它作为人类劳动的抽象属性”[2]（Marx，1983，p. 64）。这种抽象是工人不能“将劳动视为生活的一部分，而只能将劳动看作其生命的一种牺牲”的主要原因（Marx，1967，p. 62）。除了商品的使用价值，生产商品的劳动“是人类劳动力的耗费……商品价值体现的是人类劳动本身，是一般人类劳动的耗费”[3]（Marx，1983，p. 51）。因此，劳动成为“抽象的、相同的、可比较的劳动，……可以越来越精确测量的劳动”[4]（Lukács，1971，p. 87）。如果劳动实际上是同质的、统一的和抽象的（没有具体的细节），是价值的实质（Murray，2000），那么时间就是它的度量，即用商品的价格或交换价值来表示价值的大小，供给和需求围绕平均价格波动。它是劳动产品（具有特定技能）和生产某一特定产品所需的平均社会必要劳动时间，其作用是衡量和量化从而（通过竞争）使劳动和储存在商品中的“价值”数量相等。正如马克思在《哲学的贫困》中所写的那样：

> 由于人隶属于机器或由于极端的分工，各种不同的劳动逐渐趋于一
> 205 致……
>
> 钟摆成了两个工人活动的精确的尺度，就像它是两辆机车的速度的尺度一样……时间就是一切，人不算什么；人至多不过是时间的体现。……只有数量决定一切：时对时，天对天[5]（Marx，1967，p. 151）。

身体隐喻让人们联想到，活人的身体被价值关系挖空，只剩下一个外壳；身体的物质一旦被掏空，劳动就被时间所占有，时间是根据价值的数量法则来构思的；身体成了时间的主人。虽然身体是活的而且必须是活的，因为这样才能对资本有价值，也

1 此处翻译参考《马克思恩格斯文集》（第5卷），人民出版社，2009年，第58页。——译者注
2 此处翻译参考《马克思恩格斯文集》（第5卷），人民出版社，2009年，第73页。——译者注
3 此处翻译参考《马克思恩格斯文集》（第5卷），人民出版社，2009年，第57页。——译者注
4 此处翻译参考［匈牙利］格奥尔格·卢卡奇著，杜章智、任立、燕宏远译，历史与阶级意识，商务印书馆，1999年，第151页。——译者注
5 此处翻译参考《马克思恩格斯文集》（第4卷），人民出版社，2009年，第96-97页。——译者注

只有这样它才能有作为劳动力的作用，但身体也是死的，因为它是一具尸体。价值存在于身体（无论是人的身体、制度、审美实践）中，并保持其外部形式，就像任何商品保留其作为外部形式的使用价值一样，但它被另一种与使用价值完全对立的逻辑所殖民。

这种逻辑是一种无情的数量比例逻辑，它认为任何事物都可以与其他事物等价。就实践意识而言，数量比例是有问题的，因为它可以消除社会不平等的细节。例如，货币的作用是作为一般等价物。它是指一定数量的数字所代表的价值与作为消费者在工作中所花费的劳动或交换商品的劳动量相匹配。当然，我们可以谈论"不公平的工资"或"不合理的价值"，但即便如此，我们也假设存在着"公平工资"和"良好价值"这样的东西，换句话说，平等交换（如市场均衡）在资本主义条件下只是一个可实现的理想。但是，正如马克思所指出的，如果实行等价交换，就不会有剩余价值，也就不会有利润（Marx，1983，p. 158）。现在让我们以经济领域以外的数量比例为例。在英国，学校排行榜表面上是为了让家长衡量他们的教育质量，表现为一种量化和等效的操作，旨在说明A学校在某一特定考试水平的通过率如何高于或低于B学校。首先假设A和B根据数量比例具有可比性，但价值逻辑抹去了诸如经费差异、学生和家长的社会构成差异、学习不以考试成绩衡量的社会价值观等社会问题。在深入社会实践和实践意识的过程中，量化逻辑在一切原则上都 206
以等价为前提消解了社会内容。

这个过程直接渗透到信息结构本身。信息是主体根据古典经济学理论的资源最大化理论进行计算的手段。这些信息应该可以对绩效进行准确的评估。换言之，信息应该在数据和相关商品之间进行模拟交换。但是，绩效指标（标志）的使用价值总是处于被指标所衡量的价值所掏空的危险之中。因此，在考试成绩成为衡量学校表现的关键量化的同时，也有证据表明，学校会出现教师迫于压力操纵考试成绩的情况。因此，私营部门内部（数据和业绩之间）的平等交换也就不足为奇了。人们发现安然、世通、施乐、威望迪等跨国公司的账目出现了严重的问题，比如说提高账面利润率，但实际上却未能增加股东价值。

随着商品生产的竞争逻辑渗透到社会和经济结构中，表象和现实、主张和实践、使用价值和交换价值、外在形式和内在逻辑之间的鸿沟不可避免地扩大了。人们不能试图通过使绩效指标更透明、准确或现实来解决这个问题，因为主张和实践、幻想和现实之间的鸿沟是由实践本身产生的，意识形态的幻想也是在实践本身中产生的（Žižek，1989，pp. 30-33）。例如，互联网泡沫中的投资者并没有被错误的业绩报告误导。他们对高科技公司进行大规模投资是因为知道尽管现在几乎没有利润甚至是零利润，但他们希望将来能盈利。这种主张/幻想（理性计算和非理性信念的融合）是在争夺市场份额（以及个人和企业利润）的竞争中被集体强加的。这篇报纸文章很好地说明了这一动态：

> 2000年，布莱恩·阿什福德·拉塞尔（Brian Ashford Russell）拿到了
> 207 600万英镑的奖金——6个月前，他所支持的高科技公司的业绩开始大幅下滑。阿什福德·拉塞尔为数百万普通投资者投资了15亿英镑现金，投资于他为城曼城亨德森公司运营的科技基金和投资信托基金……阿什福德·拉塞尔在1999年12月曾警告过他的投资者，科技股的价格正在走高。但投资者还是继续投资，所以阿什福德·拉塞尔只能继续买进这些股票。他在这一年的工作中获得了丰厚的奖金，其中他的基金增长了139%，并因此获得了4,300万英镑的佣金。[1]

不管人们实际上知道什么情况，投资基金在实践中一直存在着价格永远不会太高的幻想。所知道和所做之间的分歧是仅限于金融城的投资者呢，还是对这个主题来说它是一种更普遍的生活状态呢？我认为后一种情况是存在的，商品拜物教将有助于解释这个现象，例如，主体对其作为生产者和消费者所从事的项目性质的怀疑，是如何与他们参与项目所表现出的共谋性相矛盾的。

受试者开始意识到，无处不在的压力损害了数据、信息，甚至所有的信息和符号（包括准确的信息）。就像莱昂纳德·科恩的歌曲《人人都知道》[2]所表达的那样，主体知道这一切只是一场表演和模拟，所有的文化景观都缺乏真实性。从民意调查来看，很少有人会相信广告商、记者或政治家。尽管如此，人们仍然乐于接受广告宣传并投票（尽管人数在下降），仍然把媒体作为信仰和娱乐的基础。因此，主体的愤世嫉俗与轻信（即使研究得很好）要在指导其计算和行动的符号中交替出现，以便作为一个主体参与所有的社会实践。通过必要的参与，主体就成为文化景观中平等交换、对等、竞争、存在的合理性、真实性和可能性的意识形态幻想的同谋。

商品拜物教、占有与幽灵

208 《资本论》不只是一本传统的经济学著作，它既与意识有关，也与利润来源相

---

1 Jill Treanor and Nils Pratley，Guardian，5 July 2002，p. 4.

2 每个人都知道战斗是被操纵，穷人穷，富人富，人人都知道还是这样的。每个人都知道船在漏水，每个人都知道船员在撒谎，每个人都有一种心碎的感觉，就像他们的父亲或他们为网站死去。

关。意识问题也不应被看成经济学的二次衍生物。正如杰克·阿马里利奥（Jack Amariglio）和安冬尼奥·卡拉里（Antonio Callari）所主张的，物化的主体性对资本主义经济的日常运作至关重要，它不仅仅是经济的一种效果，而且构成了经济的组成部分（Amariglio and Callari，1996，pp. 202-203）；它好比是机器的润滑油。马克思一次又一次地描绘了事物如何出现，以及如何矛盾地产生伪装的表象形式并依赖它们的真实社会关系。因此，对马克思来说，在资本主义制度中，“人与人之间明确的社会关系……在他们看来，是事物之间关系的奇妙形式”（Marx，1983，p. 77）。如果它们没有呈现出如此奇妙的形式，至少在某种程度上具有系统性、连贯性和连续性，那么这些明确的社会关系将比现在更容易发生经济和政治危机。然而在许多场合，马克思又会使用鬼魂、幻影、资本的“对剩余劳动的狼一般的贪婪”[1]（Marx，1983，p. 252）和“在商品生产的基础上笼罩着劳动产品的一切魔法妖术”[2]等论述（Marx，1983，pp. 80-81）。马克思使用非理性、超自然和荒诞的论述，以悖论的方式揭露资本主义非理性和非人道的本质。他还运用广告公司喜欢的拟人化和动画策略，给商品提供了说话的大脑和嘴巴。但是，他这样做是为了揭示它们之间的真实关系：在马克思的修辞策略中，商品活跃了起来，这样他就可以揭露它们对人类力量的荒谬性。因此，马克思用拜物教形象来反对理性的表象形式，揭示制度的本质。而这一点——尽管以更加模糊和矛盾的方式——也是流行文化的一个特征（Smith，2001）。在马克思主义对商品拜物教的批判中，至少有四种方式援引了幽灵形象：

> 幽灵事物。在这种方式中，幽灵形象代表了社会和经济物化产生的表象形式。社会物质性（关系）的消失只留下了物理物质性。回忆起哥特式美学话语中幽灵与迷雾的密切联系，我们发现，马克思认为在资本主义的表象下，形式就像一种“迷雾，通过它，劳动的社会特征在我们看来是产品本身的客观特征”（Marx，1983，p. 79）。 209
>
> 马克思在这里提到的是金钱和商品（从核武器到大量的食物）等无生命的东西如何获得一种超自然的制度和力量，而不依赖于地球上的人类力量。在一个层面上，雾/幽灵指的是一个客观的社会过程，在这个过程中，社会关系网络（劳动的社会特性）作为产品本身的一个内在部分被去物质化和再物质化。然而，在另一个层面上，表象形式的现实是不真实的。资本自身发展的劳动的社会性质仍然存在，因此这种客观性也是虚幻的，即虚无的。事物的幽灵性是大众文化中的一种流行趋势。例如，在恐怖电影《十三猛鬼

1　此处翻译参考《马克思恩格斯文集》（第5卷），人民出版社，2009年，第282页。——译者注

2　此处翻译参考《马克思恩格斯文集》（第5卷），人民出版社，2009年，第93页。——译者注

(*Thirteen Ghosts*)》(Steve Beck，2001，US）中，一个特别设计的温室变成了一个自治实体，它用许多暴力幽灵把居住者困在里面。对具有敌视人类意志的实物投资是商品拜物教的完美寓言式表达。在恐怖电影中，房屋往往获得某种虚幻的客观性，这与消费资本主义中财产形式的经济和意识形态地位不无关系。

幽灵模拟。然而，当表象形式的稳固性和独立性（作为幽灵事物的幽灵般的“客观性”）实际上被破坏时，当幽灵突然获得一种虚无而非独立的性质时，隐喻经历了一种转变。因此，詹姆逊将幽灵设定为具有直接关键的推动力，能够“促使当前的事物发生动摇”，在这种体验中，“物体世界的巨大规模——实际上是物质本身——现在像海市蜃楼一样闪烁”(Jameson，1999，p. 38)。这不仅仅是主观上失去了控制，相反，就像阶级意识的开始，怀疑的主体感觉到现实的表象形式并不像它声称的那样自给自足(Jameson，1999，p. 38)。这一幽灵的维度，如今牢牢地扎根于数字化的流行文化中，在这种文化中，主体/观众/主角发现，表象的世界是伪装的真实关系的模拟和操纵结果，例如，《楚门的世界》(*Truman Show*)(Peter Weir，1998，US)、《黑客帝国》(Andy and Larry Wachowski，1999，US)、《欢乐谷》(*Pleasantville*)(Gary Ross，1998，US）和《移魂都市》(Alex Proyas，
210 1997，US)。

幽灵压抑。幽灵也曾出现在《共产党宣言》开头和我上面讨论过的一些电影中。在这里，幽灵是某种被压抑的东西（使用价值、历史、工人阶级、妇女和儿童）的痕迹，是未被承认的东西的线索，是在资产阶级社会秩序中呼唤救赎的东西的微弱存在，在形成幽灵事物的过程中，我们在工作中的全部社会性逐渐消失或变薄，但现在又带着被压抑的暴力力量回来了，就像在《隔墙鬼叫》(*Urban Ghost Story*)(Genevieve Jolliffe，2001，GB）中那样。

幽灵占有。最后，幽灵形象可以作为一种价值形式的真实关系的符号，它消解了具体实践的多样性，真实的活的东西被某种死的东西所取代。马克思并没有明确地提出幽灵占有，尽管正如我们所看到的，随着人体的形象成为时间的尸体，它是一个在对价值规律进行了分析的表面下冒泡的隐喻。这是一个把我们带到资本力量的经济层面的核心形象，它让我们购买了流行文化中的占有意象。在《共产党宣言》中，如果说是无产阶级的幽灵萦绕在资产阶级头上，那么现在情况完全颠倒过来了，我们发现资本精神/逻辑正困扰着劳动。资本作为一种精神概念让我们唤起了资本的非物质化唯物主义，同时它对主体及其劳动的运动（占有），将价值渗透到使用价值中。

尽管幽灵是无形的，缺少真正的实体，但它却有能力进入并占有活的人，将自主性和肉体的存在转化为幽灵意志。确实，拥有灵魂的幽灵需要有具体的身躯才能在这个世界上有某种能动的活动。同样，马克思写道，生产商品的劳动特殊性如何成为价值的“身体形式”，成为“人类劳动的具体体现”（Marx，1983，p. 64）。拥有“身体形式”的资本使得一切都是平等的，“种种不同的商品中所包含的多种多样的一定的、具体的、有用的劳动，现在只是一般人类劳动的同样多种的特殊的实现形式或表现形式”[1]（Marx，1983，p. 69）。价值从一种商品转移到另一种商品（当然也包括劳动）， 211
依附于其不可缺少的使用价值，同时又掏空了其使用价值，只留下一层有价值的外壳，这让人联想到流行文化中的占有意象。例如，人们会想到《哈利·波特与魔法石》（Chris Columbus，2001，US）中克雷勒教授的身体形态被伏地魔的灵魂所占有（虽然不是十分明确，但也是心甘情愿的），或者更有趣的是，《夺命感应》（*Fallen*）（Gregory Hoblit，1998，US）中邪恶的灵魂从一个身体快速移动到另一个身体的方式，或者《黑客帝国》（Andy and Larry Wachowski，1999，US）中矩阵的代理可以拥有矩阵中奴役人类的模拟心理投射的方式。当然，价值的逻辑不仅仅是“精神”，也是资本主义市场的现实和制度化的物质。但它的行为就像是精神，超越物质世界，并把它简化为现象形式或同质本质的表现。我们在这里讨论两种唯物主义。使用价值的唯物主义，有其全部的具体性、丰富性和多样性；而价值的唯物主义，尽管其真正的物质性是一种唯心主义和幻想。具有讽刺意味的是，鉴于差异或具体感性的特殊性对马克思概念的重要性，批评家们痛斥马克思和马克思主义明显对多样性、多元性和异质性不够欣赏和敏感。当然这是混淆了批判和批判的对象。恰恰不是马克思主义而是资本主义，把所有的社会活动归结为表征价值关系的量化经济学。但是，生产方式不能以统一和同质的方式贯穿于社会秩序，导致这种简化从来没有完成（见第5章）；相反，资本的精神/逻辑遇到了物质实践的“阻力”，而物质实践在其特殊性、具体性和历史发展中，反而使资本适应了物质实践。然而，资本的表现就好像它真的可以将一切都同化到其同质逻辑中，而没有任何阻力或差异。

在这一点上，我们可以把马克思作为非物质化唯物主义象征的哥特式精神与黑格尔哲学及其对世界精神的援引联系起来。在《神圣家族》（*Holy Family*）中，马克思和恩格斯批判了黑格尔唯心主义哲学的抽象，认为它同样可以代表资本对人类劳动的抽象。对黑格尔来说，具体的、特定的、物质的世界，例如国家，仅仅是一种发展中 212
的抽象集体理性或世界精神的载体或表现形式。马克思讽刺黑格尔的方法，被他的一些不太能干的追随者所复制：

1 此处翻译参考《马克思恩格斯文集》（第5卷），人民出版社，2009年，第79-80页。——译者注

> 如果我从现实的苹果、梨、草莓、扁桃中得出“果实”这个一般的观念，如果再进一步想象我从现实的果实中得到的“果实”这个抽象观念就是存在于我身外的一种本质，而且是梨、苹果的真正本质，那么我就宣布（用思辨的话说）“果实”是梨、苹果、扁桃的“实体”，所以我说：对梨说来，决定梨成为梨的那些方面是非本质的，对苹果说来，决定苹果成为苹果的那些方面也是非本质的。作为它们的本质并不是那种可以感触得到的实际的存在，而是我从它们中抽象出来又硬给它们塞进去的本质，即我的观念中的本质——“果实”[1]（Marx and Engels，1956，p. 78）。

对黑格尔来说，“果实”是一个更高的概念，因为它的抽象程度能够将各种不同的细节包含其中。黑格尔的理想主义憎恶马克思和恩格斯滑稽地所称的“全部群众的群众性”[2]（Marx and Engels，1956，p. 21），换句话说，就是物质世界的物质性。但是，资本的抽象也是如此。如果用具体劳动及其产品取代苹果、梨和草莓，我们会在经济层面看到同样的过程。具体劳动/产品的特殊性从劳动/产品中抽象出来，又以价值的形式强加给劳动/产品。所有具体劳动和使用价值都归入一般范畴——在这里是价值，而不是“果实”范畴。而在黑格尔的哲学中，“通常的千差万别的果实是‘统一的果实’的生命的不同表现，它们是‘一般果实’本身所形成的结晶。因此，比如说，在苹果中‘一般果实’让自己像苹果一般存在，在梨中就让自己像梨一般存在”[3]（Marx and Engels，1956，p. 80）。价值也是如此，它在这里给自己一种电影般的存在，而在那里给自己一种报纸般的存在，又在别处给自己一种音乐的表现。正如齐泽克所指出的，资产阶级个人在理论上“绝对不是一个思辨的黑格尔派”，但在实践中却采取了不同的行动（Marx，1989，p. 32）。在《1844年经济学哲学手稿》（*Economic and Philosophical Manuscripts*）中的一段暗示性文章中，马克思指出，“私有财产不知道如何将原始需求转化为人类需求。因为它的理想主义是幻想”（Marx，1972，p. 147）。马克思认为，资本不能真正满足人类需求的物质性，也不能发展人类需求，而只能以一种粗糙的形式发展人类需求。就好像使用价值的物质性和具体的人类活动没
213 有实质性的物质性，只能被一种“身体形式”拥有；这是资本主义的幻想，是其独特的理想主义或非物质化唯物主义的根源。这就是为什么马克思要谈商品形式的“形而上学的微妙之处”。在电影《移魂都市》中，这种幻想以一种模糊的批判和肯定的混合形式展示出来。

---

1 此处翻译参考《马克思恩格斯全集》（第2卷），人民出版社，1957年，第71-72页。——译者注
2 此处翻译参考《马克思恩格斯全集》（第2卷），人民出版社，1957年，第13页。——译者注
3 此处翻译参考《马克思恩格斯全集》（第2卷），人民出版社，1957年，第73页。——译者注

《移魂都市》：物化寓言

《移魂都市》（*Nosferatu*）（Alex Proyas，1997，US）是一部关于异化、拜物教和物化主题的虚拟概要，正如我们将看到的，这并非毫无问题。让我们从电影故事的实质开始。电影开头的叙述者是保罗·施勒伯博士（凯弗·萨瑟兰饰），他立即告诉我们，故事世界的黑暗城市是一个精心设计的实验室，陌生人在这里进行实验。陌生人是一个外星种族，他们已经掌握了仅凭意志改变物质现实的能力，他们称之为"调频"。在城市过着"他们"生活的人并不知道，每天晚上在人类主体睡着的时候，陌生人在午夜调频，导致人类的生活和世界在其周围被重建。外星人作为陌生人的描述和他们的调频能力一样重要。异化概念意味着"使曾经属于你的东西变得陌生"："工人以一个陌生人的身份来面对自身活动的产物"（Marx，1972，p. 110）。陌生人可以被看作人类异化的集体体现，他们调节并随意改变物质现实的力量，无异于一种价值寓言及其唯心主义的唯物主义，资本无休止地拥有物质生活的幻想。我们已经看到，价值关系的一个关键方面是用生产商品（劳动及其产品）的平均社会必要时间来衡量实际抽象的劳动量。这部电影在视觉上强调了时间（施勒伯博士老式的怀表以及陌生人洞穴般的地堡里巨大的钟面）和午夜来临时时间的流逝，这让马克思想起了当他在描写人是时间的尸体时，令人惊讶的麻木、空虚的隐喻。

施勒伯告诉我们，陌生人是一个正在衰落的种族。他们实验的目的是要发现是什么使得人类独一无二，以便他们能够获得（或重新获得）个人生活的质量，而这正是他们的集体同质身份所剥夺的内容。然而，我们在这里又一次面临着无主体主体。无 214
主体主体不一定是权力被剥夺的主体——他们的处境比这更悲惨。更确切地说，他们的能动性依赖于内在化系统的非常客观化的逻辑，而正是这个逻辑把他们掏空了。因此，陌生人的实验显示了一种典型的手段和目的之间的具体化分裂，结果是他们的方法很难实现寻找人类"灵魂"的目标。因为作为人，不仅仅是一个客体，还是一个可以根据其他力量的要求无限操纵的客体。人类拥有陌生人所寻求的表象，但陌生人却把他们简化成了自己的镜像。正如陌生人脑力劳动的产物变成了异化的事物（人）一样，生产过程本身也"必须是主动的异化、活动的异化、异化的活动"（Marx，1972，p. 110）。因此，调频过程是在工业物化的标志性形象中进行的。陌生人在生产线上工作，组装物品，这些物品将成为人类生活中客体世界的一部分。当他们这样做的时候，施勒伯博士制造了人类的主观生活，在显微镜下混合记忆，并将它们提取成血清形式，直接注射到前额。这是形式理性的完美形象，或者说是法兰克福学派所说的工具理性，它将人类的特殊性纳入抽象科学或哲学中。陌生人需要施勒伯，因为他们没有混合血清的艺术；事实上，他们缺乏情感的内在生活正是通过观察他们的人类主体（他们当然已经成为客体）才发现的。

影片开始时，一个这样的主体在调频过程中醒来，没有任何记忆或身份。约翰·默多克是那些偶尔不需要注入新记忆的人之一。他在一个酒店房间里醒来后，发现房间里的另一个女人已经死了，并且不知道是什么人在她的肉体上刻下了血淋淋的螺旋线。这种失败给陌生人带来了一场危机，标志着物质世界对陌生人（或价值关系）及其无休止的数量操纵的抵制。这是对使用价值的反抗（被压抑者的回归），表现为资本主义的经济危机。在这里，由于生产过剩而积压起来的商品，比如互联网泡沫破灭期间的半导体，是对资本的"令人反感的"提醒，使用价值不能为了无限
215 期的资本积累而被无休止地操纵。换句话说，它们的使用很重要。在《移魂都市》中，对使用价值的反抗是因为默多克拒绝用他的记忆换取一套新的记忆，而是无意识地渴望保留自己的记忆，而不让它们减少到数量上的对等（也就是说，用一套新的记忆交换）。

默多克继续逃亡，一方面被陌生人追捕，另一方面被警察，特别是弗兰克·班斯泰德探长（威廉·赫特饰）追捕。班斯特德刚刚接替另一名侦探，之前他一直在处理一系列离奇的谋杀案。但是他的前任瓦伦斯基已经发疯了，看来他也发现了他们所居住的世界真相以及他们在其中的地位。去瓦伦斯基家拜访时，班斯特德发现瓦伦斯基在一个房间的墙上画了螺旋形圆圈，尤其房间倾斜的天花板和明显弯曲的结构让人想起了德国表现主义经典电影《卡里加利博士的小屋》（*Cabinet of Dr Caligari*）（Robert Wiene，1919，Ger）中扭曲的视角。在这一点上，观众可能还记得那部电影中的螺旋圈。通过逃离希特勒的德国移民，德国表现主义融入美国的黑色电影流派，这也是电影中明显的互文参照点。我们知道陌生人讨厌阳光（就像吸血鬼一样）和水。"陌生人"的憔悴形象本身就是《诺斯费拉图》（F.W. Murnau，1922，Ger）中的马克斯·施勒伯的一部分，而他们的皮衣则引发了《猛鬼追魂》（*Hellraiser*）系列中虐待狂形象的记忆痕迹。我们后来了解到，这些人偶不是这个外星种族的真实形式，而是他们所拥有的人类尸体。他们把尸体作为"容器"，将他们（和他们居住的尸体外壳）作为在这个世界上的代理人。这些对亡灵的互文引用让人想起马克思对哥特式美学的运用，他想象了这样一个过程：曾经是人类（劳动力及其产品）的东西，现在变成了某种独立幽灵似的东西或物体，不再受世俗力量的支配。十分重要的是，默多克开始出现短暂的回忆，这是陌生人试图交换的回忆的残留痕迹。那是关于在父母死于一场房屋火灾后，默多克与叔叔在贝壳海滩一起长大的记忆。这个名字是巧合吗？毕竟，这些人类无主体的实验对象本身不过是贝壳，这是陌生人的仪器实验的"可触摸的形式"。同时，贝壳海滩、阳光和水的场所只存在于想象中，且在建成的城市物理范

围之外。因此，尽管默多克在城市的周围看到了20世纪50年代风格的贝壳海滩广告牌，它给人一种悠闲的感觉。默多克试图乘坐地铁前往贝壳海滩，但以贝壳海滩为目的地的特快列车不在任何站台停靠。从地铁的图像来看，我们似乎已经走出了20世纪40年代的黑色电影，进入20世纪70年代，这个城市的语义地带开始进入一个复兴的“现实”美国电影时代（好莱坞的经济和文化危机时期），并且作为城市日常生活和暴力的标志，出现在诸如《法国贩毒网》（*French Connection*）（William Friedkin，1971，US）和《地铁惊魂》（*Taking of Pelham* 123）（Joseph Sargent，1974，US）等电影中。 216

默多克从施勒伯那里了解到，整个城市是由不同时期的记忆制造出来的，这些记忆是从被绑架的人类身上提取出来的，并被混合和匹配成越来越多的混合形态。因此，陌生人就是后现代主义的砖匠，在不考虑历史的连续性和边界的情况下，无休止地重新排列他们积累的原材料，并将不同的文化风格和历史时期压缩到同一个空间：城市空间。这样，电影本身就告诉我们，后现代风格实际上是纯粹的意识形态，也就是说，它是一个剥削精英的模拟结构，其权力被这些模拟所掩盖。在这一层面上,《移魂都市》似乎与弗雷德里克·詹姆逊的观点密切相关，后者认为后现代主义代表了先进资本主义的文化逻辑（1991）。

因此，从德国表现主义及美国黑色小说的话语中提取的物化迹象本身就是物化的。表现主义和黑色电影最初的审美时刻很难清晰地接触到影响其形式的历史决定因素。它们更像是美轮美奂的金鱼，在浴室地板上的玻璃碎片中挣扎，这是《移魂都市》的早期图像。德国表现主义和美国黑色电影所释放出的生存危机的力量，部分源于面对一个荒诞而难以理解的世界时对主题的不理解。相比之下，《移魂都市》对其互文性的文化参照物、地位、功能、历史和接受度有着高度的政治意识（Collins，1992，p. 335），并以比原作更为清晰的方式对其进行了部署。在某些方面，这部电影可以被解读为各种电影形式和时期的文化政治的概要。然而，也有一种感觉——很难用经验来确定——美学已经像电影中的主题一样，变成了一个空壳或身体形态，失去 217
了最初激励它们的情感力量和实质性的历史内容/背景。这部电影提醒我们，记忆也是一种压抑行为。默多克问班斯特德，他最后一次记起自己做某事的时间。同样，人们不禁要问，在后现代审美策略的文化记忆中，究竟是什么被压抑了？超浓密的砖墙画将异化、文化自满、城市现实主义等符号巧妙地融合在一起：表现主义、黑色——代码留下一种令人不安的自我参照感；它毕竟只是一个代码和能指，只是一个被剥夺了历史和认知能力的审美尸体。因此，后现代主义的特点是一种特殊的新的“情感基调”，詹姆逊称之为情感的减弱（Jameson，1991，pp. 6-11）。然而，异化仍然是流行电影反复强调的主题，这一事实表明与其说异化现在只是一种赏心悦目的美学，不如说我们在这里所拥有的是鲍德里亚所说的对异化的模拟，而是存在着一场真实的表现危机，形式和内容之间存在着深刻的裂痕，像陌生人本身一样，手段与目的之间也有深刻的裂痕。我们再一次发现在一个愤世嫉俗的理性和一个轻信的自我之间存在着主体分裂，前者已经知道资本是有害的，世界是剥削性的，后者准备相信这只是一个惯例和形式，只是一种在现实世界中没有政治或道德参照的风格。

在电影情节中，手段和目的之间类似的矛盾也很明显，默多克因此获得了陌生人的调频能力。这是这部电影对陌生人非自然力量问题的解决方案，取而代之的是寄希望于默多克，他给城市带来了阳光，并使真正到达贝壳海滩成为可能。这个结局让人感到不满意，因为默多克实际上已经成了上帝（内在的资本I）。权力的形式现在转移到个人、人类和“好人”身上，但权力的实质、价值的精神或调频的权力仍然存在。同样的模棱两可在我们如何解读电影在调频过程中的华丽数字效果上也有明显体现。在某种程度上，这可以理解为詹姆逊所定义的幽灵的一个例子，即物体世界表面上的坚固性和独立性像海市蜃楼一样闪烁。我们看到建筑拔地而起，有的收缩，有
218 的折叠，有的展开，形成新的形状、设计和组合。陌生人在街上转来转去，走进居民家里，重新安排他们的生活。在一个例子中，一对吃晚饭的落魄夫妇（在适当的新环境下）变成了富有的资产阶级成员。这个序列是否揭示了所有社会关系的构建本质的非自然的必然性？然而，正是构建的自然将这一序列编码为非自然的、陌生的和非人的，从而隐蔽地使我们熟悉的日常社会关系自然化，而这些社会关系的构建却不那么明显。在这里，我们有一种等价的幻想和价值规律所追求的普遍商品化，就像一场噩梦。正如维维安·索布恰克（Vivian Sobchack，2000，p. XII）所说，这种数字美学的核心是一种深刻的矛盾心理。如果说数字化提供了一种全新的“后资产阶级”身份模式，去掉了传统的固定性和独居性，以及人类力量的巨大（如果说是狭义的话）扩展，就像寓言中的“后人文主义”主体完全融入资本的梦魇一样，它既是对一个可能的历史轨迹的警告，也是对我们更“自然”（但实际上是自然化的）感知世界的肯定支持。

商品拜物教起源于社会关系。社会关系将权力赋予物质，然后物质从人的主体那里获得代理和独立性。与占有一样，价值的精神/逻辑掏空了世界的真实物质性，只留下了外壳和身体形式。我们已经看到，这不仅仅是一个经济过程，甚至不只是一个社会过程。这种拜物教或物化是一个泛化但不均衡的过程，它深入到主体、主体的意识、自我意识、世界和文化中。主体认为自己确实是主体的地方，往往是价值关系被掏空、变成无主体主体的地方。这种戏剧的一个表现就是主体的分裂；一方面，在通俗的话语里，当面对任何一组符号时，主体总是怀疑地惊呼“好像”；但是，另一方面，主体轻信地将这些或其他符号作为真实的表现。为了成为一个主体，一个人必须

参加一些社会实践活动，除社会关系之外没有任何选择。然而，在产生怀疑的过程之
外，也不可能有任何确定的“外部”。但是，无主体主体概念并不打算延续法国思想
的悲观趋势（列维-施特劳斯、阿尔都塞、福柯、德里达、拉康），其主体理论（被 219
语言掏空）在表象形式层面上模拟了主体的命运。我认为，商品拜物教理论为马克思主义主体理论奠定了基础，这是一种对主体的历史唯物主义解释。本文试图通过内在、分裂、倒置和压抑四个概念来揭示主体在这些条件下的分裂和矛盾。当商品成为主体，而主体成为商品时，它们就构成了不同效果的统一。但是，商品拜物教/物化到底达到或渗透到了什么程度？社会（内在）的超越、整个社会过程的分裂、现象转变为对正面的辩证翻转（倒置）、个人和集体的自我构成一个非矛盾的统一体（压抑）所需要的必要遗忘，都面临着物质世界通过价值关系进行的非物质化的“抵抗”，以及由此产生的危机，这些危机使我们有可能掌握拜物教表象形式背后的真正关系。然而，对于许多当代文化理论来说，谈论真实是一种危险的幻觉，或者说是幼稚的经验主义。另外，如果没有一个足够明确和广泛的知识社会基础，最激进的理论除了一个相对论的框架，不能把它们的真理内容建立在其他任何东西上，而这个框架为历史垃圾箱中的劳动解放留下了一个更广泛的基础。现在我们就转向这个问题。

8

220 知识、规范和社会利益：纪录片困境

> 要获得这种知识，必须使所有的感官都起作用，人的一切才能被当作必需的和最重要的工具来加以利用；否则，直观和认识是永远不够的……而且还会导致道德的丧失。
>
> ——马克思，《神圣家族》[1]
>
> 每一件事物都因其本性的消极性而与它的对立面相联系。要成为它真正的样子，必须变成它不是的样子。
>
> ——马尔库塞，《理性和革命》

社会利益对知识解释力的影响是新闻、信息和纪录片传统的一个核心问题。然而研究发现，参加意指实践的学生们往往会受到媒体辩论中明显不可调和的矛盾的困扰：客观性和相对性的矛盾。客观性的主张在于，语言、文化和聚焦（简言之，文化生产者或消费者的社会处境）在意义建构中的作用被消除了。没有什么比这种说法更能削弱我们的批判能力了：一篇文章产生了社会影响，而这些社会影响悄悄地塑造和限制较小的文本。也许这就是客观性主张倾向于与那些机构联系在一起的一个原因，比如与主要的经济和政治权力集团最接近的主流媒体。相反的主张，即不存在客观性，每一个陈述、命题或真理主张都是相对的，把交往分成仅仅是主观的、方法论上的个人主义（“每个人都有自己的观点”）或相对主义（后现代风格）——
221 这两者都不能为主体间的交往理论提供基础（如果每个人都有自己的观点，我们如何相互交流？）或成为支持替代媒体实践（如暗流）的理由。我曾听过短片《暗流》（*Undercurrents*）的代表——生态视频活动家——以这样的措辞攻击新闻的客观

1　此处翻译参考《马克思恩格斯全集》（第2卷），人民出版社，1957年，第189页。——译者注

性——所有新闻都有议程，或者是有偏见的；此主流新闻节目更真实，但这并不能解释为什么《暗流》的观点比主流新闻节目更真实。对这种矛盾的任何解决方案都必须首先承认，虽然没有客观性（一个可以发表意见的公正立场），但有一个独立于意识的客观世界。在这样的客观世界里，媒体实践如果越是站在多数人利益的立场上发言，那么说明他们处理问题的能力越强。社会偏好（利益）越代表社会多数（正如我们将看到的那样，多数不一定是定量的计算，而是对社会位置和利益的定性评估），就越有利于真实。反之，社会偏见越代表少数人的剥削利益，意识形态产生的基础就越大。

作为可转换模型的阶级辩证法

接下来先阐述批判性文化实践和实践理论的哲学基础。本书所描绘的理论工具——生产力和阶级关系、生产方式、发展方式、媒体—工业综合体、国家、基础—上层建筑、意识形态、商品拜物教和物化——在本质上都有一个关于解放劳动和生产者自由联合的规范性论据。马克思坚持认为，这一目标与整个社会对自由的概括是密不可分的。我想提供马克思主义的案例来说明在劳资斗争中，社会知识的两种重叠方式建立在劳动利益的基础上。这些阶级辩证法可以理解为一种可转换模型（transposable cognitive model），在这种模型中，阶级斗争的形式为其他社会和文化运动、力量、代理人和机构提供了模板；同时作为其他因素的中介因果决定因素。综合考虑这些因素，作为矛盾的原型或模板和一个中介的决定因素，我们可以从经常隐藏在内部的其他范畴中挖掘阶级。我在这里想到了一些类似于弗雷德里克·詹姆逊所说的认知映射的东西。詹姆逊把阶级关系称为“寓言网格”（Jamson，1999，pp. 48- 222
49），借此来解读表面上看似与阶级斗争无关的冲突。以劳资关系作为亚文化的中介因果决定因素为例，我们发现，在教育和工作的夹缝中，他们朝不保夕的生活中存在着一种复杂的辩证关系，一种是反对休闲商品化的斗争（例如，它对短暂时尚的抵制），另一种是对零星的公司利益和渗透的抵制，以及某些不可避免地对资本的依赖，这种依赖表现为对商品（服装、交通、音乐等）的大量投资。

大众文化/亚文化张力的纪录片制作者/民族志者，如果把阶级辩证法作为原型和可转换模式，也会学到一些与主体相关的认识论问题。作为一种可转换的模式，阶级给社会研究者带来的是一种丰富的批判性思维传统，以此来思考社会研究者/纪录片制作者和一系列主从地位两极［黑格尔所探索的主奴（master and slave）辩证法］之间的辩证关系（资本与劳动、大众文化与亚文化、男人与女人、白人与黑人、西方与第三世界、以色列与巴勒斯坦、城市与国家、基督教与异教、理性与迷信、工作与休闲、英国与凯尔特地区、社会与自然等）。我们可以把阶级斗争的四个关键特征作为主从两极相互作用的典型形式，并根据两极的具体内容，谨慎地提出并修改作为映射机制的辩证形式。

其一，主导极和从属极相互冲突，这是必然的，因为从属极抵制其从属地位，而主导极寻求在给定的环境中再现它的主导地位。

其二，主从两极矛盾的同时也相互依存，这是必然的，因为它们被锁定在一种关系中，在给定的条件下，一方是另一方再生产的条件。这一见解丰富了文化理论中一个领域：围绕着自我与他者之间的动态关系，或任何两个术语之间动态关系的整个问题，这两个术语（必然）标志着它们之间的差异或变化。每一个术语都依赖于另一个术语的同一性，其中一个术语的任何动作或策略都有可能引起另一个术语的某种回报，即使是微小的回报。因此，举例来说，如果某些大众文化的代理人适当地使用了一种亚文化元素，后者就倾向于用自己元素的新配置重新定义与前者的区别。文化理论倾向于过分依赖立场之间相互依赖的方式来构建差异。这就为崇尚差异和多元化开辟了道路。但它掩盖了这样一个事实：如果说相互依存是造成差异、边界标志的原因，那么相互依存不仅意味着差异，而且意味着共同点和假设。例如，如果双方在领土问题上存在争议，那么，它们对立的基础是一个共同的假设和共识，即领土是重要的。换言之，分歧的产生需要一些共识。试图挖掘不同立场背后更深层次的共识模式的理论家是尤尔根·哈贝马斯。哈贝马斯试图将社会和文化理论定位于说话者之间的交流质量。在指出使差异和对抗成为可能的背景模式时，他试图将我们引向主体间性（intersubjectivity）的问题，即通过各种语言、听觉和视觉交流进行的主体对主体的关系。对于像塞拉·本哈比卜这样受哈贝马斯影响的学者来说，主体间性为理解行为和陈述的意义打开了一个解释不确定性的关键领域（Benhabib，1986，p. 136）。人们很难否认她的论点，即马克思主义在主体与主体关系的问题上一直很薄弱，其结果是，它对政治多元性的承诺（也是一种解释不确定性的领域）受到许多非马克思主义者的审视和质疑。然而，我认为哈贝马斯试图把主体与客体的关系（传统上马克思主义的主要焦点）分开，倾向于保持“客体”的关键方面，即资本主义生产方式，这种生产方式有力地塑造了我们主体间关系的本质，而且非常到位。

其三，主导和从属两极在内部是分裂的，这是必然的，因为它们的冲突和相互依
224 存渗透到每一极的核心。这在马克思主义内部产生的关键批判策略称为内在批判。内在批判通过揭示社会主体的行为、概念或规范的自我矛盾而发挥作用。它并不是从强加自己的外部标准开始，然后发现行动、概念或规范有所欠缺。相反，它考察的是一个行动如何阻碍一个意图或导致破坏行动主体的结果；它考察概念或规范相互矛盾的方式，或与它们所嵌入的社会关系相矛盾的方式。例如，当美国政府以和平名义使战

争合法化，或以防御名义首先使用核武器时，所涉及的概念和规范的内在矛盾就变得非常明显。我们将通过西奥多·阿多诺对同一性思维的批判来探讨概念/规范与现实之间的矛盾。

其四，主导极代表了二分法的保守性保留，从属极代表一种立场或观点，从这种立场或观点可以发展出一种新的解决办法，以克服主导极和从属极的矛盾。即使在资本和劳动之间的冲突下，后者也不需要毁灭主导极所代表的一切或所取得的一切。当然远非如此，尤其是当主导极是一个范畴时，例如“社会”（相对于自然）或“理性”（相对于非理性）。相反，从属极提供了一条线索，一条走出结构性障碍的路径，一个在已建立的两极中发展潜力的途径，一个新的解决方案的预期，这将是两极最佳元素的综合。因此，即使是后资本社会，也将建立在从资本继承的生产力、文化财富和进步的政治成就（民主，尽管目前形式有限）的基础上。

以上四个特征，尤其是第四个特征，提出了关于社会研究者/纪录片工作者的立场的重要问题。最后一个特征可以立即恢复到占主导地位的媒体价值，即“平衡”。然而，一方面，综合并不等同于“平衡”。平衡意味着知识介于两“极”之间。它倾向于使两极完全保持原样，避免与极性所涉及的矛盾发生对抗。与综合行为相比，平 225
衡是一种更为被动和优柔寡断的行为。另一方面，综合需要对基础进行积极的调查，以选择有用的东西，抛弃倒退的东西。它既包括破坏性也包括建设性的过程，并在一套连贯的原则基础上提出了一种新形式，而不是希望在不相容的因素之间找到一个中间位置。这些原则可能在两种极性中都不完全明显，这可能需要进一步调解。例如，人们广泛观察到的商业和精神之间的极性可以通过另一对矛盾来调节，例如交换价值（将所有东西都简化为一个商业命题）和使用价值（与外界人类需求相关的东西是有价值的，而不考虑现金关系）。综上所述，与平衡不同，综合不是不相容的，它使自己与一极或另一极（取决于它们的内容）对齐，并从其中一极内部对两极进行批判。

客观客体和客观主体

马克思主义者属于现实主义的哲学传统，这种传统认为存在一个独立于我们的感觉、理解和表现方式的世界（Lovell，1983）。马克思主义者描述的“客观”世界或情况指的就是这个。正如我们在第6章中所看到的，当代文化理论有一股强烈的理想主义思潮，它几乎把独立于我们感官的世界重新吸收到话语、符号、表象等之中。这样一来，产生关于世界知识的方法在逻辑上就变得不可能了，因为知识仅仅成为社会利益的表达，与其他相比，知识表达的社会利益要更加符合社会现实。

现在，我建议马克思主义认识论把知识建立在社会利益的基础上。但如果这就是它所做的一切，那么它将无法与后现代相对主义区分开来。对于马克思主义者来说，知识不应仅仅理解为社会利益在时间或空间上的直接表达（尽管它也不能脱离社会利益）。更确切地说，对世界的认知是建立在社会利益的基础上，并通过它们与独立于自身世界的时空关系来调节。这个“世界”，即客体世界，是主体与主体关系积累活
226 动的结果，这就是主体与客体、主体与主体关系密不可分的原因。任何社会利益都不是孤立存在的。所有的社会利益和对世界的认知都是由其他社会利益来调节的。正如我们从上面概述的原型辩证模型中所看到的，社会主体在物质和文化上依赖于社会总体中具有不同位置的其他社会主体。世界是由社会空间中的利益积累组成的，并被相互依存和冲突的复杂网络联系在一起。正是由于这个原因，相对主义者对一个支离破碎、不相称的话语世界的看法存在着严重缺陷。在时间意义上，客观世界也独立于我们的理解模式，因为它是我们之前几代人累积活动的产物。我们出生在这样的一个世界里——它的机构（如家庭、教育机构、市场、国家等）在我们“到达”之前就已经建立并运行。作为继承者，我们对那些之前的人先前活动的依赖，也使我们所处的世界具有某种“客观性”。然后，我们可以合理地谈论对象（世界）的客观性。

然而，这并不意味着我们对客观世界有一个客观的立场或观点。说有一个独立于我们的信息技术经验和实践活动的世界，与认为我们可以独立于这个世界或我们可以超越通过社会地位和身份认同的社会利益是完全不同的。因此，我们可以合理地说，不存在客观主体（objective subject）。当然，我们可以批评自身的社会地位和文化，但这种批评又不是超越社会利益本身，而是通过主体间的认同过程，由其他社会利益来调解的。因此，马克思通过工人阶级的利益和社会地位，批判了知识分子及其学术/哲学环境，这也是他作为学生的社会地位。

但是，我们不能把主体与主体的关系、主体与客体的关系割裂开来，否则就没有充分的理由来解释为什么某些身份认同的主体（乔治·W·布什、女王、老板）不如其他主体更受欢迎。

然而，主流媒体对这一主体的客观性深信不疑。正如朱迪思·利希滕贝格在为这
227 种客观性辩护时所说，“与真理、公平、平衡、中立、价值判断的缺失——简而言之，最基本的新闻价值观密不可分地交织在一起，客观性是自由民主国家记者职业意识形态的基石（Lichtenberg，2000，p. 238）。利希滕贝格在这里使用的意识形态一词，指的是相当中性的“思想”，尽管她对主流媒体中某些版本的客观性依然持批评态度。例如，她认为，记者不应该害怕质疑权威，因为害怕看起来像“党派主义者”：“如果事实是客观的，客观的调查者就不会对它们保持中立”（Lichtenberg，2000，p. 252）。这是事实，但它的局限性是事实在某些解释框架内被动员起来，而其他质疑权威的框

架（及其伴随的事实）却没有被使用。

因此，客观性作为一种理想的问题是它根本不够复杂，不足以处理理所当然的假设。我们自身直接而紧迫的文化决定因素，可能会以某种方式影响我们的认知，悄悄将我们与不公正的权力情结捆绑在一起，导致我们对被压迫者的不满和不公正视而不见。以凯文·麦克唐纳的纪录片《九月的一天》（*One Day In September*）为例，该片讲述了1972年慕尼黑奥运会的悲剧。巴勒斯坦黑色九月恐怖组织的八名成员劫持了一些以色列运动员作为人质。这一事件以人质劫持者和人质的流血和死亡而告终。前半小时叙述的正式结构似乎是“平衡的”，它在关注以色列运动员和幸存的恐怖分子之一贾迈勒·哈希之间交替进行。但几乎不需要天才的符号分析就能明白这部电影是如何明显地偏向冲突中的主导者以色列的。我们了解的是他们的生活、希望、梦想、抱负和特点。他们的叙述被赋予了一个“背景”。虽然他们是人性化的，贾马尔·哈希却提供了戏剧性的威胁（在使用找到的录像和重建中，用邪恶的音乐来完成）。他的演讲集中叙述了袭击背后的计划和导致袭击的原因；换句话说，他被定义成一个恐怖分子。至关重要的是，当好莱坞明星迈克尔·道格拉斯以热情而辛酸的口吻讲述以色列的故事时，当贾迈勒·哈希出现在屏幕上时，这段叙述就消失了，似乎在说道格拉斯的叙述不想与这个人有任何联系。 228

为了捍卫客观性，利希滕贝格反对后现代相对主义，认为来自不同“文化”的人可以进行对话。我们的“世界观不是封闭的：别人可以进来，我们也可以出去”（Lichtenberg，2000，p. 243）。这是从对象（世界）的客观性得出的一个基本点。我们之所以能够“走出去”，是因为不同的世界观面临着相同的过程和现象，而这些过程和现象独立于我们看待事物的方式，迫使我们适应、重构与他人对话等。但是因为利希滕贝格没有区分这一点和主体的客观性，后者后来被偷偷带了进来。事实上，这种客观的语言不利于我们认同自身社会地位之外的人，也不利于批判性地质疑我们自己的社会地位。这两者往往是紧密相连的，这也使得主观的、具象的维度如此重要。因为媒体所做的往往是阻碍我们与那些虽然与我们的利益、斗争和需求不相同但仍会影响我们的人进行富有成效的主体间认同的能力；在一个相互依存的世界里，他们的幸福是我们的幸福。

在回应巴勒斯坦作家爱德华·萨义德对这部电影的批评时，凯文·麦克唐纳宣称这部电影是公平的，但他没法说这是一部“人文主义而非政治”的电影。[1]《九月的一天》是一个典型的例子，它说明了简单的客观信念如何使我们丧失批判能力。任何来自西方的思考或代表以色列人和巴勒斯坦人之间的冲突作为了解局势的基本先决条件时，都需要非常仔细和批判性地思考西方传统上是如何代表冲突的，西方是如何

---

1 Kevin Macdonald，‘My film is not biased against Palestinians’，Guardian，27 May 2000，p. 23.

共谋造成和维持这场冲突的，以及这些权力关系是如何无形地渗透到意指实践中的。回顾从我们的辩证模式中得出的综合概念，这不仅仅是一个认同巴勒斯坦人的问题，因为巴勒斯坦人并不像以色列人那样是一个同质、统一的集团。这是一个批判性的认同（identification）问题，必须在对被压迫群体（极性的从属极）的总体认同范围内，对巴勒斯坦的政治、战略、集团、利益等做出某些评价。西方纪录片制作者也不会简单地拒绝来自他们自己的社会和文化地位的一切，因为“西方”也不是一
229 个同质、统一的集团。回顾早期关于辩证可转换模型的争论，以及任何冲突中两极不是自我等同而是内部分裂的方式，这可能是一个西方（和以色列）所珍视的某些概念的例子，例如民族国家，并问为什么西方实际上对人类组织的特殊形式和规范感到高兴，而这种特殊形式和规范对现代资本主义的政治、经济和文化生活如此重要，却又被巴勒斯坦人所否定。我在这里试图阐述的批判主体性。与保罗·威勒曼所描述的第三电影（Third Cinema）有着密切的联系，他把“那种不属于自己的感觉，与自己所居住的文化不一致”作为“社会可理解性”的先决条件（Willeman，1989，p. 28）。这不是一个与自己的社会和文化地位完全不同的问题，而是调动一系列辩证的认同和相互的批判。

然而，如果相信主体的客观性存在问题，利希滕贝格肯定会歪曲破坏客体的客观性的文化相对主义者的许多争论。他们把知识还原为直接的社会利益，破坏了任何“在相互矛盾的叙述之间作出评判的立场”（Lichtenberg，2000，p. 242），包括他们自己对媒体的批评。因为即使抱怨媒体的偏见也是没有意义的，“除非是在一些实际的或可能的对比、一些更准确的陈述或更好的描述的背景下”（Lichtenberg，2000，p. 242）。然而，真正关键的问题是，从哪个角度可以做出“更准确的陈述”并进行评估？利希滕伯格对客观主体的辩护意味着她必须依靠形式逻辑和方法程序做出充分的保证，“我们获得更多证据，寻找故事的其他方面，检查我们的仪器，复制我们的实验，重新检查我们的推理链”（Lichtenberg，2000，p. 242）。当然，经验证据和内部逻辑一致性等标准的发展是理性的巨大收获，从历史上看，资产阶级的实践活动有助于推动十八世纪的发展，当然我们在今天也绝不会轻言放弃。但是，正如恶搞纪录片告诉我们的那样，形式和方法逻辑的惯例是有限度的。当面对相互竞争的主张，且这两种主张都指向某种形式逻辑、一致性和经验证明时，我们如何判断一种主张比另一种主张更充分呢？例如，事实往往是一致的，但分歧在于他们的解释。诉诸形式理性类似于声称人们之所以聪明是因为他们说的是“女王英语”。事实上，要理解世界，
230 通常需要在官方文件或话语（具有形式合理性）和边缘化人群的分散的本地认知（因为他们的社会地位而不是他们对形式逻辑的坚持或缺乏）之间做出判断。

同一性和否定

无论是对我们直接的社会和文化位置的认同，还是对其他社会主体和文化的“边界”的认同，都涉及我们自身和认同的事物之间的一致性，这种一致性也是通过不可或缺的语言媒介和/或某种表意系统来实现的。例如，我们根据对这一问题和其他问题的认识，将“历史冤屈”或“恐怖分子”概念与所指的“巴勒斯坦人”联系起来。阿多诺在《否定的辩证法》（*Negative Dialectics*）中指出，思维不可避免地在概念（或表象）和现实之间建立了同一性。思想和现实之间的某种统一不仅是不可避免的，而且是可取的，因为没有它，就不会有我们所认可的社会秩序。然而，阿多诺警告人们不要强迫自己去思考所谓的同一性思维。这是以一种假设为特征的，即思想和现实之间的统一或同一性已经在此时此地达到了完美契合。例如，如果巴勒斯坦人实现了他们的目标，即建立一个巴勒斯坦国，然后我们说这个指称物和“自由”的概念完全相同，这样我们确实会陷入同一性思维的控制之中，就像我们相信“自由”和西方资本主义的现实是相同的一样。对阿多诺来说，辩证思维的目的是“追求思想和事物的不足”（Adorno，1973，p. 153）。阿多诺想打开思想和事物之间的鸿沟，看看前者“在我们经验性地运用时是如何落后于自身的”（Adorno，1973，p. 151）。换句话说，如果思考和认同是紧密交织在一起的，那么批判性思考就是给概念“转向非同一性”，而这正是“否定辩证法的枢纽”（Adorno，1973，p. 12）。矛盾“表示同一性的不真实，即概念不能穷尽所设想的事物”（Adorno，1973，p. 5）。讽刺作为悲喜剧的一种美学模式，探讨了概念和事物之间的这种鸿沟。例如，短片《世界上最幸运的花生米》（*Luckiest Nut in the World*）（Emily James II，2002，GB）结合了动画、纪录片和音乐三种风格，阐明了新自由主义话语作为摆脱贫困的途径强加给第三世界国家 231
的东西与实际结果之间的巨大矛盾，其实际结果是更加贫困。影片的叙述者是一个会唱歌的美国花生米，穿着靴子，弹着吉他，戴着一顶帽子。花生米受到了良心的折磨（因此他也是反资本主义运动西方势力的代表），因为他优越的、受保护的处境与第三世界花生米生产商的命运明显存在着不公平。在遵循世界银行和国际货币基金组织关于开放国际市场的建议后，第三世界花生米产业崩溃了。对“贸易自由化”这样一个概念的内在批判，也是对大众文化一般材料的批判和改写，这些材料的“天真”和幼稚（带有喜剧和悲剧的效果）与残酷的现实并存。正如沃尔特·本雅明所言，一部文明的文化纪录片，无论是高雅艺术还是20世纪50年代的新闻短片，都是“经过伪装的”社会野蛮纪录片。因此，批判的任务是“与历史背道而驰”的（Benjamin，1999b，p. 248）。

阿多诺对同一性思维的批判与后结构主义的立场有一些相似之处。在后结构主义的立场中，差异概念不是作为一种手段来质疑表象与现实之间的关系。然而，否定辩证法的阿多诺与当代文化相对主义者之间存在着根本性的差异（Dews，1995）。与后结构主义者不同，阿多诺不愿放弃隐藏在概念中的理想，即使这个概念与其指称物之间的差距大得可笑。他写道，辩证法“意味着打破获得同一性的冲动，并通过这种冲动中储存并凝结在其对象化中的能量来打破它”（Adorno，1973，p. 157）。例如，迪士尼电影《星际宝贝》（*Lilo and Stitch*）（Dean DeBlois and Chris Sanders III，2002，US）颠覆了夏威夷语“ohana（哦哈哪）”中概括的核心规范理想，意思是没有人会被遗忘。对这部电影的批评将指出资本主义的规范概念和经验现实之间的非同一性，资本主义的前提正是忘记人们并把他们抛在身后（甚至在这部电影中，也有关于这种非同一性的线索）。与此同时，这种批判将承认“储存在”ohana概念中的“能量”，并试图改变这种能量，从家庭的“凝固”对象化中将其打开，并根植于一般的社会实践中。因此，阿多诺正寻求在同一性与否定之间、存在或是
232 什么之间以及它的不完整性和/或瓦解之间发展一种辩证法，使之成为一种新形态的前奏。然而，相对主义寻求的是对差异的片面的非辩证的支持，至少可以说，这使得有意义的社会团结变得困难。

如果说客观性是主流媒体工作者一针见血指出的典型谬论，那么相对主义、“否定”和纯粹的“差异性”就构成了学术界和哲学家在知识分工中出现的典型陷阱。阿多诺认为，相对主观主义（subjectivism）的

> 顽强活力来自对现状的一种方向错误的反对中，来自对现状的物性的反对中。哲学在把这种物性相对化或液化时，相信自己要凌驾于商品的优势之上，凌驾于这种优势的主观反思形式即物化意识之上[1]（Adorno，1973，p. 189）。

我们已经看到结构主义和后结构主义是如何总结这种特殊的二分法的：前者把语言想象成一个独立于人的能动性的固定对象，而后者则试图将其“液化”成一种“误导的对立”。客观性和相对性之间的认识论分歧背后是关于什么构成了批判性思维的哲学分歧。在《九月的某一天》，我们看到了客观性倾向是如何削弱了我们的社会地位，及其对我们理解方式有决定性影响的关键能力。然后，相对主义者面对这种明显不加批判的立场，试图“瓦解”世界的虚无并内化其规范的无意识。但问题是——物

1 此处翻译参考［德］阿多尔诺著，张峰译，否定的辩证法，重庆出版社，1993年，第187页。——译者注

化客观性的激进相对化逃离了资产阶级思维的一个方面，马上又陷入另一个方面：任何活动的社会化基础的瓦解包括理论的、政治的、伦理的和实践的，都可能挑战物化结构。例如，目前美国在军事武器上花费了3,960亿美元，而数百万美国公民却无法获得相应的医疗保健。要对这种资源的分配提出质疑，就必须与穷人的需要以及将这些需要置于高于军事—工业复合体需要的规范不谋而合。所有知识——如果是真实的，而不是信仰或教条——都必须有其限定和否定的理由。但是，语言的临界暂时性（如相对主义者就是这样做的）是知识分子社会利益的编码基础，它与潜伏在其劳 233
动商品化中的更普遍的潜力隔绝。知识基础（而非保证）的基础（及其限制）应该明确地定位于具有最广泛社会基础的社会利益中，即在历史上特定的意义结构，而不是（排他的）意义结构中。

齐泽克与实在界

德国哲学家尤尔根·哈贝马斯以反对后现代转向相对主义和推崇差异而闻名。出版于20世纪80年代初的《现代性的哲学话语》(*Philosophical Discourse of Modernity*)一书是对各种哲学家的矛盾的持续批判，如尼采、海德格尔、巴塔耶、德里达和福柯，这些哲学家试图捍卫的差异、相对性和“非理性”（纯粹的权力、疯狂、被压抑的欲望、语言的不确定性），给社会秩序的压迫性和客观性带来某种混乱。在20世纪90年代，斯拉沃热·齐泽克的研究体现了当前文化理论对知识的激进暂时性的强调，这种暂时性打破了知识构成的基础，破坏了与社会变革的任何特定社会动因保持一致的可能性。然而，齐泽克对后现代主义、多元文化主义和身份政治一直持高度批判态度，因此他确实占据了一个奇怪的位置，这在很大程度上是因为他们确实试图调和其相对主义哲学基础与某些社会因素和政治力量的认同和结盟（Homer，2001）。实际上，齐泽克将相对主义问题推到其逻辑结论上，却没有因此摆脱其本质上的矛盾性质。自相矛盾的是，齐泽克对实际存在的现实及其表现的彻底和永久否定的核心概念是“实在界”。齐泽克关注的是抵制意识形态的诱惑，并维持他（和我们自己）的批判能力。动机不能错，但方法是可以错的。

> 意识形态的批判难道不涉及在某种程度上免除混乱的社会生活的一种特权吗？这种特权地位使得某位行动主体意识到对社会的可见性与不可见性起规范作用的隐藏机制本身。难道宣称我们可以接近这个部分不是意识形态最 234

明显的案例吗？[1]（Žižek，1995：3）

在承认走出意识形态的困难时，齐泽克认为只有拒绝认同“积极确定的现实”才有可能做到（Žižek，1995，p. 17）。因此，与阿多诺不同，齐泽克将认同和联盟与同一性思维相结合。实践意识形态批判的立场“必须保持空白，它不能被任何积极确定的现实所占据——当我们屈服于这种诱惑时，我们又会回到意识形态中”（Žižek，1995，p. 17）。意识形态批判纯粹是对“是”的否定，绝不认同“是”的任何方面。这个“空场”就是齐泽克所说的“实在界”的意思——从拉康那里继承的概念。拉康的“实在界”概念正是抵制符号化的概念，它是“使现实不完整/不一致的空虚，而每个符号矩阵的功能就是隐藏这一点”（Žižek，2001，pp. 217-218）。

这一立场的力量和吸引力在于，它要求我们永远保持批判能力，把它所不具备的完整性和一致性投射到某些受欢迎的社会运动或表象上。如果一个特定的符号场，例如亚文化，构成了作为局外人的身份，那么一个典型的齐泽克式移动可能会揭示这在多大程度上是一个浪漫的隐藏，表明它在社会（齐泽克会说，象征性地）秩序内部是多么安全。如果一个特定的符号秩序构成了自我决定的状态——这是几乎所有国家认同的核心——那么调皮的齐泽克式移动就证明了它的真正含义是由外生因素所决定的。在齐泽克体系中，实在界概念当然允许一些巧妙的辩证倒置。然而，通过使他的参照点不是“现实”，而是实在界——被压抑的——齐泽克低估和破坏了了解和代表社会秩序的可能性；他使知识成为精英们高度专业化解码技能的领域，这样他又回到一种知识分子非常熟悉的意识形态：拒绝与集体社会代理人（而非知识分子）结盟——因为这相当于“积极确定的现实”。尽管有人声称没有中立，无法逃避“社会生活的动荡”，但当每次占据实在界“空场”时，齐泽克确实暗示了一种暂时的、难
235 以捉摸的提升；因为，如果没有所有的社交场所，这样的地方还算是什么？

在规范而非认识论层面上，“实在界”的另一个问题是，它的否定性仅仅建立在否定的基础上；因此，它的政治和道德指南针与其试图破坏的东西是相对的。因此，“实在界”可以制裁包括恐怖主义在内的各种政治活动（我并不是说齐泽克本人就是这么做的）。恐怖主义扰乱了自由民主资本主义，并将日常生活中无形的暴力（这是其构成基础）变成明显的暴力景象，这违背了自由民主象征自身的理性、文明、公平和宽容。就《九月份的某一天》而言，巴勒斯坦恐怖分子在另一种相关意义上发挥着“实在界”作用。由于巴勒斯坦并不正式存在，巴勒斯坦人只可能是奥运会的搅局者，

---

1 此处翻译参考［斯洛文尼亚］斯拉沃热·齐泽克著，方杰译，图绘意识形态，南京大学出版社，2002年，第4页。——译者注

他们的运动员是作为民族国家的代表参赛，而这是他们被剥夺的身份和机构。然而，这种象征性的批判（就像恐怖分子对世贸中心双子塔的袭击一样），虽然具有颠覆性，却很难为这种行为提供道德依据，也不能使其成为可行的政治策略。

哈贝马斯、知识与社会冲突

哈贝马斯批判的文化相对主义传统的中心目标是理性本身。因为理性和合理性（纪录片的轴心原则）一直是自启蒙运动以来社会秩序战胜一切反对力量的口号。在前一章中，我们看到理性、知识和科学已经被整合到价值关系的同质逻辑中。然而，资本主义经济学与形式理性之间的密切关系在不同程度上被相对主义者割裂了，因为过于紧密的联系在逻辑上意味着与资本潜在的对立物——劳动——的某种结盟。无论后现代相对主义者指向什么样的社会联盟（混合移民是目前最受欢迎的群体），其实作为社会代理人的劳动都已被全面否定。哈贝马斯并没有否认理性被赋予的压迫性用途，但是，像阿多诺一样，他不想放弃这个概念，而是通过“自我反省或启蒙实践的过程”（Habermas，1987，p. 103）来解放潜力。

他的中心观点是，尽管“反理性主义者”确定存在，但他们必然会在试图推翻的理性范围内活动。在各种学者对理性的总体批判中，存在着一种“行为上的矛盾”。 236
凭什么“理性”才能全面谴责理性？例如，以福柯为例，他的论点是一种话语的有效性主张完全局限于话语的生命和范围。然而，如果这是真的，那么对话语的任何研究都必然会削弱其自身的有效性或关于其他“真理体系”的真理主张（Habermas，1987，p. 279）。这种矛盾削弱了知识分子（例如福柯例子中的囚犯）与受压迫群体的结盟姿态。因此，哈贝马斯认为，相对主义者否认在主客体关系中建立规范的任何可能性恰是以主客体关系为前提的，因为它们提出了关于真实本质的命题（即真理是不可知的，话语是万能的，等等）。

对哈贝马斯来说，相对主义者未能逃脱他所谓的主体哲学。这是一种过度沉迷于主客体关系的思想传统（即使是相对论者，他们也试图用话语的力量推翻一个具体的客体世界）。在资产阶级变体中，它是由一种强大的个人主义所推动的，并幻想着自己是独立于人类的，以一种咄咄逼人的霸道关系来设想自己的身份和自我意识（它们被简化为客体）。哈贝马斯想要培养和维持的正是主体间性或社会性，以反对这种支配关系，并提出关于交往哲学的建议。与此相反，以主体为中心的理性扼杀了“对话关系”，并“将那些单靠自己的主体转变为彼此的客体，而仅仅是客体”（Habermas，1987，p. 246）。

哈贝马斯对以主体为中心的理性问题的解决方案是，既果断地与讨论中的一些术语决裂，又与他的后现代对手们保持在同一领域。将他人还原为客体源于主体控制和支配客体世界的欲望。“客体知识的范式必须被具有言语和行动能力的主体之间相互理解的范式所取代”（Habermas，1987，pp. 295-296）。换言之，概念和指称物之间的关系不如社会构建我们辩论差异的手段重要。哈贝马斯想把交往从“对语言的事实
236 镜像功能的执着”（Habermas，1987，p. 312）中转移出来，或者从相对主义者的角度来说，语言除了反映眼前的条件和利益，不能反映其他任何东西。哈贝马斯的交往理性范式强调“互动中参与者的行为态度，他们通过对世界上某些事物的理解来协调行动计划”（Habermas，1987，p. 296）。从某种意义上来说，哈贝马斯通过降低真理主张的重要性来遵循后现代逻辑。相反，他在我们讨论、辩论和解决冲突的公共领域中找到了合理性并尊重差异，并且最后找到了消除它们所产生的所有对立的方法。

这是可能的，因为任何对话者的指称语境都包括“相互理解过程的不容置疑的语境”（Habermas，1987，p. 314）。哈贝马斯认为，无论交往的内容如何退化以及交往的背景如何对立或不平等（例如交往手段的公司和国家的主导地位），理性对话都有潜在的或萌芽的动力，以此可以发现一致性和相互性。因此，哈贝马斯“将主体间性理解为铭刻在普通语言交流中的目的”（Habermas，1987，p. 311）。关于移民有害和种族主义的媒体言论，现在遍及欧洲。加强移民边界的明确或隐含的理由是，国家拥有有限的资源，而这些资源是稀缺的，新的（通常是穷人）移民会造成资源消耗。不管这个论点有多大问题，它至少发生在一个领域内，即资源问题，这个领域允许一个激进的替代性话语参与其中，以便询问资源是如何产生的，又是如何分配的，以及哪些社会力量造成了人为的稀缺性。如果种族主义媒体关于移民问题的言论与对这种言论的激进批评完全不相称，那么激进的批评是不可能成立的。诚然，哈贝马斯的交往理性概念确实将共识概念传播得如此之广，以至于“政治的基本条件——对立的利益——消失了”（Aronowitz，1981，p. 53），但反过来说，很明显，即使是对立也需要一些共同点。

因此，哈贝马斯试图绕过后现代主义者，把比他们更深入、更广泛的东西推进到
238 意义（交往）的结构中，并强调对立者所共有的理所当然的假设。这与后现代主义者形成鲜明对比，后者倾向于认为意义结构的特点是分裂的和相互不理解的，这是让-弗朗索瓦·利奥塔所说的“语言游戏”的扩散造成的（Norris，1992，pp. 70-81）。因此，哈贝马斯提供了一个优雅的解决方案，以协调在交往中默认的普遍规范对差异和多元性的认可。

我们实际上可以将哈贝马斯隐藏在宗教、文化、民族和其他差异背后的共识模式的概念应用在对主流新闻和媒体表述的批判上。例如只存在有利益的群体之间的冲

突，比如在北爱尔兰的天主教徒和新教徒之间，或者中东的巴勒斯坦人和以色列人之间，新闻往往只会找到为自己的“社区”代言并承认其主张合法性的代言人。主流媒体认为，一个选区的人认可另一个选区的主张，这种想法几乎是不可能的。约翰·皮尔格的纪录片《巴勒斯坦仍是个问题》（*Palestine is Still the Issue*）（2002）激起了保守犹太人的愤怒，它不同寻常地暗示了分裂的社区之间的一致意见。皮尔格采访了一名以色列历史学家、一名退伍军人和一名以色列男子（他十几岁的女儿被一名巴勒斯坦自杀炸弹手杀害）。最后这位受访者的道德勇气尤其突出，因为尽管遭受了惨重的损失，他仍然可以问为什么有人会做出这种自我毁灭的行为，对以色列人制造这种仇恨感到奇怪，并承认巴勒斯坦人的冤情是合法的。在相互冲突的群体中，清晰地表达共识的“横向”线和主体间的认同，也揭示了各选区内部的分歧。主流新闻议程往往将选区呈现为一个由“纵向”共识组成的同质阵营。然而，《巴勒斯坦仍是个问题》在晚上11点在独立电视台播出，吸引了大约100万观众观看。如果将它安排在一个高峰时段，这个数字可能会提高6—8倍。将这种表现推到日程边缘的经济和政治力量已经在本书的其他地方讨论过了。借用阿多诺的否定辩证法，哈贝马斯论证的问题在于，我们所拥有的交往理性概念和公共辩论的实际机构之间的非同一性能否在资本主义生产方式中得到弥合。 239

哈贝马斯的政治立场有时难以确定，因为它是模糊的、复杂的和矛盾的。他被认为是一个左翼哲学家，但他的哲学是否像特里·伊格尔顿所建议的那样“塑造了参与式社会主义民主”（Habermas，1991，p. 130）似乎值得怀疑。为了解读哈贝马斯哲学中的政治并找出其实际含义，我们可能还得求助于他的早期著作《公共领域的结构转型》（*Structural Transformation of the Public Sphere*）。这本书不仅描绘了资产阶级公共领域的兴衰，还对其进行了大量的研究。哈贝马斯将资产阶级公共领域定义为“首先被设想为私人以公共的形式聚集在一起的领域”（Habermas，1996，p. 27）。这种定义可能适用于资产阶级公共领域，但应该注意的是，它屏蔽了“私人”公民的集体（阶级）维度以及不同集体力量之间的对立冲突事实。在《公共领域的结构转型》中，哈贝马斯实际上将工人阶级的集体利益和团体等同于资产阶级的集体团体和实践（垄断、卡特尔、商业联盟），这是他对早期“英雄”的资产阶级公共领域的攻击（Habermas，1996，p. 176）。这种对集体主义的敌视，无论其阶级性质如何，使得哈贝马斯对工人阶级在19世纪初开始培育的萌芽的工人公共领域的评价不如资产阶级公共领域（Habermas，1996，p. 168）。在其大约20年后写的《现代性的哲学话语》中，很明显，资产阶级对公共领域的定义仍然是哈贝马斯愿意支持的唯一定义。

坦率地说，哈贝马斯希望保留资本主义生产方式，但又想建立公共交往机构（在上层建筑中）以改善生产方式引发的冲突。从这个意义上说，哈贝马斯并没有与资产阶级的理性主体决裂，尽管他强调主体间性。相反，他的哲学架构是为了保持其深厚的物质基础的完整性而设计的。和后现代主义者一样，哈贝马斯的解释只限于我们使用语言的方式，即它的规范性判断关注的意义的结构，而排除了结构的意义。对哈贝马斯来说，这是因为我们没有通过主体间交往的共识潜力来充分调停知识和行动，而过早地想要确定我们对外部世界的了解，以做出真实的陈述，并在这些陈述的
240 基础上实施计划，从而缩短并扭曲我们的知识和行动，从中我们遭受了一个他所说的认知还原论的糟糕案例。对哈贝马斯来说，理性不仅由“代表事物状态”的力量（1987，p. 311）来定义，而且也由言语或交往的性质来定义；我们如何交往与所交往的内容同样重要。但这并不是什么惊天动地的事情。长期以来，如何与什么、形式与内容之间的复杂关系一直是马克思和其他美学争论的中心（见 Taylor，1988）。这些争论并没有像哈贝马斯想做的那样，把“做什么”和“如何做”分开。将“什么”从交往理性中分离出来的政治效果实际上是让“什么”——导致冲突和主体间相互依存的贫困形式的主要社会关系——保持原样，并集中精力处理其后果。

因此，哈贝马斯将交往的“什么”与认知工具主义联系起来，把“如何”与我们的道德和审美情感联系在一起。在哈贝马斯模型中，主体是具有自身私利的个体主体，这些个体主体以其认知工具性的一对一（主体对客体）的世界观而面世，但是这些被交往理性的“如何”维度所修正和调和了，它们将私人利益结合成某种形式的社区、社会性或主体间性。

换句话说，资产阶级的私人利益，即对自然和劳动的工具性控制，可以从将必要的社会关系文明化的过程中分离出来，并通过语言将它们约束成主体间的、共同的责任。因此，对哈贝马斯来说，物质生产领域

> 可以通过一种枯燥而标准化的语言来进行，这种语言协调的是具有特殊功能的行为，比如货物和服务的生产与分配，而无须用充满风险的沟通过程去加重社会一体化的负担[1]（Habermas，1987，pp. 350-351）。

这是对资本积累优先权高度保守的辩护。资本积累不应该被诸如在工作场发展的民主（“相互理解”）这样不经济的细节所“拖累”，而只需要在等级社会关系和劳动
241 分工中努力体现贫困和标准化的主观性。对哈贝马斯来说，不可能把对知识和理性的任何复杂理解建立在人类劳动活动的基础上，因为他认为知识和理性完全属于资产阶

1 此处翻译参考［德］哈贝马斯著，曹卫东译，现代性的哲学话语，译林出版社，2001年，第394页。——译者注

级哲学范畴，只有抽象的劳动是不可或缺的工具。一旦生产领域被认为必然是工具性的，现代性的规范内容就不可能以社会实践为基础。他认为，马克思主义本身

> （实践哲学用生产范式）把真值有效性和效用之外的一切统统排除在理性的有效范围之外。由此，我们所习得的东西……只能随着生产力的发展而逐步累积。这是一种生产主义的概念策略，它使我们再也无法获得现代性的规范内涵[1]（1987，p. 320）。

诚然，如今已经灭绝的政治恐龙——斯大林主义——以追赶西方为优先——确实符合这一模式。但是斯大林主义，尽管借用了马克思主义修辞，但总是更像资产阶级而非革命。诚然，人们可以在列宁和葛兰西那里找到生产主义的要素，但任何真正的马克思主义都不能被生产主义范式所同化。对马克思和马克思主义来说，提高生产力只能为现代性的规范性内容——满足社会需求——提供必要的基础。然而，马克思现代性的规范内容并不在于提高生产力本身，而在于发展劳动者的自由联合，即解放社会关系。

对哈贝马斯来说，资本主义生产方式是一个不可超越的基准，因此，产生于交往行为的合作精神的主体间性必须事后嫁接到一个具有根本对立基础的社会秩序中。对哈贝马斯来说，虽然在生产点发展社会性、合作性和主体间性的模式是不可想象的，但我们完全有理由期望在其他地方，例如通过媒体和通信系统，成功地重建这些模式。在哈贝马斯模式中，主体被划分为两个领域，一个是必须被务实地接受为给予的领域，在这个领域中，他们几乎不能行使道德自主；另一个是相对自由的领域（这里是交往理性），在这个领域中，主体可以与他们的良知和实践机构重新结合。 242

这个模型真的能比基础—上层建筑的模型先进吗？哈贝马斯的交往理性最终似乎是语言的内在属性。我在第6章中指出，交往中理性的深层结构并不是建立在语言作为一个独立的实体上，而是建立在我们的实际社会交往模式、相互依存和合作的基础上，这是人类在不断提高的社会剩余水平上繁衍后代所需要的。正是基础—上层建筑模型使我们对这种基础变得敏感。它也警告我们不要期望上层建筑的某些方面与社会生产领域截然相反。哈贝马斯的模型很难解释从属于生产方式层面的社会利益如何能够与支配生产方式的利益平等地进入交往理性领域。与阶级剥削交织在一起的所有其他形式的压迫也是如此。哈贝马斯的模型也不能解释当经济权力和政治权力拒绝承认“更好的洞察力的非强制性力量”的优越性时会发生什么（Habermas，1987，p. 305），

---

1 此处翻译参考［德］哈贝马斯著，曹卫东译，现代性的哲学话语，译林出版社，2001年，第372页。——译者注

或者一个人如何解决根本的利益冲突，比如牺牲大多数人的利益为少数人积累财富，以及这种行为以牺牲环境为代价。最重要的是，对主体间承认的渴望以及资本和劳动两极之间的互惠和相互关系的渴望，必然会削弱劳动和其他努力解放自己的社会身份中的主体间承认的能力。人们可以把交往理性概念引入这种斗争中，从而使哈贝马斯适应激进的政治目的、激进的美学实践，如《第三电影》，正是为了发展这种阶级内或群体间的主体间性（一个关键性的过程包括如何以及怎样）的相互性、承认性和社会性，在共同利益的基础上将分裂和分离的群体吸引到知识、理解认可和团结组成的网络中，因为他们从自己的中介地位面对一个多面敌人：资本及其制度（Wayne，2001）。

劳动者立场

当马克思把工人阶级、劳动者和无产阶级（proletaria）作为推翻资本主义的基础
243 时，他所选择的社会主体只占全世界总劳动人口的很小比例。为了理解与那个历史时刻的关系，我们必须区分不同社会主体的术语，并将工人阶级、劳动者和无产阶级视为不可互换的术语，而且是代表一个与过去、现在和未来有着广泛关联的历史轨迹，尽管不是以任何简单的线性方式。相反，这三者总是同时在起作用。马克思把希望放在工人阶级未来的历史关联性上，不是基于数量标准，而是基于质量标准：即工人阶级在社会生产关系中的客观地位，给了他们认识和改变世界的现实可能性和动力。虽然资产阶级掌管着一个向四面八方扩展的经济体系，但它作为生产体系中的少数阶级和剥削阶级，对它的意识施加了结构性的限制。正如安德鲁·芬伯格所言，“一个阶级要想了解其社会的真相，必须简单地从其利益出发”。劳动者位于生产过程的中心，通过出卖劳动力以换取工资。劳动力既是一种商品，也是商品的生产者，所以占有一种社会地位。如果劳动者努力与其对立面资本进行实际的对抗，那么他就能在意识上把握社会整体。在没有这种实际对抗的情况下，劳动者退回到商品形式，意识相应地变得更狭窄和狭隘，因为主体间性在空间和时间上被割裂；政治意识（既是主体与主体的关系，也是主体与客体的关系）进入休眠状态。然而，无论劳动和资本之间的对立在前者的意识和实践中变得多么模糊，后者不断积累的动力总能渗透到劳动者的生活结构中，并且不可避免地、周期性地带来不同程度的激烈对抗。尽管阿多诺只把批判理论和先锋派美学视为否定辩证法的范畴（Lunn，1984，p. 240），并认为工人阶级完全融入了一个完全“管理”的社会，但在阿多诺的存在与否定的辩证法中，劳动是自我分裂且矛盾的范畴；当它在资本的范围内安全地生产自己时，它否定了马克思

所说的类存在，即自治、创造力和参与的规范性理想；当与资本斗争时，它不仅要努力否定反对它的东西，而且要否定自己作为一个阶级主体的身份，这种身份里面刻着 244
压迫时代留下的所有渣滓。

卢卡奇认为，统治阶级成熟的阶级意识是一种努力克服将社会整体具体化为自治的层次和实践的意识。它将生产和消费（“生产者利益”和“消费者”是两个不同的群体，这种观念在最近的讨论中经常被强行分开）引入某种中介的联系，同时将经济、政治、文化、地方和全球之间被否定的联系拉出来，例如，这些联系通常在报纸上被分割和细分。资本主义当然是一个由中介构成的社会，但这些中介是不对称的，容易引发功能失调的危机，因为将社会联系在一起的联系和相互联系会引发根本性的对立（Mészáros，1995）。一个后资本社会将寻求发展对称的中介，其特征是发展而不是消灭当前社会中的那些要素，这些要素正在努力建立一种实践和意识的模式，这种模式更倾向于资源互惠的伦理和由我们不断发展的相互联系产生的社会正义问题。

当马克思将工人阶级作为社会变革的中心力量时，正是因为其人数相对较少，所以工人阶级是一个明显可识别的群体，具有精确的地理和产业地位以及清晰可辨的文化特征。但是，尽管“工人阶级”一词仍然具有一定的社会学和政治学意义，但社会学家对不同国家、种族和性别的“阶级”和职业的工资关系进行了概括，从根本上改变了这个词过去所涵盖的范围。同时，在整个政治范围内，“旧”工人阶级仍然保留着残余存在，作为对左翼的怀念和对右派的提醒，历史显然还属于他们。我更喜欢用“劳动者”这个词，因为它与这些文化内涵以及“工人阶级”这个词的社会学腐败现象没有那么紧密地联系在一起，这让我们相信白领工作在某种程度上超出了雇佣劳动商品化的动力范围。在不忽视它们之间的物质和文化差异情况下（换言之，它们相互之间和资本之间的中介关系），激进的文化工作者认同在剥削和压迫更尖锐的末端遭受痛苦和挣扎的人，而且通过自己的经历来传递这种认同，因为资本对他们的创作活 245
动施加了挫折和限制。有人可能会反对说，“劳动者”一词过于宽泛，没有对高级管理人员（例如，他们毕竟是有工资的）和低于他们的工人进行必要的区分。劳动者的本体论是其集体性和相互依存的社会性。权力不平等和工资差距越大的劳动等级组织得越多，那些将不平等人格化的人的劳动就越能代表资本的利益和逻辑，尽管资本是矛盾和自我分裂的——毕竟依赖并促进社会主义，尽管它本身也是如此——但永远无法逃脱武断地阻挠和扭曲社会主义和相互依存所隐含的道德的必要压力。

社会利益及其与知识的关系所造成的困难，引起了许多评论家甚至是同情马克思主义的评论家的关注，这一点在比丘·帕雷克的《马克思的意识形态理论》（*Marx's Theory of Ideology*）一书中得到了很好的阐述。帕雷克对马克思或马克思主义站在劳动立场的观点的批评是有用的，因为他们澄清了如果要维持真理主张的批判性的暂时性，这种提法的意义不大。帕雷克认为，从逻辑上讲，社会理论家通过阶级角度研究社会而有所收获的观点是不连贯的：

> 必须从阶级观点研究社会的论点是什么阶级观点？如果从一个特定阶级的立场来看，它显然不能主张普遍有效性。如果主张普遍有效性，它就不能从特定阶级的观点出发。（Parekh，1982，p. 175）

正如我们所看到的，马克思把工人阶级确定为人类解放的载体，因为就其在社会结构中的地位而言，工人阶级代表了最广泛的社会基础，因此它可以声称，这不是普遍有效性，而是一种普遍的潜力。潜力概念引入了时间性，一方面意味着客观的社会条件至少使某些理想的目标成为可能，但同时，就这些尚未实现的潜力而言，在社会主体的核心中存在着它们是什么和可能是什么之间的鸿沟。正是在这一鸿沟中，批判性的暂时性才得以确立，调和了社会团结与对个人结盟的同一个体的批判。
246 无产阶级一词可以用来准确地表达这种暂时性和潜力。斯蒂芬·珀金斯将其有效地定义为“一个政治社会范畴，其现实处于形成状态中”（Perkins，1993，p. 169）。因此，把知识建立在工人阶级/劳动者/无产阶级的立场上，并不意味着（正如帕雷克似乎认为的那样）能简单地反映和放大他们的经验、观点和价值观，而不管他们有什么优点；换句话说，成为一个宣传者，或者把自己局限在劳动的经验和知识中（马克思认为劳动者必须重构资产阶级提供的哲学、文化和物质遗产）。

帕雷克可以把关于知识地位和观点表达的循环性指控逆转回自己的立场。那么从什么阶级的观点出发可以判断出工人阶级的“观点”是有限的和片面的呢？

> 作为科学家，马克思不是阶级理论家，而是“思想自由主义者”。他从最全面、最自我批判的角度研究资本主义生产方式和人类历史。因此，他不是从无产阶级的观点，而是从社会整体的观点来研究问题，这种观点是从包括无产阶级在内的所有可供他使用的观点中批判性地构建出来的。（Parekh，1982，p. 175）

在这里，我们看到了一种恐惧，即如果社会学家（或纪录片制作者）把知识主张建立在特定群体的社会环境中，他们就会损害思想自由。但是，马克思从社会整体角度对这个问题的回答——把马克思变成了一个典型的自由主义者，明智地“全面”地看待事物，并在相互冲突（最终不相容）的观点之间保持平衡。帕雷克对整体观点的论证（客观主义幻想的一个版本）与从劳动角度对整体进行中介的认识或综合是完全不同的。帕雷克的论点无法回答这样一个问题：从哪个立场可以综合各方的相互竞争的主张、经验、价值观和利益。他要么承认自己的阶级地位——在这种情况下，将知道自己处于知识分子的阶级地位——或者他又回到个人主义，在这种情况下，他是一种幻想，表达（并掩饰）知识分子阶级决定的超越阶级斗争的愿望（Ehrenreich and Ehrenreich，1979，p. 22）。从知识分子立场来说，最好的结果是产生一种由资本和劳 247
动二者调节的批判，就像齐泽克和哈贝马斯的不同立场一样；最坏的结果是完全或主要由资本调节，就像新自由主义哲学家和经济学家的情况一样。

对卢卡奇来说，中介概念是理解社会整体的相互联系但又有区别的核心，对他来说，劳动是中介的实际代理人（1971，p. 163）。但是，在劳动与自身和其他社会身份的具体中介关系中，必须主观地考虑劳动范畴。马克思有一个著名的区分：存在于自身的阶级和为自己存在的阶级。在对19世纪中叶法国农民的分析中，他认为他们作为一个阶级本身是客观存在的。“他们的生活条件相同，但是彼此间并没有多种多样的关系”[1]（Marx，1984，pp. 108-109）。这种孤立“由于不良的通信手段而加剧”，意味着法国农民拥有少量土地，“几乎可以自给自足”：

> 一小块土地，一个农民和一个家庭；旁边是另一小块土地，另一个农民和另一个家庭。一批这样的家庭就形成一个村子；一批这样的村子就形成一个省。这样，法国便是由一些同名村庄简单相加而形成的，就像一袋马铃薯是由袋中的一个个马铃薯汇集而成的那样[2]（Marx，1984，p. 109）。

作为一个客观事实（独立于他们的理解方式），农民形成了一个阶级，因此在政治事务中具有被动的权重和影响力。但他们并不知道自己形成了一个阶级；他们的生活条件与承认自己是一个阶级并独立追求自己利益的能力背道而驰。他们的生产方式和相对有限的生产力缺乏经济上的相互依存，客观上说，他们的生活条件使阶级意识的产生失去了作用，而不是产生这种意识。对于资本主义制度的雇佣劳动而言，客观条件也会削弱他们在广泛的时空关系（竞争、分工、发展不平衡等）中相互认识和认同的能力。然而，这些都与资本主义生产方式所发展的有利条件相竞争，即广泛的经济相互依存和在空间和时间上进行交流的复杂可能性，这反过来又使资源的使用和分 248
配政治化。阶级概念表明，一个阶级（特别是一个不想依赖武力的进步阶级）如果要在其生活条件中发挥客观的潜力，就必须（在）主观上建构它。对劳动而言，主体间性的本质是承认资产阶级权利及其在所有社会群体中的普遍适用之间的非同一性，以

1 此处翻译参考《马克思恩格斯文集》（第2卷），人民出版社，2009年，第566页。——译者注
2 此处翻译参考《马克思恩格斯文集》（第2卷），人民出版社，2009年，第566页。——译者注

及物质和文化需求及其在资本主义内部的普遍满足之间的非同一性。

对于像本哈比卜这样的批评家来说，马克思的阶级概念充其量只能唤起一种集体的单一性和同质的主体间性（Marx，1986，p. 128）。这反过来意味着，由于阶级的统一性，劳动的立场是统一的和单一的。但是，无产阶级（相对于劳动）作为一个统一的阶级，始终处于一个形成的过程，因为根据定义，作为一个阶级，它的显著特点是使其丧失主体间性的条件。这表明，在时间轴上存在一种有待谈判的紧张局势。如果无产阶级是一个始终处于形成过程中的阶级，那么关于阶级意识的构成（以革命理论和实践的先进性为基础）的任何指导或指南，都必须暂时地对这种形成过程的超越保持开放的态度。在许多马克思主义者的工作中，劳动确实经常是离奇的抽象（未经中介的）。“只有无产阶级的意识才能指明走出资本主义僵局的道路，”卢卡奇写道（Lukacs，1971，p. 76）。无产阶级意识的排他性的确可以超越资本的僵局，而在这里对意识的排他性关注也是有问题的。当然，走出资本主义僵局主要不是靠社会秩序意识，而是依赖参与、集体控制、民主化、对称调解等具体实践。卢卡奇过分强调意识的问题在于，规定的“真正的”阶级意识可能被成为其监护人和代表的国家精英所占据，而实际的民主发展则不太容易被精英所占据，因为根据定义，他们在国家中的“代表”否定了其实质。

卢卡奇还犯了一个错误，他认为劳动者在发展激进意识方面的作用具有排他性。在劳动之外有许多来源，合法的解放主张（意识）在资本之外得到了有力的体现。在
249 马克思主义的一些传统中有一种不幸的倾向，即承认有关性别、种族或环境的主张，而且这些主张是由劳动代表或马克思主义理论的机构和代表之外的代理人阐述的。这些阐述者提出主张后，还抹杀了主张的原始提出者，并指出社会主义传统中的一些孤立理论或实践时刻。这些时刻证明在解决这些主张的过程中存在着持续不断的连续性。这种支离破碎的辩证法不应与马克思主义理论相混淆，后者认为，这种解放的主张只有以普遍的劳动社会关系为基础，它们才能获得真正的普遍性，而不是保留宗派主义或中产阶级政治。反过来辩证地说，只有当这一广义范畴去同质化，摆脱价值形式的抽象普遍主义，并把它的解放主张扩展到所交叉和组成的每一个社会群体和身份（黑人、同性恋、残疾人、妇女）中时，无产阶级的潜在普遍性才能实现。这不是将自由主义或后现代主义等哲学融入马克思主义的问题。更确切地说，无产阶级概念的多元性和多样性从逻辑上源于马克思对价值规律的批判。因为法律无情地驱使人们按照一定的数量比例将不同的材料和使用价值和实践等同起来，必然伴随着阻挠平等的动力；抽象的平等和实质上的不平等是价值规律的两个方面，因为资本抓住了任何和所有的社会、文化或自然差异，并有机会利用这些差异来提高利润率。阿多诺认为，“物物交换作为一个过程，具有真实的客观性，同时客观上也是不真实的，因为它违

反了自身的原则，即平等原则”（Adormor，1973，p. 190）。当然，并非所有的压迫都源于经济动机，但价值法则规定了文化、意识和国家能够在生活的各个领域中发展一种压迫性的身份思维和敌视性的背景。有一条中介性的连续性线，它将生产过程中的工具性思维与那些对任何不“适合”主导身份的社会群体持敌对态度的思维形式联系在一起，前者不能容忍顺利流动中的任何中断、干扰或未融合物质。

我早些时候提出，批判性和辩证性的社会结盟存在于劳动（支离破碎、被动、防 250
御性、性别歧视、种族主义）和劳动（无产阶级）之间的鸿沟中。卢卡奇对真正的阶级意识和虚假的阶级意识也做了类似的区分。后者指的是“对生产过程中某一特定典型地位的‘适当和理性的反应’”（Lukács，1971，p. 51）。无产阶级的阶级意识指的是与社会劳动实践中隐含的解放潜力相关联的意识。但是，在这种情况下，无论是实践还是意识都不应该与此时此地所达到的地位相一致。人们确实可以把劳动的真正阶级意识和虚假阶级意识之间的区别理解为类似于阿多诺的否定辩证法（而不是像通常那样，作为体现这种假定意识的先锋革命党的领导作用的正当理由）。因为即使是最革命的运动，在理想和实践之间，无论是在劳动方面，还是在国家的持续存在方面，它都有一种非同一性和永久性的批判性推迟。

统治阶级的真正阶级意识和虚假阶级意识之间的差距（以及所隐含的必要的社会变革）在统治阶级中被扭转，对他们来说，真正的意识相当接近于他们在作为资本人格化的活动中隐含的适当的和理性的反应。因此，真正意识与虚假阶级意识之间的差距是相当狭窄的，因为对他们来说，“适当和理性”的东西与占主导地位的社会和经济关系是一致的。与资本相关的阶级意识必然是有限的，资本家对周围世界的自我审问和批判性理解的能力被其社会地位所截断，因为他们没有必要也没有兴趣对事物的本质进行太深入的探究。

《网络风云》（*Startup.dom*）（Chris Hegedus and Jehane Nouaim，2001，US）对此做了很好的阐释，这部纪录片讲述了两个童年时代的朋友在20世纪90年代末互联网繁荣时期试图垄断部分在线市场的故事。在影片开场的一个场景中，汤姆·赫尔曼用橡皮筋把女儿的头发扎成两条辫子。因为两条辫子没有形成足够的“平等”或对称的位置，他又重新扎，尽管女儿觉得疼请求他停止。这种“平等”类似于对设计整洁的理性偏好，但忽视了更实质性的问题。当赫尔曼拒绝了女儿的请求并继续工作
时，摄像机拍到了小女孩不开心的脸。这个修辞上的举动揭示了他认为他在做的事情 251
和实际在做的事情之间的差异，以及他自己对什么是正确的评估和向观众提供的反解释之间的脱节。这一幕总结了整部电影的策略和结构。赫尔曼和他的朋友卡雷尔·伊萨扎·图兹曼打算在纽约建立一个名为govworks.com的网站，目的是在为政府和民众之间提供一个网络平台（特别是在支付停车费方面）。赫尔曼是专注于网站产品的

“技术极客”，而图兹曼则负责从风险资本家那里融资。因为市场竞争激烈，他们需要自负盈亏。

卢卡奇在文学批评中通过典型性概念来探讨阶级意识的归属问题。他不是根据统计平均值来定义典型性，而是根据一种情况或意识的特征来定义典型性，这种情况或意识使社会力量的主要矛盾和运动具体化并得到缓解。因此，对自身阶级地位有如此清醒认识的资产阶级或贵族人物往往是准悲剧人物，因为即使他们超越了阶级的惯例和世俗的、仅仅是“一般”的意识，也改变不了这个阶级的结构性衰落或作为剥削者的角色。然而，因为我们在这里处理的是纪录片——它的股票和交易是精确的统计平均值，因为这是它的社会相关性经常扎根的地方（Winston，1995，pp. 130-137）——所以毫不奇怪地发现赫尔曼和图兹曼绝不是卢卡奇意义上的典型人物。相反，他们两个是贪婪的瓦纳比企业家，怀揣着美国梦，乘着互联网的繁荣之势走向他们希望成为百万富翁的地方。我们——而不是他们——发现他们已经无可救药。但是，如果这些完全普通的人物没有卢卡奇式的典型性，那么这部纪录片就是利用了情境和事件的典型性。正如我们在第2章中看到的，互联网泡沫是资本周期性扩张和衰退的一个典型例子，它生动地描绘了这个时代的关键社会经济动态。这部电影描绘了这条叙事曲线，它的道德批判揭示了我们对这个世界的了解与两个潜在的资本家所不了解之间的差异。纪录片的形式是局部观察，但它也有许多直接面对镜头的时刻，在这些时
252 刻里，人物可以利用这个文本空间来深入了解他们的生活及其所拥抱的世界。这不是一个他们可以有效利用的空间。赫尔曼和图兹曼是我们进入这个世界的工具，但他们对资本主义世界进行自我批评或批判的能力实际上是不存在的。我们看到了这个世界对他们的诚信、友谊、自尊、家庭、爱人等所产生的有害影响，然而当他们试图利用这个系统的细节并将其屈从于自己的利己主义时，他们识别这些的能力就消失了，更不用说质疑它们了。这部纪录片表明，他们对主体间性的认知能力受到阻碍，这与他们对资本主义主客关系的认知密切相关。

《网络风云》产生的认知见解与其主角的意识几乎没有关系，而是源于观众和主体之间的讽刺性差异。在此，我们将《网络风云》和《非正义》（Ken Fero and Tariq Mehmood，2001，GB）作比较。这部纪录片调查了过去30年来英国黑人死于警察手中的一些事例。它集中于最近的案件，记录了争取正义的斗争，以及为什么这些斗争既是必要的，又由于警察和法律机构的行动而受阻。虽然一千多名黑人在被警察拘留期间死亡，但没有一名警官因这些死亡而被定罪。这部纪录片将对正义和英国政府在死者家属斗争中的非同一性的洞察作为基础。通过葬礼、街头示威、公开会议和直接面对镜头的采访，我们了解到这些斗争是如何消耗了他们的生活，以及斗争如何必然导致他们对周围世界的改变和理解。因此，这部纪录片的结构主要是围绕平行案例构

建的，且这些案例最初是单独进行的，但随着不同群体认识到彼此的处境、自身的痛苦和从属地位，这些活动逐渐趋同，并在国家权力的阶梯上越爬越高。

在《非正义》中，我们看到了阶级作为一个认识论范畴是如何运行的，它既是一个转换到种族上的模型，又是一个由纪录片描绘的情况的中介因果决定因素。作为一种可转换的模式，在主人公的个人危机、最初的质疑、斗争、知识的增长和对其所面对的种族主义国家机器的实际批判旅程中，我们可以发现劳动与资本的斗争有着强烈的相似性。纪录片的力量源自其所处的位置——徘徊于阶级矛盾的次要斗争的周围。 253
该文本清楚地认识到了他们的斗争（这是在几年的时间里完成的，这本身就说明了一个重要的承诺水平），并把它放在了“平衡”和“客观”的界限之外，而“平衡”和“客观”是管理广播纪录片的界限。英国电视上还没有播映《非正义》这部纪录片。纪录片中涉及的丰富主体间性反过来刺激观众认识到黑人和国家机器之间的主体间性的崩溃。《非正义》对劳动者，特别是白人劳动者所带来的挑战，是在它自己作为相对于资本的客体地位和国家把黑人降低为客体之间建立富有想象力的类比。《非正义》在所有多重和重叠（但不是同质的）社会群体接受横向主体间性的行为中提出了问题，这些社会群体在主奴辩证法中占据着“奴隶”的地位。作为一个中介因果决定因素，阶级在受害者中是显而易见的，他们绝大多数是工人阶级（不是中产阶级）和黑人（不是白人）。这种阶级和种族之间的交织在犯罪者一方得到了补充，他们绝大多数是白人，且在统治阶级的制度性国家机构中工作。

将《非正义》与约翰·威尔在2002年制作的英国广播公司的纪录片《全景》（*Panorama*）进行比较，该纪录片针对的是英国军队、情报部门和北爱尔兰的忠诚恐怖分子之间的勾结。在这里，国家共谋和对谋杀漠不关心的受害者以采访死者家属的形式被纳入文本之中。帕特·菲纽肯的儿子被允许谈论父亲在他面前被杀的那晚以及他留下的伤疤。帕特·菲纽肯是一名律师，因接受了爱尔兰共和军恐怖分子嫌疑人的委托而被谋杀。但是，这些家庭争取正义的斗争、他们的运动、问题、知识、推测以及对这种杀戮发生的背景的评估在节目中得不到任何体现，因为如果把这些都包括进来，会使文本的地位接近于一个集体（北爱尔兰的民族主义者和天主教徒）的地位，即他们在英国的地位与英国的黑人相似。当然，该节目敢于偏离惯例，做的是真正的调查，不过产生新信息的同时也掩盖了全景调查到达“犯罪现场”的程度，因为这是所有竞选活动的结果，其中片中的问题是由那些与谋杀直接相关的人提 254
出的。在片中，失去亲人的家庭成为“受害者”，但他们的悲伤显然没有公共的转化途径，这与将失去亲人的家庭置于非常公开的环境（示威、出庭等）的《非正义》形成鲜明的对比。因此，它给人的印象是，一个阶级和国家机构是主要的公共调查者，“客观地”照亮自己内部的黑暗角落，并通过他们统治的媒体传播机构传递观众对问题的认同和认识。哈贝马斯所强调的交往的“如何”方面，为主体间的相互承认创造的机会非常贫乏，就像英国的许多地方多年来一直在否认基本的自由和权利。换句话说，《全景》节目和《非正义》的“如何”与它们的命题能力和取向以及要说的“什么”密切相关。

在为坚定的、批判的文化实践和理论绘制哲学基础时，我们必须在主体的伪客观性（客观主义）和客体的伪主观主义（相对主义）之间徘徊。在前者情况下，有关说话人和说话人的社会地位及其影响的批判性能力严重受阻。在客观主体的哲学中，有一种幻想超越社会利益的倾向，同时为了诊断概念矛盾或规范与现实之间的差距而进行内在批判的可能性都不同程度地有所减少。一般来说，客观主体不能将主体理解为内部分裂和矛盾。在相对主义的情况下，客观世界的客观性被无情的主观主义所否定，同时客观主义对客观世界的自满也就消失了，但建立任何规范和认识论理由来偏好其他方法、政治、行动或结果的可能性也消失了。我们看到齐泽克的“实在界”概念正面临着这样一个问题。在客观主义和相对主义的双重作用下，如果不陷入自相矛盾的境地，理论和实践中持续的社会整合将变得困难。我们可以把哈贝马斯定位为力求在客观主义和主观主义的两极之间产生一种综合（正如我们所看到的，其
255 中一种的支配地位取决于制度背景、媒体行业或学术界）。与客观主义者一样，哈贝马斯认为，在方法论严谨和启蒙规范的基础上，有可能就证据和可取的价值观达成基本的共识。他用这个来批判相对主义者。然而，像相对主义者一样，他把注意力从交往的“什么”方面转移到“如何”方面，模仿他们的反模仿的推力。通过这样，哈贝马斯为思考主体间性打开了一个空间，这是客观主义者和相对主义者都不能做到的。

哈贝马斯从主体哲学中寻求出路的问题在于它不够唯物主义，也不够辩证。我们不能把主体间性和理性仅仅放在意义的结构（交际理性）上，从而把结构的意义（生产方式）分开。哈贝马斯理论对生产方式的深刻唯物主义的抵制在赛拉·本哈比卜的论点中显而易见，他认为劳动作为一种转变的过程，与“沟通、解释、争议和组织”有关的过程是完全不同的（Habermas，1986，p. 156）。当我们试图把劳动实践想象成没有主体间性的本质特征也能做到的东西时，辩证中介的缺乏就是显而易见的。事实上，正如我们在前面几章所看到的，资本主义管理实践和思想家们已经越来越关注企业组织内部的交往质量，这是在争取创新和灵活性的斗争中必不可少的资源。哈贝马斯本人也很满足于接受物质生产领域的贫穷和标准化的交往方式，并以此为基础建立了一个理论和实践的交往机制，从而发展更充分的社会性。哈贝马斯的“基础”和“上层建筑”之间的不同一性对其计划是致命的，而对物质生产中发育不良和有限的主体间性的接受，尽管对资本来说是非常必要的，但就劳动而言是任意的。

然而，主体间性概念作为马克思主义社会生产关系理论中的一种双重批判，不仅是对哈贝马斯唯心主义的批判，还是对马克思主义本身的批判，至少正如人们经常设想和实践的那样。因此，要再次回顾本章开头所描绘的哈贝马斯与马克思主义之间的辩证模式，就有可能从马克思主义的两极内部对后者和前者进行批判。一个抽象的、不易调和的劳动概念会导致各种各样的问题，包括对劳工调解其他社会身份的不敏 256
感、“工人主义”（即劳动领域以外的其他问题和冲突被边缘化）以及对政治的漠视或仅仅是短期的战术承诺的多样性。作为一种特定社会和经济关系的近乎普遍化的（工资）劳动的客观条件，构成了将知识和规范（不受经济或政治力量扭曲）根植于社会利益的最广泛基础。一个阶级本身成为阶级是一个集体的过程，这个过程不能被一个集团垄断，也不能在一个“进步”的国家中找到足够的代表（无论这个国家在中期内有多么必要）。对于一个阶级来说，要认识到它的差异和多样性，就需要把我们的想象视野扩大到远远超出资本主义公共领域所能容纳的范围。激进而坚定的美学将寻求发展这些认知模式。

9

结论：对关键概念及当代趋势的思考

257 价值……没有在额头上写明它是什么。不仅如此，价值还把每个劳动产品转化为社会的象形文字。后来，人们竭力要猜出这种象形文字的含义，要了解他们自己的社会产品的秘密。

——马克思，《资本论》[1]

本书的撰写将近尾声。如何破译今天我们面临的编码的表象形式，确实事关重大。本书认为，马克思主义是解读价值关系的社会象形文字的最佳方法论工具。价值理论是马克思把握劳资关系的方法。劳动（以及提供原材料的自然）是社会财富的关键创造者。马克思指出，将劳动作为财富源泉的一般范畴，是政治经济学发展的一个重大突破。在早期经济思想形成的不同阶段中，首先是财富存在于实物中，其次是货币，最后是一种特殊的劳动形式即农业，而后通过亚当·斯密（Adam Smith）才确立了劳动是财富源泉的思想。正如马克思所说，思想形式的突破反过来又取决于资本主义社会关系所作用的生产力的发展：

将任何种类的劳动都同等看待，以各种实在劳动组成的十分发达的总体为前提，在这些劳动中，任何一种劳动都不再是支配一切的劳动。所以，最一般的抽象总是只产生在最丰富的地方，在那里，一种东西为许多东西所共有，为一切所共有[2]（Marx，1973，p. 49，着重强调）。

1 此处翻译参考《马克思恩格斯文集》（第5卷），人民出版社，2009年，第91页。——译者注

2 此处翻译参考《马克思恩格斯全集》（第46卷上），人民出版社，1979年，第42页。——译者注

但是，资本主义发展的物质条件（即我们正在发展的社会性），为我们在抽象思想中掌握人类实践中共同拥有的东西（劳动作为一种变革性的财富创造活动）提供了 258
方便，当然这也是一个矛盾的双向过程，在这个过程中，抽象变成了对劳动及其产品的使用价值的实际漠视。因此，价值就是资本形式的劳动，而且作为一种物质力量使得使用价值的特殊性去物质化。共同所有（人力、技能和知识）因此变成另一种完全不同的所有：所有变成占有、私有和控制；真正的财富生产主体被抹杀。《共产党宣言》中无产阶级幽灵的另一面（被压抑的记忆、剥削和不公正的幽灵）必然是资本占有劳动的幽灵，就好像劳动及其产品没有独立于积累和竞争的物质实体一样（使用价值）。然而，资本的非物质化唯物主义永远不能彻底摧毁其物质内容和重量的主体和客体。尽管无主体主体被内在、分裂、压抑和倒置的拜物教动力撕裂，但仍然存在着本质上的摩擦，即使它只是顽固地保留了部分记忆，并且抵制它的交换。约翰·默多克的《移魂都市》（Alex Proyas，1997，US）预示了物质性（记忆和需求）和非物质性之间的普遍斗争。

抽象与具体的对立统一对马克思主义作为分析社会总体性的方法论的影响是深远的。资本与批判性思维的方向不同，它总是将所有的和具体的细节吸收到抽象的交往中。“具体劳动成为它的对立面即人类抽象劳动的表现形式”[1]（Marx，1983，p. 64）。对此，马克思主义尝试扭转这种颠倒的关系，把隐含在高度发达和相互依存的经济中的抽象原则还原为具体原则，从而充分发挥使用价值的特殊性。在抽象原则仍然主导具体劳动的社会关系下，如果要实现真正的变革，就必须在批判实践中内化“适当具体”的目标。

不过，马克思的方法论也涉及抽象概念的发展，这些概念内化了自身对社会差异的敏感性。这该如何实现呢？抽象越是复杂，就越能接近社会秩序的“许多规定和关系的丰富的总体”[2]（Marx，1973，p. 45）。 259

而复杂性要求建立一个概念关系网络——通过内部动力进行工作，并检验其对历史和经验参照的解释力。

> 如果我抛开构成人口的阶级，人口就是一个抽象概论。如果我不知道这些阶级所依据的因素，如雇佣劳动、资本等，阶级又是一句空话。而这些因素是以交换、分工、价格等为前提的。比如资本，如果没有雇佣劳动、价值、货币、价格等，它就什么也不是[3]（Marx，1973，p. 44）。

1 此处翻译参考《马克思恩格斯文集》（第5卷），人民出版社，2009年，第74页。——译者注

2 此处翻译参考《马克思恩格斯全集》（第46卷上），人民出版社，1979年，第38页。——译者注

3 此处翻译参考《马克思恩格斯全集》（第46卷上），人民出版社，1979年，第37页。——译者注

本书论证的辩证结构围绕马克思主义概念中具体内容的敏感性而展开。我在第1章中提出，马克思主义要分析知识分子在劳资斗争中的具体性和特殊性。知识劳工的特殊性给资本在控制和量化文化劳动及其产出（思想）方面带来了一定的困难和阻力。例如在2001年，好莱坞的编剧们因为放映视频、卫星和有线电视电影的版税问题，准备罢工，并提出获得一部分盈余的要求，而参与制作的其他（文化程度较低）商品和服务的工人则无法效仿这种做法。当然，资本在控制文化劳动方面所面临的困难并不是不可克服的。为此，资本发展了各种各样的策略，譬如，把它的控制逻辑渗透到生产过程中，尽可能保证创造过程在经济上的安全，以及在矛盾的程度上保证意识形态的安全。其实我并不想把知识分子的自主性浪漫化。但是，想要做到这点是有困难的，因为生产的文化正将这个困难推广到了比以往任何时候都更广泛的社会阶层中。在对软件工程师的讨论中，我提出了同样的建议，他们将自己的工作仅视为文化表达的一种形式，而公司资本则对计算机软件的源代码要求商业保密。对此，马克思
260 主义需要作出具体的分析。它必须深入社会实践的非常具体的性质，因为这关系到马克思主义能否提供一个可信的、解放的和民主的核心，以此来取代其他政治和文化理论。在抽象和具体之间，思想要作出艰难的平衡。例如，对于黑人文化工作者来说，电影和音乐的区别在于，在特定的生产和消费关系中，特定的文化劳动对同一种多元力量——资本——的不同表述。

卢卡奇正确地指出，马克思主义的具体分析意味着对一种特定实践与社会整体关系的分析。正如我们所看到的，这种关系如资本的非物质化和去文本化倾向在表象形式的层面逐渐消失。然而在分析社会整体与特定事物的关系时，后者不能简单地反映或成为前者的被动表达。我认为，基础—上层建筑机制和中介概念是掌握这种辩证关系的关键工具。但是二者又需要仔细定义和剖析。在第5章中，我所给出的基础和上层建筑模型，既充分体现了资本的抽象（积累、商品化、竞争、控制等），又充分体现了具体的物质性（不同的制度和社会“层次”）。我将传统单一的基础—上层建筑模型分解成七个层次。基础分为两个概念层次：一是生产方式，抽象地假设了社会关系和生产力；二是发展方式，位于基础内容部分，它使我们在特定的历史背景下能够掌握技术和社会关系的特殊形态。因此，发展方式（特别是信息主义）概念使生产方式对历史发展来说变得更加敏感，而生产方式又在构成资本主义的斗争和矛盾的基本连续性中考察这种发展，有助于防止第2章所讨论的新范式谬误的发生。在将基础分为两个层次的基础上，为了方便分析媒体，我又把上层建筑分为五个层次：国家、行业背景、生产环境、生产过程以及文本。

中介作为一个重要概念，为不同层次、部分和社会整体之间提供了必要的联系。
261 在马克思的方法中，中介并没有提出现象之间的同一性，因为这可能会与资本本身对

等的非物质化幻想纠缠在一起；唯物主义的中介则赋予历史以适当的权重，并且由于内在联系而呈现出不同的现象。我不同意阿尔都塞否定中介并提出多元决定概念的做法，中介其实是一个内化和重构的双重过程。因此，我们必须要追溯一个从生产方式到社会形态其他层次的过程。在文化文本中，这一过程不是作为生产方式的“表达”而“完成”的，而是作为各种实践结合而完成的。也就是说，这些实践不是从生产方式的某个自主空间“汇聚”出来的（如阿尔都塞的多元决定概念），而是以不同的、具体的方式重组生产方式的过程。在这一过程的每一个阶段以及上层建筑的不同机构和层次中，社会主体都在一定的范围内做出了选择，可以肯定的是，他们所做的选择会在不同程度上改变我们正在研究的文化文本或现象的结果。因此，《老大哥》被视为对商品化和斗争领域的干预，而这种干预可以追溯到生产方式。在特定的情况下，《老大哥》不可避免地产生了一种将部分与整体联系起来的分析的追溯效应，但这种感觉不应与没有必然的预先决定的实际历史过程相混淆，而是在更广泛的生产环境中对某些趋势进行一系列的重组。

中介过程中的每一个重组点都是斗争的场所和利害所在。在第2章中，我们探讨了新的数字媒体技术，特别是互联网和音乐文件交换的链接技术（P2P和MP3）。我们看到，这种通信技术的特殊性为实践的出现开辟了可能性，这种实践一［在此时此地与生产方式（资本）中的主导力量相抗衡］和二（预先设想的做法和价值）如果被推广将意味着资本的终结。只有生产方式和发展方式之间的矛盾，才可能产生且伴随着这些斗争，才可能看到其他的未来。如果我们要避免陷入某种功能主义或悲观主义，矛盾确实是另一个绝对的中心概念。 262

矛盾是指一个过程、社会力量或主体在社会中追求自身再生产的过程中否定自身和/或更广泛社会的某些方面的方式。在第2章中，我探讨了资本主义生产方式（以新媒体的固定资本配置）所发展的生产和消费社会化与私有财产、等级制度、竞争、商品关系和价格限制的文化和信息获取的必要永久化之间的矛盾。Napster和随后的音乐文件交换服务（带有非正式的“共产主义”文化，即交换资源而不附加交换价值）恰恰处于这一基本矛盾的交叉点。

然而，尽管存在这些矛盾，但随着技术和公司的融合，资本渗透公共领域（交往和对话领域）并使这一领域服从于自身的需要，从而使其选定的声音和含义继续迅速发展。随着公司利益多元化，资本在全球空间（穿透第二和第三世界的最后残余）以及从已经商品化的领域中挤压出更多的剩余价值，且影响力在不断扩大。就公司结构和战略而言，价值关系现在呈现出与真实关系截然相反的表象形式。在第3章中，我考察了与后福特主义相关的新组织结构。围绕子公司和分包商的多元化和多样性的公司间关系，大资本在全球范围内对当地和地区的文化品位、趋势和市场做出了回应，尽管大资本仍在向集中化的方向发展。

第3章论述了日益增长的资本力量反过来对资本主义国家产生的影响。在过去30年左右的时间里，资本主义国家与国内外资产阶级的关系发生了巨大的变化。马克思完美地提炼了资本主义悖论，即国家真正的面孔（在一个层面上）：一个独立于生产的经济关系的政治机构。这种表象形式是凯恩斯主义者和新自由主义者的出发点，尽管他们对它的意义有不同评价。对凯恩斯主义者来说，这种分离的现实让他们提出了国家干预和解决经济不平等和非理性的假想。这抑制了国家受经济的阶级关系影响的
263 程度，并再现了它们的非理性和不平等。对于新自由主义者来说，国家与经济关系的分离为国家无权干涉某些领域提供了一个依据。对资本经济需求和经济关系的抑制实际上是由国家持续的“干预”提供服务并以此为条件的。这个范围所制定的政策不是将从经济中剔除政治（新自由主义），就是将从政治中剔除经济（凯恩斯主义）。将国民经济融入国际经济已成为大多数国家的总体目标，因此，媒体政策的目标是要减轻文化义务并加强国内外竞争。同时，由于国家“坐”在国家内部，这种全球化不可能完全压抑文化价值观、义务和需求问题，而不清算国家自身相对于（阶级分裂）国家的合法性。民族知识分子和文化工作者与国际资产阶级之间的一条断层线尤其敏感。2002年，英国再次暴露了这一点。当时，由戴维·普特纳姆勋爵主持的联合议会委员会（旨在审查新工党的通讯法案）与政府发生冲突，对通讯法案向美国企业开放英国电视的提议提出质疑。

国家、技术、文化和文本的明显自治是资本主义反复出现的主题。因此，马克思主义文化理论对符号和意义世界自主性的表象形式与符号和意义理论的争论也就不足为奇了。自治通常源于精细的专业化和实际的分工。正如我们已经看到的，这个过程所促进的广泛社会关系的矛盾是商品拜物教（内在）的一个典型特征。如此广泛的社会关系从社会秩序的任何一个特定领域变成了一个微弱的幽灵般的痕迹，因此这些领域（无论是国家还是社会科学）获得了幽灵拜物教的另一个特征：一种虚幻的客观性。在语言学理论中，这导致了符号的物质化。但这里所说的物质化，恰恰是指它的“物质”物质性的拜物教的前景化。在这里，唯物主义借用了语言/言语、能指/所指、聚类/组合等结构主义词汇，这既是进步的一种形式，又是倒退的一种形式，证
264 明了资本主义发展的矛盾。

然而，符号作为必须通过生产方式调解的意义，其物质性未能再物化，这使得许多文化理论支持语言明显是单向的，而不是真实的。这威胁到了意识形态等概念的有用性，因为在某些理论中，意识形态已然是社会秩序再生产的主要手段（从而压抑了更多的本体论力量，如生产方式）。在另一种更为后现代主义的理论中，意识形态的“物质性”与一般的语言一起，意味着它成为一个站不住脚的概念，用来表示某种特

权（透明的）获取真理和知识（非意识形态的）途径。在这里，语言对真实的支配使任何判断话语的标准都不可能或不受欢迎。我认为，如果把符号和意义当作一个有争议的对话空间，那么非意识形态仍然是一种根本的可能性。在这种对话空间里，将共享信息和资源、符号和指称之间进行可信的匹配、将为了互利而进行的协调和合作中隐含的交流理性与意识形态的非理性交织在一起。在意识形态中，语言和交往成了支持统治关系的工具。霸权概念，即统治阶级在道德和智识上的领导权，使我们能够通过符号世界来思考公共领域内的广泛问题。霸权领导人只要想尽量减少使用武力，就必须包容分歧、妥协甚至矛盾。显然，谈论霸权就是提出一个高度不均衡的领域，并且是一个不断变化、适应和改变的领域。在某些领域，霸权领域表现得可能特别强大；例如英国政府在北爱尔兰问题上似乎可以扮演一个交战双方之间的“诚实的中间人”角色（在英国国内肯定不会遇到严重挑战）。然而，在其他领域，特别是在诸如性行为或吸毒等个人行为领域，迄今为止占主导地位的态势在过去几十年来一直在适应和改变。但是，即使在“自由主义”的表现形式中，当“自由主义”理论和保守主义实践之间的差距暴露出来时（比如英国的反歧视立法，比如第28条），或者当自由主义与日益扩大的社会不平等的现实相冲突时，霸权形态也会发现自己处于守势。

在知识哲学中，霸权分裂成客观性和相对性之间的矛盾。与这些二分法的立场相反，马克思主义并不像这两种观点那样，而以不同方式从社会利益对社会知识不利的 265
假设出发。对于客观主义者来说，社会利益必须被超越，因此从根本上无法实现；对于相对主义者来说，我们不可避免地陷入利益（用尼采的话来说，权力意志）之中，这种利益构建了一个由我们自己的价值观、信仰和观点“装饰”的监狱，而这些价值观、信仰和观点对生活在不同监狱中的人们而言是没有任何普遍利益的。与此相反，一般利益以直接生产者的自由联合为基础的可能性，支持了阶级辩证法作为双重解码操作的表述，即作为一种可转换的模型、原型或形式，跨越一系列相互冲突和自我分裂的现象或范畴；以及这些现象的中介因果决定因素（或内容）。无论在形式还是在内容上，阶级往往被隐藏在其他更明显的范畴中，而正是这种政治无意识和双重解码操作（或詹姆逊所说的认知映射）试图将它展现在公众面前。例如，有一种观点认为，先进资本主义内部普遍存在着一种文化趋势，将这一主题分裂为根深蒂固的怀疑主义和轻信主义。最近的报告发现，虽然城市的年轻购物者很清楚，他们喜爱的许多品牌商品是在发展中国家的剥削条件下制造的，但这一知识并没有削弱这些品牌商品的吸引力。[1]在某种程度上，他们“知道”的品牌形象与所依附的物质产品的真实生产

1 Felicity Lawrence, ‘Sweatshop campaigners demand Gap boycott’, Guardian, 22 November 2002, p. 8.

条件大相径庭。但这种知识是与他们轻信的知识和对他们实际行为的认同相结合的，在这种情况下，他们购买的是品牌商品和商家出售的所有对幸福和满足的承诺。我们所知道的和所做的（以及隐含在我们所做的事情中的思想之间）的这种分裂是由资本的自我异化拜物教动力造成的，在这种动力中，我们同时也是我们无法控制的东西的创造者。

我在《老大哥》的分析中首次提出了分裂主题，并在商品拜物教一章中做了更充分的阐述。典型的情况是，分裂的主体在怀疑和轻信之间转换，而没有首先解决造成分裂的矛盾。在《老大哥》案例中，调解极性的最直接力量当然是媒体文化和通信技
266 术。监视的意识形态解释了这种特殊的二分法。一方面，《老大哥》显然是一个对参赛者和观众进行大规模操纵的领域，对监视暗流的零星意识经常被打破。另一方面，《老大哥》的吸引力取决于轻信主义，即实时监控是一种无害的手段，通过这种手段，消费者的真实欲望可以被挖掘并呈现出来，或者，就像《老大哥》的具体案例一样，这种判断可以根据视听全景图来判断人物和情感的真实性。因此，在形式和内容上，怀疑主义/轻信主义的二分法都是阶级斗争中的一个中介。

如果把《老大哥》与阿多诺的《否定的辩证法》相提并论，我们会发现怀疑主义/轻信主义的两极与我们在知识哲学中的主要分歧——相对性和客观性之间的分歧，或者否定和同一性思维之间的分歧——有着惊人的相似之处。正如我们所看到的，阿多诺对轻信主义的同一性思维提出了批判，不过他没有陷入相反的错误——仅仅支持否定。一些较高的理论概念，诸如齐泽克提出的“实在界”，就像一种不可辩驳的大众怀疑论一样，很快使任何将自己与特定的社会力量、理想和价值观联系在一起的前景都变得不合逻辑。因此，对于有效的社会行动来说，一些轻信或愿意接受概念/表象与真实之间的暂时对应或同一性是不可避免的，也是必然的。

建构知识哲学（以及纪录片传统）的矛盾与分裂主体的实践辩证综合在于社会力量（劳动），而社会力量（劳动）本身蕴含着批判转化（否定）的种子或潜力。这意味着，作为一项成就，必须假定直接生产者自由联合的规范性目标将永远被延迟，否则将会扼杀反思性的内在批判。这是托洛茨基（Trotsky）所谓的“永久革命”的一种解释。这一关键转变和无休止的延迟目标的核心是主体间性的整个问题。在这里，我借鉴马克思主义和哈贝马斯的理论进行了辩证的相互批判，同时又坚定地将自己置于这一特殊矛盾的前一极。主体间性将我们带入主体与主体之间的关系领域，以及我们相互交往的定性模式中，并在对方身上认识到我们在自己身上认识到的合理性、理
267 性和普遍权利的相同基础。

我认为，马克思主义美学早已认识到“我们如何”构建意义的重要性。哈贝马斯的主体间性概念将这种“审美”维度扩展到了交往及公共领域，但这样做的代价是排

除了主客关系的“什么”维度，这实际上使生产方式保持了完整性。发展民主的社会和政治实践，也就是说，一个后资本秩序的对称中介是发展主体和主体关系的先决条件。在这种关系中，我们在他者中认识自己，同时这种主体间性需要一个与我们今天不同的公共领域。在发展主体间性哲学的过程中，哈贝马斯希望主体哲学能够自我开放，摆脱一个逻辑上封闭的主体。在这个主体中，其他主体仅仅是客体，或者说是看不见的。我们需要一种新的认知美学，不是培养对占主导地位的机构的“纵向”认同，比如《九月的一天》（Kevin Macdonald，2000，Sw/Ger/GB），或在第8章中分析的节目《全景》（2002），而是像《非正义》（Ken Fero and Tariq Mehmood，2001，GB）这样的纪录片所产生的“横向”认同。我们可以将哈贝马斯和纪录片实践与商品拜物教和物化一章中探讨的幽灵辩证法并列起来。因为正是在资本主义制度下，我们目前的主体间性模式才具有令人难以置信的、虚幻的、难以捉摸的品质，这一点在拥有特殊感官的人物识别幽灵的电影中很明显。《第六感》（M. Night Shyamalan，1999，US）中的男孩科尔·西尔斯正是痛苦地意识到了时间和空间中所有的痛苦、历史和不幸，而这些都已被他人所经历，但是契约、取消赎回权、私有化和单一的内在主体间性，却如此轻易地将我们从痛苦中屏蔽。

应该注意到，马克思主义的商品拜物教理论非常关注我们的主体与主体的关系，即“直接社会关系”（Marx，1983，p. 78）如何消失在一个幽灵般的痕迹中，成为一个象形文字。在这个象形文字中，我们努力认识到彼此的相互依存关系。资本主义下的社会主义只能建立在交换领域，而不是在生产本身。符号和意义的交换不可能弥补
资本主义生产方式的社会性被截断和挫败所产生的负面影响。在最好的情况下，交往 268
和表达领域可以探索这种受挫的社会性的负面影响，并指出它们在资本主义内部不可解决的本质，从而提供一个辩论和预测社会性的其他形式的框架。在这个过程中，马克思主义（文化）理论将是我们揭示“社会产品背后秘密”的最佳指南和希望所在。

273 # 参考文献

Abercrombie，Nicholas，Stephen Hill and Bryan S. Turner.（1980） *The Dominant Ideology Thesis*，George Allen & Unwin，London.

Adorno，Theodor and Max Horkheimer.（1977） *'The cultural industry：Enlightenment as mass deception' in Mass Communications and Society*，eds J. Curran，M. Gurevitch and J. Woolacott，Open University Press，London.

Aglietta，Michael.（1979） *A Theory of Capitalist Regulation：The US Experience*，translated by David Fernbach，New Left Books，London.

Alderman，John.（2001） *Sonic Boom，Napster，MP3，and the New Pioneers of Music*，Fourth Estate，London.

Althusser，Louis.（1971） *Lenin and Philosophy and Other Essays*，Monthly Review Press，New York.

——（1996） *For Marx*，Verso，London.

Amariglio，Jack and Antonio Callari.（1996） *'Marxian value theory and the problem of the subject：The role of commodity fetishism' in Fetishism as Cultural Discourse*，ed. Emily Apter and William Pietz，Cornell University Press，New York.

Amin，Ash.（1997） *'Post-Fordism：Models，fantasies and phantoms of transition' in Post-Fordism：A Reader*，ed. Ash Amin，Blackwell，Oxford.

Anderson，Perry.（1976） *'The antinomies of Antonio Gramsci'*，New Left Review，no. 100，December-November.

——（1980） *Arguments Within English Marxism*，Verso，London.

Annan，Lord.（1977） *Report of the Committee on the Future of Broadcasting*，HMSO，

London.

Aronowitz，Stanley.（1981） *The Crisis in Historical Materialism：Class，Politics and Culture in Marxist Theory*，Praeger，New York.

Askoy，Asu and Kevin Robins.（1992） *'Hollywood for the 21st century：Global competition for critical mass in image markets'*，Cambridge Journal of Economics，vol. 16，no. 1.

Bagdikian，Ben H.（1997）*The Media Monopoly*，Beacon Press，Boston.

Bakhtin，M.M.（1992）*The Dialogic Imagination*，University of Texas Press，Austin.

Barker，Colin.（1997） *'Some reflections on two books by Ellen Wood'*，Historical Materialism，Research in Critical Marxist Theory，no. 1，Autumn.

Barthes，Roland.（1986）*Mythologies*，Paladin，London.

——（1990）*S/Z*，Blackwell，Oxford.

Baudrillard，Jean.（1994）*Simulacra and Simulation*，University of Michigan Press，Ann Arbor.

Benhabib，Seyla.（1986） *Critique，Norm，and Utopia：A Study of the Foundations of Critical* Theory，Columbia University Press，New York.

Benjamin，Walter.（1999a） *The Arcades Project，translated by Howard Eiland and Kevin McLaughlin*，Harvard University Press，Cambridge，Massachusetts. 274

——（1999b）*Illuminations*，Pimlico，London.

Bennett，Tony.（1997） *'Towards a pragmatic for cultural studies' in Cultural Methodologies*，ed. Jim McGuigan，Sage，London.

Best，Steven and Douglas Kellner.（1991） *Postmodern Theory*，Critical Interrogations，Macmillan Press，London.

Bordwell，David，Janet Staiger and Kristen Thompson.（1988） *The Classical Hollywood Cinema*，Film Style and Mode of Production to 1960，Routledge，London.

Bottomore，Tom.（ed.）（1988）*A Dictionary of Marxist Thought*，Blackwell，Oxford.

Bourdieu，Pierre.（1996） *Distinction*，A Social Critique of the Judgment of Taste，Routledge，London.

Braverman，Harry.（1974） *Labor and Monopoly Capital：The Degradation of Work in the Twentieth Century*，Monthly Review Press，New York.

Brecht，Bertolt.（2000） *'A short organum for the theatre' in Marxist Literary Theory*，ed. Terry Eagleton and Drew Milne，Blackwell，Oxford.

Briggs，Asa.（1961） *The Birth of Broadcasting*，Oxford University Press，Oxford.

Buck-Morss，Susan.（1989）*The Dialectics of Seeing*，Walter Benjamin and the Arcades Project，MIT Press，Cambridge，Massachusetts.

Byrne，Eleanor and Martin McQuillan.（1999）*Deconstructing Disney*，Pluto Press，London.

Castells，Manuel.（1996）*The Rise of the Network Society*，Blackwell，Oxford.

——（1997）*The Power of Identity*，Blackwell，Oxford.

Caughie，John.（ed.）（1990）*Theories of Authorship*，Routledge，London.

Chanan，Michael.（1983）*'The emergence of an industry' in British Cinema History*，ed. James Curran and Vincent Porter，Weidenfeld and Nicolson，London.

Christopherson，S. and M. Storper.（1986）*'The city as studio□the world as back lot：The impact of vertical disintegration on the location of the motion picture industry'*，Environment and Planning D：Society and Space，no. 4.

Clarke，John.（1991）*New Times and Old Enemies*：*Essays on Cultural Studies and America*，HarperCollins/Academic，London.

Clarke，Simon.（ed.）（1991）*The State Debate*，Macmillan，London.

Clarke，Simon，et al.（1980）*One Dimensional Marxism*，Althusser and the Politics of Culture，Allison and Busby，London.

Cohen，G.A.（1978）*Karl Marx's Theory of History*：*A Defence*，Clarendon Press，Oxford.

Cohen，Nick.（1999）*Cruel Britania*，*Notes on the Sinister and Preposterous*，Verso，London.

Collins，Jim.（1992）*'Television and postmodernism' in Channels of Discourse*，ed. Robert C. Allen，Routledge，London.

Collins，Richard.（1999）*'European Union media and communication policies'*，in The Media in Britain，Current Debates and Developments，ed. Jane Stoke and Anna Reading，Macmillan，London.

Collins，Richard and Cristina Murroni.（1996）*New Media*，*New Policies*，Polity Press，Cambridge.

Coward，Rosalind and John Ellis.（1977）*Language and Materialism*：*Developments in Semiology and the Theory of the Subject*，Routledge and Kegan Paul，London.

275 Cowling，Keith.（1982）*Monopoly Capitalism*，Macmillan，London.

Creed，Barbara.（1993）*The Monstrous Feminine*，*Film*，*Feminism*，*Psychoanalysis*，Routledge，London.

Crofts，Stephen.（1998）*'Concepts of national cinema' in The Oxford Guide to Film Studies*，ed. John Hill and Pamela Church Gibson，Oxford University Press，Oxford.

Curran，James and Jean Seaton.（1997）*Power Without Responsibility*，The Press and Broadcasting in Britain，Routledge，London.

Debord，Guy.（1983）*Society of the Spectacle*，Black and Red，Detroit.

——（1990）*Comments on the Society of the Spectacle*，Verso，London.

Derrida，Jacques.（1994）*Spectres of Marx*，*the State of the Debt*，the Work of Mourning and the New International，Routledge，London.

Dews，Peter.（1995）*'Adorno，post-structuralism and the critique of identity' in Mapping Ideology*，ed. Slavoj Žižek，Verso，London.

Dijk，Jan Van.（1999）*The Network Society*，Sage，London.

Doane，Mary Anne.（1996）*'The Economy of desire：The commodity form in/of the cinema' in Movies and Mass Culture*，ed. John Belton，Rutgers University Press，New Jersey.

Dorfman，Ariel and Armand Mattelart.（1991）*How to Read Donald Duck：Imperialist Ideology in the Disney Comic*，International General，New York.

Dovey，Jon.（2000）*Freakshow*，First Person Media and Factual Television，Pluto Press，London.

Downing，John，et al.（2001）*Radical Media*，*Rebellious Communication and Social Movements*，Sage，London.

Dyer，Richard.（1985）*'Utopia as entertainment' in Movies and Methods Vol. 2*，ed. Bill Nichols，University of California Press，Berkeley.

Eagleton，Terry.（1986a）*Against the Grain*，Verso，London.

——（1986b）*Criticism and Ideology*，Verso，London.

——（1989）*'Base and superstructure in Raymond Williams' in Raymond Williams*，Critical Perspectives，ed. Terry Eagleton，Polity Press，Cambridge.

——（1991）*Ideology*：*An Introduction*，Verso，London.

——（1993）*Literary Theory*，Blackwell，Oxford.

——（1997）*The Ideology of the Aesthetic*，Blackwell，Oxford.

——（2000）*The Idea of Culture*，Blackwell，Oxford.

Eckert，Charles.（1996）*'The Carole Lombard in Macy's window' in Movies and Mass Culture*，*ed. John Belton*，Rutgers University Press，New Jersey.

Ehrenreich，Barbara.（1995）*'The silenced majority*：*Why the average working person has disappeared from American media and culture' in Gender*，*Race and Class in Media*：*A Text-reader*，ed. Gail Dines and Jean M. Humez，Sage，London.

Ehrenreich，Barbara and John Ehrenreich.（1979）*'The professional-managerial class' in Between Capital and Labour*，ed. Pat Walker，Harvester Press，Hassocks.

Enzenberger，Hans Magnus.（1999）*'Constituents of a theory of the media' in Media studies*：*A Reader*，ed. Paul Marris and Sue Thornham，Edinburgh University Press，Edinburgh.

Feenberg，Andrew.（1980）*Lukács*，*Marx and the Sources of Critical Theory*，Oxford University Press，Oxford.

276 Ferguson，Robert.（1998）*Representing 'Race'*，*Ideology*，*Identity and the Media*，Arnold，London.

Fleming，Dan.（2000）*'The ghost citizen and class' in Formations*，A 21st Century Media Studies Textbook，ed. Dan Fleming，Manchester University Press，Manchester.

Friedman，Milton.（1982）*Capitalism and Freedom*，University of Chicago Press，Chicago.

Gardiner，Michael.（1992）*The Dialogics of Critique*，*M.M. Bakhtin and the Theory of Ideology*，Routledge，London.

Garnham，Nicholas.（1990）*Capitalism and Communication*：*Global Culture and the Economics of Information*，Sage，London.

——（1997）*'Political economy and the practice of cultural studies' in Cultural Studies in Question*，ed. Marjorie Ferguson and Peter Golding，Sage，London.

——（2000）*Emancipation*，*the Media*，*and Modernity*：*Arguments About the Media and Social Theory*，Oxford University Press，Oxford.

Giddens，Anthony.（1999）*Runaway World*，*How Globalization is Reshaping Our Lives*，Profile Books，London.

Golding，Peter and Graham Murdock.（2000）*'Culture*，*communications and political economy' in Mass Media and Society*，ed. James Curran and Michael Gurevitch，Arnold，London.

Goodwin，Peter.（1999）*'The role of the state' in The Media in Britain*，Current Debates and Developments，ed. Jane Stoke and Anna Reading，Macmillan，London.

Gramsci，Antonio.（1967）*The Modern Prince and Other Writings*，Lawrence and Wishart，London.

——（1971）*Selection from the Prison Notebooks of Antonio Gramsci*，ed. Quintin Hoare and Geoffrey Nowell Smith，International Publishers，New York.

Grantham，Bill.（2000）*'Some Big Bourgeois Brothel'*，Contexts for France's Culture Wars with Hollywood，University of Luton Press，Luton.

Grover，Ron.（1997）*The Disney Touch，Disney，ABC and the Quest for the World's Greatest Media Empire*，Irwin Publishing，Chicago.

Habermas，Jürgen.（1976）*Legitimation Crisis*，Heinemann，London.

——（1987）*The Philosophical Discourse of Modernity*，Polity Press，Cambridge.

——（1996）*The Structural Transformation of the Public Sphere*，Polity Press，Cambridge.

Hall，Stuart.（1997）*Representation，Cultural Representations and Signifying Practices*，ed. Stuart Hall，Sage/Open University Press，London.

Hall，Stuart，Chas Critcher，Tony Jefferson，John Clarke and Brian Roberts.（1978）*Policing the Crisis，Mugging，the State and Law and Order*，Macmillan，London.

Hall，Stuart and Martin Jacques.（1989）*New Times：The Changing Face of Politics in the 1990s*，Lawrence and Wishart，London.

Hamacher，Werner.（1979）*'Lingua Amissa：The Messianism of commoditylanguage and Derrida's Spectres of Marx' in Ghostly Demarcations*，A Symposium on Jacques Derrida's Spectres of Marx，ed. Michael Sprinker，Verso，London.

Haralambos，Michael.（1985）*Sociology：Themes and Perspectives*，Unwin Hyman，London.

Harvey，David.（1984）*The Limits to Capital*，Blackwell，Oxford. 277

——（1990）*The Condition of Postmodernity：An Enquiry into the Origins of Cultural Change*，Blackwell，Oxford.

Heffernan，Nick.（2000）*Capital，Class and Technology in Contemporary American Culture*，Pluto Press，London.

Herman，Edward S. and Noam Chomsky.（1994）*Manufacturing Consent，The Political Economy of the Media*，Vintage，London.

Herman，Edward S. and Robert W. McChesney.（1997）*The Global Media：The New Missionaries of Corporate Capitalism*，Cassell，London.

Hesmondhalgh，David.（2002）*The Culture Industries*，Sage，London.

Higson，Andrew.（2000）*'The limiting imagination of national cinema' in Cinema and Nation*，ed. Mette Jort and Scott Mackenzie，Routledge，London.

Hobsbawm，Eric J.（1968）*Industry and Empire，An Economic History of Britain Since*

1750, Penguin/Weidenfeld and Nicolson, London.

Hogenkamp, Bert.（1986） *Deadly Parallels: Film and the Left in Britain 1929-1939*, Lawrence and Wishart, London.

Holloway, John, and Sol Picciotto.（1991） *'Capital, crisis and the state' in The State Debate*, ed. Simon Clarke, Macmillan, London.

Homer, Sean.（2001） *'It's the political economy, stupid! On Žižek's Marxism'*, Radical Philosophy, no. 108, July-August.

Hoskins, Colin, Stuart McFadyen and Adam Finn.（1997） *Global Television and Film, An Introduction to the Economics of the Business*, Oxford University Press, Oxford.

Humphreys, Peter J.（1996） *Mass Media and Media Policy in Western Europe*, Manchester University Press, Manchester.

Hutton, Will.（1996） *The State We're In*, Vintage, London.

Jackson, Leonard.（1994） *The Dematerialisation of Karl Marx: Literature and Marxist Theory*, Longman, London.

Jameson, Fredric.（1974a） *Marxism and Form, Twentieth-Century Dialetical Theories of Literature*, Princeton University Press, Princeton.

——（1974b） *The Prison-House of Language*, A Critical Account of Structuralism and Russian Formalism, Princeton University Press, Princeton.

——（1988） *'Reflections in conclusion' in Aesthetics and Politics*, ed. Ronald Taylor, Verso, London.

——（1989） *The Political Unconscious*, Routledge, London.

——（1991） *Postmodernism: Or, the Cultural Logic of Late Capitalism*, Verso, London.

——（1992） *Signatures of the Visible*, Routledge, London.

——（1999） *'Marx's purloined letter' in Ghostly Demarcations, A Symposium on Jacques Derrida's Spectres of Marx*, ed. Michael Sprinker, Verso, London.

Jessop, Bob.（1991） *'Thatcherism and flexibility: the white heat of a post-Fordist revolution' in The Politics of Flexibility*, ed. Bob Jessop et al., Edward Elgar, Aldershot.

——（1997） *'Post-Fordism and the state' in Post-Fordism: A Reader*, ed. Ash Amin, Blackwell, Oxford.

Jhally, Sut.（1987） *The Codes of Advertising, Fetishism and the Political Economy of Meaning in the Consumer Society*, Routledge, London.

Keenan, Thomas. (1996) 'The point is to (ex) change it: Reading Capital rhetorically' in Fetishism as Cultural Discourse, ed. Emily Apter and William Pietz, Cornell University Press, New York. 278

Kellner, Douglas. (1997) *'Overcoming the divide: Cultural studies and political economy' in Cultural Studies In Question*, ed. Marjorie Ferguson and Peter Golding, Sage, London.

Klein, Naomi. (2000) *No Logo*, Flamingo, London.

Korsch, Karl. (1972) *Marxism and Philosophy*, New Left Books, London.

Kroker, Arthur. (1996) *'Virtual capitalism' in Techno Science and Cyber Culture*, ed. Stanley Aronowitz, Routledge, London.

Kuhn, Annette. (1990) *Alien Zone: Cultural Theory and Contemporary Science Fiction Cinema*, Verso, London.

Lash, Scott and John Urry. (1987) *The End of Organized Capitalism*, Polity Press, Cambridge.

Lenin, V.I. (1996) *The State and Revolution*, Foreign Language Press, Beijing.

Leslie, Esther. (2000) *Walter Benjamin*, *Overpowering Conformism*, Pluto Press, London.

—— (2002) *Hollywood Flatlands*, *Animation*, *Critical Theory and the Avant-Garde*, Verso, London.

Lichtenberg, Judith. (2000) *'In defence of objectivity revisited' in Mass Media and Society*, ed. J. Curran and M. Gurevitch, Arnold, London.

Lipietz, Alain. (1987) *Mirages and Miracles*, *The Crises of Global Fordism*, Verso, London.

Lodziak, Conrad. (1995) *Manipulating Needs*, *Capitalism and Culture*, Pluto Press, London.

Lovell, Terry. (1983) *Pictures of Reality*, *Aesthetics*, *Politics and Pleasure*, BFI, London.

Lukács, Georg. (1971) *History and Class Consciousness*, *Studies in Marxist Dialectics*, Merlin Press, London.

Lunn, Eugene. (1984) *Marxism and Modernism*, *An Historical Study of Lukács*, *Brecht*, *Benjamin and Adorno*, University of California Press, Berkeley.

Macherey, Pierre. (1978) *A Theory of Literary Production*, Routledge and Kegan Paul, London.

MacKinnon，Kenneth.（1998）*'Bare necessities and naked luxuries：The 1990s male as erotic object' in Dissident Voices*，The Politics of Television and Cultural Change，ed. Mike Wayne，Pluto Press，London.

Mandel，Ernest.（1978）*Late Capitalism*，Verso，London.

Marcuse，Herbert.（1955）*Reason and Revolution：Hegel and the Rise of Social Theory*，Routledge and Kegan Paul，London.

Mattelart，Armand.（1991）*Advertising International*，*The Privatisation of Public Space*，Routledge，London.

Marx，Karl.（1967）*Essential Writings of Karl Marx*，ed. David Caute，Panther，London.

——（1972）*The Economic and Philosophical Manuscripts of 1844*，International Publishers，New York.

——（1973）*Marx's Grundrisse*，ed. David McLellan，Paladin，London.

——（1980）*The Thought of Karl Marx*，ed. David McLellan，Macmillan，London.

——（1983）*Capital Vol. 1*，Lawrence and Wishart，London.

——（1984）*The Eighteenth Brumaire of Louis Bonaparte*，Lawrence and Wishart，London.

Marx，Karl and Friedrich Engels.（1956）*The Holy Family or Critique of Critical Critique*，Foreign Languages Publishing House，Moscow.

279 ——（1985）*The Communist Manifesto*，Penguin，London.

——（1989）*The German Ideology*，Lawrence and Wishart，London.

McArthur，Colin.（2000）*'The critics who knew too little：Hitchcock and the absent class paradigm'*，Film Studies，no. 2，Spring.

McCarthy，Cameron.（2000）*'Reading the American popular：suburban resentment and the representation of the inner city in contemporary film and television' in Formations*，A 21st Century Media Studies Textbook，ed. Dan Fleming，Manchester University Press，Manchester.

McLennan，Gregor.（1996）*'Post-Marxism and the "four sins" of modernist theorizing'*，New Left Review，no. 218，July-August.

McQuail，Denis.（1997）*'Policy help wanted：Willing and able media culturalists please apply' in Cultural Studies In Question*，ed. Marjorie Ferguson and Peter Golding，Sage，London.

——（1998a）*'Changing media and changing society' in Media Policy：Convergence*，

Concentration and Commerce，ed. Denis McQuail and Karen Siune，Sage，London.

——（1998b）*'Commercialization and beyond' in Media Policy*：*Convergence*，*Concentration and Commerce*，ed. Denis McQuail and Karen Siune，Sage，London.

Meier，Werner A. and Josef Trappel.（1998）*'Media concentration and the public interest' in Media Policy*，*Convergence*，*Concentration and Commerce*，ed. Denis McQuail and Karen Siune，Sage，London.

Mepham，John.（1979）*'The theory of ideology in Capital' in Issues In Marxist Philosophy*，*Epistemology*，*Science*，*Ideology Volume 3*，ed. John Mepham and D.H. Ruben，Harvester Press，Hassocks.

Merriden，Trevor.（2001）*Irresistible Forces*，*the Business Legacy of Napster and the Growth of the Underground Internet*，Capstone，Oxford.

Mészáros，István.（1995）*Beyond Capital*，Merlin Press，London.

Miliband，Ralph.（1987）*The State in Capitalist Society*，Quartet Books，London.

Moran，Albert.（1996）*Film Policy*：*International*，*National and Regional Perspectives*，Routledge，London.

Mulvey，Laura.（1996）*'The carapace that failed*：*Ousmane Sembene's Xala' in Fetishism and Curiosity*，ed. Laura Mulvey，BFI，London.

Murdock，Graham.（1997）*'Base notes*：*The conditions of cultural practice' in Cultural Studies In Question*，ed. Marjorie Ferguson and Peter Golding，Sage，London.

——（2000）*'Reconstructing the ruined tower*：*Contemporary communications and questions of class' in Mass Media and Society*，ed. James Curran and Michael Gurevitch，Arnold，London.

——（2001）*'Against enclosure*：*Rethinking the cultural commons' in British Cultural Studies*，ed. David Morley and Kevin Robins，Oxford University Press，Oxford.

Murray，Patrick.（2000）*'Marx's "Truly social" labour theory of value*：Part II. How is labour that is under the sway of capital actually abstract?'，Historical Materialism，No. 7，Winter.

Negus，Keith.（1997）*'The production of culture' in Production of Culture/Cultures of Production*，ed. Paul du Gay，Open University Press/Sage，London.

Nichols，Bill.（1996）*'Reality TV and social perversion' in Media Studies*，A Reader，ed. Paul Marris and Sue Thornham，Edinburgh University Press，Edinburgh.

Noble，David.（1979）*'The PMC*：*A critique' in Between Capital and Labour*，ed. Pat 280
Walker，Harvester Press，Hassocks.

Norris，Christopher.（1992） *Uncritical Theory，Postmodernism，Intellectuals and the Gulf War*，Lawrence and Wishart，London.

Palmer，Bryan，D.（1990） *Descent into Discourse，The Reification of Language and the Writing of Social History*，Temple University Press，Philadelphia.

Parekh，Bhikhu.（1982） *Marx's Theory of Ideology*，Croom Helm，London.

Penley，Constance.（1989） *'Time travel，primal scene and the critical dystopia' in Fantasy and the Cinema*，ed. James Donald，BFI，London.

Perkins，Stephen.（1993） *Marxism and the Proletariat*，A Lukácsian Perspective，Pluto Press，London.

Petley，Julian.（1999） *'The regulation of media content' in The Media in Britain，Current Debates and Developments*，ed. Jane Stokes and Anna Reading，Macmillan，London.

Pietz，Willaim.（1996） *'Fetishism and materialism：The limits of theory in Marx' in Fetishism as Cultural Discourse*，ed. Emily Apter and William Pietz，Cornell University Press，New York.

Pinker，Stephen.（1994） *The Language Instinct*，Penguin，London.

Piore，Michael and Charles Sabel.（1984） *The Second Industrial Divide*，Basic Books，New York.

Porter，Vincent.（1983） *'The context of creativity：Ealing Studios and Hammer Films' in British Cinema History*，ed. James Curran and Vincent Porter，Barnes and Noble Books，New Jersey.

Prusak，Laurence.（ed.）（1997） *Knowledge in Organizations*，Butterworth Heinemann，Oxford.

Puttnam，David.（1997） *The Undeclared War，The Struggle for Control of the World's Film Industry*，HarperCollins，London.

Rees，John.（1998） *The Algebra of Revolution，The Dialectic and the Classical Marxist Tradition*，Routledge，London.

Reich，Robert.（1991） *The Work of Nations：Preparing Ourselves for* 2 ˢ fals-*Century Capitalism*，Simon and Schuster，London.

Rigby，S.H.（1998） *Marxism and History：A Critical Introduction*，Manchester University Press，Manchester.

Ritchie，Jean.（2000） *Big Brother：The Official Unseen Story*，Channel Four Books，London.

Roos，Johan.（ed.）（1997） *Intellectual Capital：Navigating the New Business*

Landscape Macmillan Business，Basingstoke.

Rustin，Michael.（1989）*'The trouble with "new times"' in New Times：The Changing Face of Politics in the 1990s*，ed. Stuart Hall and Martin Jacques，Lawrence and Wishart，London.

Sabel，Charles F.（1997）*'Flexible specialisation and the re-emergence of regional economies' in Post-Fordism：A Reader*，ed. Ash Amin，Blackwell，Oxford.

Said，Edward.（1978）*Orientalism*，Routledge and Kegan Paul，London.

Sardar，Ziauddin.（2002）*'Walt Disney and the double victimization of Pocahontas' in The Third Text Reader on Art，Culture and Theory*，ed. Rasheed Araeen，Sean Cubitt and Ziauddin Sardar，Continuum Press，London.

Schiller，Dan.（1999）*Digital Capitalism，Networking the Global Market System*，MIT Press，Cambridge，Massachusetts.

Schiller，Herbert.（1989）*Culture，Inc.：The Corporate Takeover of Public Expression*， 281
Oxford University Press，Oxford.

Schlosser，Eric.（2001）*Fast Food Nation*，Allen Lane，Penguin，London.

Sinclair，John.（1989）*Images Incorporated：Advertising as Industry and Ideology*，Routledge London.

Smith，Andrew.（2001）*'Reading wealth in Nigeria：Occult capitalism and Marx's vampires'*，Historical Materialism，Research in Critical Marxist Theory，vol. 9，Winter.

Sobchack，Vivian.（ed.）（2000）*Metamorphing：Visual Transformation and the Culture of Quick-Change*，University of Minnesota Press，Minneapolis.

Soper，Kate.（1986）*Humanism and Anti-Humanism*，Problems of Modern Europea Thought，Hutchinson，London.

Storper，Michael.（1997）*'The transition to flexible specialisation in the US film industry：External economics*，the division of labour and the crossing of industrial divides' in Post-Fordism：A Reader，ed. Ash Amin，Blackwell，Oxford.

Strinati，Dominic.（1995）*An Introduction to Theories of Popular Culture*，Routledge，London.

Tapscott，Don，Alex Lowy and David Ticoll.（1998）*Blueprint to the Digital Economy：Creating Wealth in the Era of E-business*，McGraw-Hill，London.

Taussig，Michael T.（1980）*The Devil and Commodity Fetishism in South America*，University of North Carolina Press，Chapel Hill.

——（1996）*'Maleficium：State Fetishism' in Fetishism as Cultural Discourse*，ed. Emily

Apter and William Pietz, Cornell University Press, New York.

Taylor, Ronald, (ed.) (1988) Aesthetics and Politics, Verso, London.

Thompson, E.P. (1978) The Poverty of Theory and Other Essays, Merlin Press, London.

Thompson, John B. (1990) Ideology and Modern Culture: Critical Social Theory in the Era of Mass Communication, Polity Press, Cambridge.

Thrift, Nigel. (1999) *'Capitalism's cultural turn' in Culture and Economy After the Cultural Turn*, ed. Larry Ray and Andrew Sayer, Sage, London.

Tracey, Michael. (1998) *The Decline and Fall of Public Service Broadcasting*, Oxford University Press, Oxford.

Volǒshinov, V.N. (1996) *Marxism and the Philosophy of Language*, Harvard University Press, Cambridge, Massachusetts.

Wallerstein, Immanuel. (1989) *Historical Capitalism*, Verso, London.

Wasko, Janet. (1994) *Hollywood in the Information Age*, Beyond the Silver Screen, Polity Press, Cambridge.

Wayne, Mike. (1997) *Theorising Video Practice*, Lawrence and Wishart, London.

—— (2000) *'Who Wants To Be A Millionaire? Contextual analysis and the endgame of public television' in Formations*, A 2 ᵗ falsCentury Media Studies Textbook, ed. Dan Fleming, Manchester University Press, Manchester.

—— (2001) *Political Film: The Dialectics of Third Cinema*, Pluto Press, London.

282 —— (2002a) *The Politics of Contemporary European Cinema: Histories, Borders, Diasporas, Intellect Books*, Bristol.

—— (2002b) 'Constellating Walter Benjamin and British cinema: A study of The Private Life of Henry VIII (1933) ', Quarterly Review of Film and Video, vol. 19, no. 3,
282 July–September.

—— (2002c) 'Utopianism and film', Historical Materialism, Research in Critical Marxist Theory, vol. 10, no. 4.

Webster, Frank. (1995) *Theories of the Information Society*, Routledge, London.

Wilkin, Peter. (2001) *The Political Economy of Global Communciation*, Pluto Press, London.

Willemen, Paul. (1989) *'The Third Cinema question: Notes and reflections' in Questions of Third Cinema*, ed. Jim Pines and Paul Willemen, BFI, London.

Williams, Raymond. (1980) *Problems in Materialism and Culture*, Verso, London.

—— (1988) *Keywords, A Vocabulary of Culture and Society*, Fontana Press, London.

Winston，Brian.（1995） *Claiming the Real*：*The Griersonian Documentary and its Legitimations*，BFI，London.

——（1998） *Media Technology and Society*，A History：From the Telegraph to the Internet，Routledge，London.

Wollen，Peter.（1970） *Signs and Meanings in the Cinema*，BFI/Thames and Hudson，London.

Wright，Erik Olin.（1979） *'Intellectuals and the class structure' in Between Labour and Capital*，ed. Pat Walker，Harvester Press，Hassocks.

Wyatt，Justin.（1998） *'The formation of the "major independent"*：*Miramax*，*New Line and the new Hollywood' in Contemporary Hollywood Cinema*，ed. Steve Neale and Murray Smith，Routledge，London.

Žižek，Slavoj.（1989） *The Sublime Object of Ideology*，Verso，London.

——（ed.）（1995） *Mapping Ideology*，Verso，London.

——（2001） *Enjoy Your Symptom!* Jacques Lacan In Hollywood and Out，Routledge，London.

索　引

283 Abbott，Paul，保罗·阿博特，19 页
Abercrombie，Nicholas，尼古拉斯·阿伯克罗姆比尔，179 页
abstraction，抽象，33-37 页，204 页，211-212 页，249 页，257-258 页，260 页
Ackre，Jane，简·阿克雷，82 页
Adorno，阿多诺，28 页，124 页，200 页，224 页，230-233 页，234 页，235 页，238 页，243 页，249 页，250 页，260 页
advertising，广告，71 页，77 页，78 页，81 页，83–84 页，109 页，110 页，111 页，207 页，208 页
Afghanistan，阿富汗，30 页，97 页
Affleck，Ben，本·阿弗莱克，75 页
Aglietta，Michael，迈克尔·阿格列塔，41，66，70，71 页
Ali，Muhammad，穆罕默德·阿里，172 页
Alien（film），异形（电影），7-11 页，15 页
Al Jazeera，半岛电视台，97 页
Althusser，Louis，路易斯·阿尔都塞，127 页，138–141 页，184 页，218 页，261 页
Amariglio，Jack，杰克·阿马里利奥，208 页
American Beauty（film），美国丽人（电影），195 页
Annan Report（Broadcasting），安南报告（广播），106 页，109 页
Antitrust（film），夺命连线（电影），16 页，55-56 页
appearance-forms，表象形式，62 页，86 页，94 页，103 页，107 页，108 页，116 页，117 页，125 页，126 页，184-185 页，190 页，193-194 页，198 页，208 页，209 页，214 页，219 页，257 页，260 页，262 页，263 页，
Aristotle，亚里士多德，34 页
Arts Council，艺术委员会，96 页

AT&T，美国电话电报公司，65-66 页，76 页，95 页
Austen，Jade and Keiren，杰德和凯琳·奥斯汀，181 页
Bakhtin，Mikhail，米哈伊尔·巴赫金，170-173 页，181 页
balance，平衡，163 页，169 页，224-225 页，227 页，246 页，253 页
Balibar，Etienne，艾蒂安·巴里巴尔，127 页
BBC，英国广播公司，81 页，109 页，110-111 页，146 页，253 页
Barthes，Roland，罗兰·巴特，7 页，160 页，170 页，171 页，172 页
Baudrillard，Jean，鲍德里亚，194 页，217 页
Bean（film），憨豆（电影），65 页
Beauty and the Beast（film），美女与野兽（电影），74 页
Beaverbrook，Lord，比弗布鲁克勋爵，109 页
Bend it Like Beckham（film），我爱贝克汉姆（电影），115 页
Benhabib，Seyla，塞拉·本哈比卜，223 页，248 页，255 页
Benjamin，Walter，沃尔特·本雅明，47-48 页，54 页，199 页，231 页
Bennett，Tony，托尼·贝内特，93-94 页，104 页，120 页
Bentley，Marcus（*Big Brother*），马库斯·本特利（老大哥），149 页
Berlusconi，Silvio，西尔维奥·贝卢斯科尼，98 页，114 页
Bertelsmann，贝塔斯曼，55 页，58 页，97 页
Bhaji on the Beach（film），海边的吧唧（电影），115 页
Big Brother（television），老大哥（电视），5 页，119 页，127 页，132 页，133 页，141 页，142 页，143 页，144 页，145-154 页，177 页，199 页，261 页，265-266 页
Big Brother's Little Brother（television），老大哥的小兄弟（电视），147 页
bin Laden，Osama，奥萨马，本·拉登，30 页，97 页
black film，黑人电影，30-31 页，32 页
Blair，Tony，托尼·布莱尔，157-158 页，162 页，177 页
Blob，The（film），幽浮魔点（电影），34 页
Blue Collar（film），蓝领（电影），7 页
Bourdieu，Pierre，皮埃尔·布尔迪厄，18 页，28 页
Boyz N the Hood（film），街区男孩（电影），32 页
Brando，Marlon，马龙·白兰度，29 页
Braverman，Harry，哈里·布雷弗曼，19 页
Briggs，Asa，阿萨·布里格斯，90 页
Broadcasting Act（1990），广播电视法案（1990），80 页，105 页

Broadcasting Standards Commission，广播标准委员会，81 页
BskyB，英国天空广播公司，105 页，108 页，146 页
Bush，George W.，乔治 • W. 布什，97-78 页，121 页，177 页，226 页
Byrne，Eleanor，埃莉诺 • 伯恩，80 页
Cabinet of Dr Caligari（film），卡里加利博士的小屋（电影），215 页
Callari，Antonio，安东尼奥 • 卡拉里，208 页
Canal Plus（television），运河加（电视），98 页
Candyman（film），糖果人（电影），201 页
Capital（Marx），资本论（马克思），107 页，123 页，185 页，189 页，192 页，203 页，207 页
capitalist class（personifications of capital），资产阶级（资本人格化），10 页，12-13 页，23 页，24 页，33-34 页，35 页，64 页，68 页，70 页，95-96 页，99 页，104 页，124 页，135 页，170 页，175 页，177 页，178 页，191-192 页，201 页，203 页，229 页，239 页，243 页，245 页，246 页，250 页，259 页，262-263 页
284 see also class，另见阶级
Carlton（television），卡尔顿（电视），105 页
Castaway（television），弃儿（电视），146 页
Castells，Manuel，曼纽尔 • 卡斯特，40 页，44-5 页，49 页，59 页，127 页
Chadha，Gurinder，古林德 • 查达，115 页
Channel Five，第五频道，81 页，146 页
Channel 4，第四频道，81 页，110 页，146 页，147 页
children，儿童，179-182 页，196-197 页，210 页
Chomsky，Noam，诺姆 • 乔姆斯基，63 页，80 页
Christopherson，S.，S. 克里斯托夫森，72 页
Clarke，John，约翰 • 克拉克，20 页
Class，阶级，
signifiers of，阶级能指，7-10 页，16 页，149-150 页
class struggle，阶级斗争，13 页，52 页，53 页，54 页，60 页，62 页，70 页，105-6 页，129 页，189 页，203 页，221 页，222 页，246 页，266 页
class struggle and signs，阶级斗争和标志，143 页，148-149 页，154 页，168 页
Marxist definitions，马克思主义定义，11-17 页，36 页，244-245 页
sociological definitions，社会学定义，8-10 页，13-14 页，15 页，16 页，35 页，244 页
transposable cognitive model，可转换认知模型，221-225 页，228-229 页，252-253 页，

265 页

see also capitalist class，middle class，intelligentsia，petit-bour-geoisie，另见资本家，中产阶级，知识分子，小资产阶级

Clocking Off（television），打卡下班（电视），19 页

Cohen，G.A.，G.A. 科恩，53 页

Cold Feet（television），冷脚（电视），27 页

Collins，Richard，理查德·柯林斯，92-93 页

Communist Manifesto，The（Marx），共产党宣言（马克思），4 页，201 页，210 页，258 页，

competition，竞争，43 页，63-67 页，69-70 页，71 页，78 页，88 页，92 页，95 页，98-102 页，104 页，105 页，151 页，204 页，206 页，247 页，262 页

consent and coercion，同意和强制，95-97 页，106-7 页，115-116 页，134 页，178-179 页

see also hegemony，另见霸权，

Conservative government，保守党，99 页，105 页

contradiction，矛盾，3 页，7 页，16 页，27 页，39 页，43 页，46 页，48 页，50 页，52 页，62 页，67 页，86 页，88 页，92 页，103 页，104 页，105 页，111 页，123 页，125 页，224 页，260 页，261-262 页，263 页，264 页

within consciousness，意识，183 页

between thought and thing，思想和事物之间，230 页

between base and superstructure，基础和上层建筑之间，131 页，132 页，154 页

between modes of production and development，生产和发展方式之间，145 页

in ideology，在意识形态，176 页，224 页

representations of children，儿童形象，196 页

repression of，压抑，133 页，142 页，172 页

the subject，主体，185 页

Coup，The（music），晴天霹雳（音乐），31-32 页

Cowling，Keith，基思·柯林，70-71 页

Crofts，Stephen，斯蒂芬·克罗夫茨，115 页

culturalisation，文化，21 页，23 页，24 页，44 页，259 页

Daily Mail（print），每日邮报（纸媒），168-170，174-175 页

Daily Mirror（print），每日镜报（纸媒），176-177 页

Dark City（film），移魂都市（电影），194 页，209 页，213-218 页，258 页

Davis，Mike，迈克·戴维斯，97 页

Debord，Guy，盖伊・德波，42 页，148 页

Derrida，Jacques，雅克・德里达，162-164 页，172 页，219 页，233 页

Devil's Backbone，The（film），鬼童院（电影），196-197 页，201 页

discourse theory，话语理论，163-166 页，225 页，264 页

Disney，迪士尼，63 页，65 页，73-78 页，80 页，85 页，86 页，97 页

division of labour，劳动分工，7 页，8 页，14-15 页，17-19 页，27-28 页，30 页，187 页，232 页，240 页，247 页，263 页

Douglas，Michael，迈克尔・道格拉斯，227 页

Dr Dre，德瑞博士，31 页，57 页

Dunkley，Christopher，克里斯托弗・邓克利，131-132 页，133 页，144 页

Eagleton，Terry，特里・伊格尔顿，112 页，138 页，161 页，175 页，239 页

East is East（film），东就是东（电影），115 页

Ecologist，The（print），生态学家（纸媒），96 页

Economic and Philosophical Manuscripts（Marx），1844 年经济学哲学手稿（马克思），212 页

Ehrenreich，Barbara，巴巴拉・艾伦莱克，15-16 页，20 页

Ehrenreich，John，约翰・艾伦莱克，20 页

Eighteenth Brumaire of Louis Bonaparte，The（Marx），路易・波拿巴的雾月十八日（马克思），203 页

Eisner，Michael，迈克尔・艾斯纳，73-74 页，85 页

end credits，片尾字幕，1-3 页，72 页

Endemol Entertainment，恩德莫尔娱乐，145 页，147 页

Engels，Friedrich，弗里德里希・恩格斯，122 页，132-133 页，135 页，136 页，137 页

ER（television），紧急救援（电视），110 页

Ermo（film），二嫫（电影），114 页

Eurimages，欧洲影像，102-103 页

285 European Commission，欧洲委员会，100 页

European Union，欧盟，100 页

Evening News（print），晚间新闻（纸媒），83-84 页

Evening Standard（print），旗帜晚报（纸媒），83-84 页

Fallen（film），夺命感应（电影），211 页

family，家庭，179-182 页

Fanning，Shawn，肖恩・范宁，55-56 页

Federal Radio Commission，美国联邦无线电委员会，91 页
Feminism，女权主义，200 页
Fight Club（film），搏击俱乐部（电影），195 页
Film Council，电影委员会，96 页，102 页
Financial Times（print），金融时报（纸媒），131 页，132 页，133 页
Fininvest，菲尼维斯特，98 页，115 页
Finucane，Pat，帕特・菲纽肯，253 页
fixed capital，固定资本，42 页，46-50 页，59 页
Fordism，福特主义，44 页，62 页，66-70 页，72 页，77 页，86 页，105 页，106 页，107 页，110 页，114 页，117 页，153 页，160 页，161 页
see also post-Fordism，另见后福特主义
Foucault，Michel，米歇尔・福柯，163 页，219 页，233 页，236 页
Free Software Foundation，自由软件基金会，25-26 页
Friedman，Milton，米尔顿・弗里德曼，65 页
French Connection，The（film），法国贩毒网（电影），216 页
Garnham，Nicholas，尼古拉斯・加汉姆，21 页，124 页
GATS，服务贸易总协定，95 页
GATT，关税及贸易总协定，114 页
General Electric，通用电气，65 页，73 页，84-85 页，86 页
General Public License，通用公共许可证，25-26 页
German Ideology，The（Marx and Engels），德意志意识形态（马克思和恩格斯），122 页，135 页，137 页
ghosts，幽灵，11-12 页，152 页，184 页，194 页，197 页，201-203 页，205 页，208-213 页，258 页，263 页，267 页
Goldsmith，Teddy，泰迪・戈德史密斯，96 页
Goody，Jade（*Big Brother*），杰德・古迪（《老大哥》），153 页
Granada（television），格拉纳达（电视），105 页
Green，Michael（Chairman of Carlton），格林，迈克尔（卡尔顿董事长），35 页
Habermas，Jürgen，尤尔根・哈贝马斯，78-79 页，83 页，106 页，163 页，169 页，170 页，223 页，233 页，235-242 页，254-255 页，266-267 页
Hackman，Gene，吉恩・哈克曼，75 页
Hall，Stuart，斯图亚特・霍尔，164-165 页
Harry Potter and the Philosopher's Stone（film），哈利・波特与魔法石（电影），130 页，

152 页，211-212 页
Harvey，David，哈维·大卫，63 页，66 页，71 页
Hegel，G.W.F.，G.W.F. 黑格尔，104 页，122-123 页，136 页，139 页，168 页，182 页，184 页，211 页，222 页
hegemony，霸权，135 页，143 页，155 页，177-178 页，264 页
counter-hegemonic，反霸权，182 页
Hellraiser（film），猛鬼追魂（电影），215 页
Herman，Edward，爱德华·赫尔曼，82 页，63 页，80 页
Hesmondhalgh，David，大卫·赫斯蒙达，28 页
hip hop，嘻哈，31-32 页
History and Class Consciousness（Lukács），历史与阶级意识（卢卡奇），158 页，188 页
Holy Family，The（Marx and Engels），神圣家族（马克思和恩格斯），211-212 页
Hoskins，Colin，柯林·霍斯金斯，64 页
Hughes，David，大卫·休斯，29 页
Hunchback of Notre Dame，The（film），巴黎圣母院（电影），75 页
Hutton，Will，威尔·赫顿，109 页
idealism，理想主义，120 页，122-123 页，136 页，211-212 页，225 页，255 页
ideologeme，意识形态，9-10 页，143 页，148-149 页，265 页
ideology，意识形态，21 页，155 页，168 页，169 页，173-182 页，190-191 页，206 页，221 页，227 页，233-234 页，259 页，264 页
Immelt，Jeff（General Electric CEO），杰夫·伊梅尔特（通用电气首席执行官），85 页
ITV（television），英国独立电视台（电视），80-81 页，99-100 页，105 页，146 页，238 页
Independent Television Commission，独立电视委员会，81 页，110 页
ITV Digital（television），独立数字电视台（电视），98 页，105 页，199 页
Injustice（film），非正义（电影），96-97 页，175 页，252-254 页，267 页
intelligentsia，知识分子，17-19 页，21 页，23-26 页，32 页，36 页，38-39 页，69 页，101 页，120 页，123 页，129 页，135 页，233 页，234 页，236 页，246-247 页，259 页，263 页
see also class，另见阶级
interdependence，相互依存

social and economic，社会和经济，7 页，15 页，23 页，164 页，226 页，242 页，244 页，245 页，247 页，258 页，267 页
of base and superstructure，基础和上层建筑，139 页
denial of，拒绝，194 页 286
interdependence continued，持续的相互依存
and gender，性别，195 页
and identification，认同，228 页，238 页，242 页，247 页
of language，语言，137 页，159 页，168 页，170 页，182 页，223 页
master and slave，主奴，222 页
see also intersubjectivity，主体间性
International Monetary Fund，国际货币基金组织，1 页，61 页，187 页，231 页
Internet，互联网，5 页，24–26 页，39 页，49 页，50–51 页，54 页，56 页，58 页，59 页，140–141 页，250 页，261 页
dot.com crash，互联网经济的崩溃，39–44 页，198 页，206–207 页，214 页，251 页
and *Big Brother*（television），老大哥（电视），146–147 页，148 页
intersubjectivity，主体间性，223 页，225–226 页，228 页，236 页，237 页，238 页，239 页，240 页，241 页，242 页，243 页，248 页，252 页，253 页，254 页，255 页，266–267 页
see also interdependence，另见主体间性，the subject，主体
Island of Dr Moreau，The（film），拦截人魔岛（电影），29 页
Jackson，Leonard，伦纳德・杰克逊，136 页
Jameson，Fredric，弗雷德里克・詹姆逊，4 页，9 页，130–131 页，133 页，141–145 页，209 页，216 页，217 页，221–222 页，265 页
Jolie，Angelina，安吉丽娜・朱莉，75 页
Keenan，Thomas，托马斯・基南，203 页
Kellner，Douglas，道格拉斯・凯尔纳，124 页，126 页
Kilmer，Val，瓦尔・基尔默，29 页
Kirch，Leo，利奥・基尔希，114 页
Koppel，Ted，特德・科佩尔，78 页
Korsch，Karl，卡尔・柯尔施，156–157 页
Korzun，Dina，蒂娜・高逊，198 页
Kotto，Yaphet，亚非特・科托，7 页
Kroker，Arthur，亚瑟・克罗克，52 页
labour power，劳动力，11 页，14 页，17 页，18 页，27 页，33 页，39 页，121 页，

204–205 页，258 页
Lacan，Jacques，雅克 • 拉康，164 页，219 页，234 页
Lash，Scott，斯科特 • 拉什，72 页
Last Resort（film），破釜沉舟（电影），198 页
Lawrence，Stephen，斯蒂芬 • 劳伦斯，174–175 页
Lawson，Nigella，奈杰尔 • 劳森，155 页
Lenin，V .I.V .I. 列宁，241 页
Letter To Brezhnev（film），写给勃列日涅夫的信（电影），13 页
Letterman，David，大卫 • 莱特曼，78 页
Lévi-Strauss，Claude，克劳德 • 列维 - 施特劳斯，160 页，218 页
Lichtenberg，Judith，朱迪思 • 利希滕贝格，226–229 页
Lilo and Stitch（film），星际宝贝（电影），231 页
Lodziak，Conrad，康纳德 • 沃齐亚克，179 页
Lovell，Terry，特里 • 洛弗尔，173 页
Luckiest Nut in the World，The（short film），世界上最幸运的花生米（短电影），230–231 页
Lukács，Georg，格奥尔格 • 卢卡奇，158 页，159 页，184 页，187–188 页，194 页，197 页，224 页，247 页，248 页，250 页，251 页，260 页
Lyotard，Jean-François，让 - 弗朗索瓦 • 利奥塔，238 页
Macdonald，Kevin，凯文 • 麦克唐纳，227–228 页
MAFF，农业、食品和渔业部，51 页，112 页
Maher，Bill，比尔 • 马厄，97 页
Malone，John（Liberty Media），约翰 • 马龙（自由媒体），66 页
Mandel，Ernest，厄尔奈斯特 • 曼德尔，20 页，22 页
Marconi，马可尼，41 页
Marx，Karl，卡尔 • 马克思，4 页，11 页，14–15 页，20 页，33–35 页，41 页，46–51 页，52 页，55 页，59 页，60 页，71 页，98 页，104 页，107 页，121–123 页，135 页，136 页，137 页，139–140 页，166 页，179 页，182 页，183 页，184 页，185–186 页，187 页，192–193 页，199 页，201 页，202 页，203–205 页，208–213 页，214 页，221 页，226 页，241 页，242–247 页，258 页，262 页
Marx's Theory of Ideology（Parekh），马克思的意识形态理论（巴赫金），245 页
Marxism and the Philosophy of Language（Volǒshinov），马克思主义与语言哲学（沃洛希诺夫），159 页

materialism，唯物主义，121–123 页，136–138 页，140–141 页，159 页，161 页，165 页，166 页，197 页，263–264 页

capital's dematerialising logic，资本“非物质化”逻辑，184 页，194 页，199 页，201 页，208–209 页，210–213 页，214–215 页，219 页，258 页，260 页，261 页

Matrix，The（film），黑客帝国（电影），1 页，209 页，211 页

Mattelart，Armand，阿曼德·马特拉，110 页

McCall，Davina，戴维娜·麦考尔，108 页

McChesney，Robert，罗伯特·麦克切斯尼，82 页

McQuail，Denis，丹尼斯·麦奎尔，108 页

McQuillan，Martin，马丁·麦奎兰，80 页

mediation，中介，49 页，90 页，105 页，123 页，124 页，125-126 页，127 页，133 页，134 页，138-141 页，148 页，150 页，163 页，194 页，196 页，221-222 页，225 页，239 页，242 页，244 页，246 页，247 页，249 页，255 页，256 页，260-261 页，264 页，266 页

MEDIA programmes，媒体计划，102 页 *287*

media structures，媒体格局，62 页，63 页，66 页，67 页，69 页，70–73 页，76–77 页，88 页，94 页，107 页，109 页，147 页，262 页

Mészáros，István，伊斯特万·梅萨罗斯，99 页

middle class，中产阶级，10 页，11 页，13–30 页，84 页，130 页，198 页，249 页，253 页

see also class，另见阶级

Milosevic，Slobodan，斯洛博丹·米洛舍维奇，94 页

Miramax，米拉麦克斯，75–76 页

mode of development，发展方式，23 页，40 页，44–45 页，62 页，66 页，86 页，107 页，113 页，119 页，127–129 页，131–133 页，144 页，148 页，149 页，153 页，160 页，221 页，260 页

mode of production，生产方式，23 页，40 页，43 页，45 页，48 页，59 页，67 页，68 页，86 页，89 页，97 页，107 页，113 页，118–122 页，124 页，127–135 页，136–137 页，138 页，141 页，143 页，145 页，148 页，151 页，153 页，165 页，185 页，189 页，211 页，221 页，239 页，241 页，247 页，255 页，257 页，260 页，261 页，262 页，267 页

definition，定义，38–39 页

feudal，封建，48 页，130 页，186，

forces and relations of，生产力和生产关系，50–54 页，129 页

Inuit，因纽特人，165 页
and language，语言，168 页，223 页，242 页，264 页
socialist mode，社会主义，35 页，131 页，144 页，187 页
money，货币，12 页，166 页，205 页
monopoly，垄断，16 页，31 页，55 页，57 页，62–73 页，78 页，86 页，91 页，92 页，94 页，105 页，127 页，158 页，160 页
Monsanto，孟山都公司，96 页
Monsters，Inc.（film），怪兽电力公司（电影），75 页，76 页
Mulan（film），花木兰（电影），75 页
Murdoch，Rupert，鲁珀特 • 默多克，82 页，85 页，98 页，105 页，114–115 页
Murdock，Graham，格雷厄姆 • 默多克，59 页，124–125 页，141 页
Murroni，Cristina，穆罗尼 • 柯林斯，92–93 页
Mussolini，Benito，贝尼托 • 墨索里尼，177 页
Mutiny on the Bounty（film），叛舰喋血记（电影），186–187 页
Mythologies（Barthes），神话（巴特），60 页
nation-state，民族国家，61 页，69–70 页，88 页，95 页，101–102 页，111–116 页，153 页，229 页，235 页，263 页
Napster，纳普斯特，40 页，47 页，48 页，54–59 页，203 页，262 页
Negative Dialectics（Adorno），否定的辩证法（阿多诺），230 页，231 页，266 页
neo-liberalism，新自由主义，70 页，73 页，88–89 页，94 页，103 页，108–109 页，116 页，230 页，263 页
New Jack City，（film），万恶城市（电影），32 页
New Labour，新工党，105 页
New York Post（print），纽约邮报（纸媒），171 页
News Corporation，新闻集团，65 页，66 页，76 页，82 页，85 页，98 页
News of the World（print），世界新闻报（纸媒），153 页
Nichols，Bill，比尔 • 尼科尔斯，148 页
Niggaz With Attitude（music），黑帮说唱（音乐），31 页
Nosferatu（film），移魂都市（电影），215 页
OFCOM，通信管理局，96 页
Open Source，开源，96 页
One Day In September（film），九月的一天（电影），227–228 页，232 页，235 页，267 页

Others，The（film），小岛惊魂（电影），201–203 页
Palestine is Still the Issue（television），巴勒斯坦仍是个问题（电视），238 页
Panorama（television），全景（电视），253–254 页，267 页
Parekh，Bhikhu，比丘・帕雷克，245–246 页
Payne，Sarah，莎拉・佩恩，181 页
Perkins，Stephen，斯蒂芬・珀金斯，246 页
petit bourgeoisie，小资产阶级，16 页，17 页，23 页，32 页，39 页，79 页，101 页，129 页
see also class，另见阶级
PI（film），死亡密码 π（电影），192–193 页，200 页
Picasso，Pablo，巴勃罗・毕加索，197 页
Pilger，John，约翰・皮尔格，238 页
Piore，Michael，米歇尔・皮奥里，67 页
Philosophical Discourse of Modernity，The（Habermas），现代性的哲学话语（哈贝马斯），233 页
Pleasantville（film），欢乐谷（电影），209 页
Pocahontas（film），风中奇缘（电影），74 页
Political Unconscious（Jameson），政治无意识（詹姆逊），142 页
Politically Incorrect（television），政治不正确秀（电视），97 页
Popstars（television），流行之星（电视），28 页
Porter，Vincent，文森特・波特，28 页
post-Fordism，后福特主义，44 页，62–63 页，66–70 页，77 页，86 页，106 页，132 页，160 页，262 页
see also Fordism，另见福特主义
postmodernism，后现代，132 页，142 页，144 页，145 页，151 页，153 页，194 页，216–217 页，220 页，225 页，228 页，233 页，235 页，236 页，237 页，238 页，239 页，249 页，264 页
post-structuralism，后结构主义，161–162 页，171 页，231 页，232 页
proletariat，无产阶级，242-243 页，245-246 页，248 页，249 页，250 页，258 页
Propp，Vladimir，弗拉基米尔・普罗普，160 页 288
public service broadcasting，公共服务广播公司，88–92 页，96 页，101 页，105 页，108–109 页，110 页，146 页，153 页
public sphere，公共领域，78–86 页，110 页，152 页，153 页，237 页，238 页，239 页，

256 页，262 页，264 页，267 页
Puttnam，David，大卫·普特南，90 页，263 页
Quinn，Carol，卡罗尔·奎恩，181 页
Rage Against The Machine（music），愤怒对抗机器（音乐），27 页
RAI，意大利国家广播公司，98 页
Recording Industry Association of America，美国唱片工业协会，40 页，57 页，58 页
Reich，Robert，罗伯特·赖克，29 页，71 页，77 页
reification，物化，97 页，156 页，183 页，184 页，187–9 页，194 页，213 页，214 页，216 页，218 页，219 页，221 页，232 页，236 页，244 页
Reith，John，约翰·瑞斯，109 页
Representation（Hall），意指实践（霍尔），164 页
Rigby，S.H.，S.H. 里格比，52–54 页
Ring（film），午夜凶铃（电影），201 页
Ring 2（film），午夜凶铃 2（电影），201 页
Rustin，Michael，米歇尔·拉斯廷，70 页
Sabel，Charles，查尔斯·萨贝尔，67 页，71 页，77 页
Said，Edward，爱德华·赛义德，163 页，228 页
Sartre，Jean-Paul，让 - 保罗·萨特，197 页
Saussure，Ferdinand de，弗迪南·德·索绪尔，155 页，157 页，159 页，174 页
scales of determination，决定尺度，80 页，126–128 页，148 页
Schiller，Dan，丹·席勒，51 页
Schröder，Gerhard，格哈德·施罗德，114 页
Second Industrial Divide，The（Piore and Sabel），第二次产业分工（皮奥里和萨贝尔），67 页
Sex and the City（television），欲望都市（电视），200 页
Signatures of the Visible（Jameson），可见的签名（詹姆逊），142 页
Sixth Sense，The（film），灵异第六感（电影），75 页，267 页
Smith，Adam，亚当·斯密，257 页
Smith，Will，威尔·史密斯，75 页
Snow，Jon，乔恩·斯诺，51 页
Sobchack，Vivian，维维安·索布恰克，218 页
Sony，索尼，55 页，58 页，65 页
Stallman，Richard，理查德·斯托曼，25 页

Stanley，Richard，理查德・斯坦利，29–30 页
Startup.dom（film），网络风云（电影），250–252 页
Storper，Michael，米歇尔・斯托尔珀，72 页
Straight Out of Brooklyn，冲出布鲁克林，32 页
Strinati，Dominic，多米尼克・斯特里纳蒂，120–121 页
Structural Transformation of the Public Sphere（Habermas），公共领域的结构转型（哈贝马斯），239 页
structuralism，结构主义，141 页，158–161 页，171 页，232 页
  see also post-structuralism，另见后结构主义
  subject，the，主体，132–133 页，144 页，153 页，163 页，184–186 页，189–203 页，206–207 页，214 页，215 页，216 页，217–219 页，236–237 页，240 页，254 页，258 页，265 页，267 页
  objective subject，客观主体，226–229 页
  subjectivism，主观主义，232–234 页，254 页
Survivor（television），幸存者（电视），145 页，158 页
Taking of Pelham 123，The（film），地铁惊魂（电影），216 页
Taussig，Michael，迈克尔・陶西格，184 页，194 页
technological determinism，技术决定论，39–40 页，59 页，90–91 页
Telefonica，西班牙电信公司，148 页
terrorism，恐怖主义，94 页，176 页，195 页，227 页，235 页，253 页
TF1，法国电视一台，110 页
Thatcher，Margaret，玛格丽特・撒切尔，169 页
Third Cinema，第三电影，229 页，242 页
Thirteen Ghosts（film），十三猛鬼（电影），209 页
Thompson，John，B.，约翰・汤普森，173 页
Time-Warner/AOL，时代华纳，55 页，58 页，65 页，66 页，85 页，86 页，97 页，147 页
Times，The（print），泰晤士报（纸媒），157 页，162 页，168 页
Touch of Evil（film），历劫佳人（电影），28 页
Toy Story（film），玩具总动员（电影），75 页，80 页
Toy Story 2（film），玩具总动员 2（电影），75 页
Trotsky，Leon，利昂・托洛茨基，266 页
Truman Show，The（film），楚门的世界（电影），209 页

Turn of the Screw，The（James），螺丝在拧紧（詹姆斯），202 页
Undercurrents（video），暗流（视频），221 页
UNESCO，联合国教育、科学和文化组织，89 页，103 页
Urban Ghost Story（film），隔墙鬼叫（电影），210 页
Urry，John，约翰・厄里，72 页
Value，价值，34–35 页，58 页，78 页，133 页，143 页，186 页，189 页，195 页，203–206 页，210–213 页，214 页，218 页，235 页，249 页，257–258 页，262 页
289 celebrity value，名人价值，132 页
surplus value，剩余价值，11-13 页，20 页，21 页，26-27 页，34 页，46-47 页，107 页，191 页，259 页
use-value，使用价值，140 页，141 页，203-205 页，206 页，210 页，211 页，214–215 页，249 页，258 页
Viacom，维亚康姆，65 页
Vivendi，威望迪，58 页，65 页，66 页，77 页，97 页
Volǒshinov，V .N.，V .N. 沃洛希诺夫，170 页，173 页，181 页
Ware，John（Panorama），约翰・威尔（全景），253 页
Wasko，Janet，珍妮特・沃斯科，67 页
Weber，Max，马克斯・韦伯，187 页
Weinstein，Bob，鲍勃・韦恩斯坦，76 页
Weinstein，Harvey，哈维・韦恩斯坦，76 页
Wells，Orson，奥森・威尔斯，28-29 页
Who Wants To Be A Millionare?（television），谁想成为百万富翁？（电视），146 页
Willeman，Paul，保罗・威勒曼，229 页
Williams，Raymond，雷蒙德・威廉姆斯，119 页，124 页，135 页，137-138 页，139 页，144 页
Willis，Bruce，布鲁斯・威利斯，75 页
Wilson，Steve，史蒂夫・威尔逊，82 页，
Winston，Brian，布莱恩・温斯顿，52 页，58 页
Woods，Tiger，泰格・伍兹，171-172 页，
working class，工人阶级，7 页，8 页，9 页，10 页，13 页，15 页，16 页，17 页，22 页，23 页，27 页，30 页，31 页，36 页，70 页，83 页，101 页，176 页，177 页，178 页，201 页，202 页，210 页，226 页，239 页，242-246 页，253 页
see also class，另见阶级

World Trade Organisation，世界贸易组织，61 页，85 页，95 页，113 页，114 页
Wright，*Eric Olin*，埃里克·奥林·莱特，17 页，18 页
You Have Mail（film），电子情书（电影），16 页
Zapatistas，萨帕塔主义者，50 页
Žižek，Slavoj，斯拉沃伊·齐泽克，185 页，191 页，212 页，233-235 页，254 页，266 页

译后记

在本书即将付梓之际，心中充满喜悦与感动，尤其想要向支持、关心并给予我翻译方面帮助的领导、同事和朋友表达感激之情。

首先要感谢中国传媒大学马克思主义学院，如果没有学院领导班子敏锐的学术前沿洞察力，精心组织并策划了以“西方马克思主义与传播批判”为主题的译丛，这本译著也就无从谈起。其次，感谢《西方马克思主义与传播批判译丛》的执行主编杨倩副教授，她对学术热情、执着、认真、严肃的态度深深地感染了我。无论是甄选书籍还是突破翻译难关，她总是以非常谦逊的方式陪伴、鼓励和支持着我。能够在学院结识这样一位挚友是我个人的幸运。最后，还要感谢马克思主义基本原理教研室主任王锦刚教授对本书哲学部分的翻译提供了专业指导与意见。

此外，本书翻译还得到了北京市重点马克思主义学院建设的大力支持！

吴　俊

2021年11月26日

图书在版编目(CIP)数据

马克思主义与媒体研究:关键概念及当代趋势 / (英) 迈克·韦恩(Mike Wayne)著;吴俊译. -- 北京:中国传媒大学出版社, 2021.11
(西方马克思主义与传播批判译丛)
ISBN 978-7-5657-3001-6

Ⅰ. ①马… Ⅱ. ①迈… ②吴… Ⅲ. ①马克思主义—传播学—研究 Ⅳ. ①A811.67

中国版本图书馆 CIP 数据核字(2021)第 168357 号

著作权合同登记号 图字:01-2021-3880 号

马克思主义与媒体研究:关键概念及当代趋势
MAKESI ZHUYI YU MEITI YANJIU: GUANJIAN GAINIAN JI DANGDAI QUSHI

著　　者	[英]迈克·韦恩(Mike Wayne)
译　　者	吴　俊
策划编辑	曾婧娴
责任编辑	曾婧娴
特约编辑	沈刘红
责任印制	李志鹏
封面设计	拓美设计

出版发行	中国传媒大学出版社		
社　　址	北京市朝阳区定福庄东街 1 号	**邮　　编**	100024
电　　话	86-10-65450528　65450532	**传　　真**	65779405
网　　址	http://cucp.cuc.edu.cn		
经　　销	全国新华书店		

印　　刷	三河市东方印刷有限公司
开　　本	787mm × 1092mm　1/16
印　　张	15
字　　数	293 千字
版　　次	2021 年 11 月第 1 版
印　　次	2021 年 11 月第 1 次印刷

书　　号	ISBN 978-7-5657-3001-6/A · 3001	**定　　价**	75.00 元

本社法律顾问:北京李伟斌律师事务所　郭建平